LEIF LASSE ANDERSSON

# Warum auch nette Männer nicht zum Frühstück bleiben

Leif Lasse Andersson

# Warum auch nette Männer nicht zum Frühstück bleiben

mvgverlag

**Bibliografische Information der Deutschen Nationalbibliothek:**
Die Deutsche Nationalbibliothek verzeichnet diese Publikation in der Deutschen Nationalbibliografie; detaillierte bibliografische Daten sind im Internet über http://d-nb.de abrufbar.

**Für Fragen und Anregungen:**
leiflasseandersson@mvg-verlag.de

Originalausgabe – erweiterte Ausgabe des im riva Verlag 2013 erschienenen Buches
*Midleifcrisis. Als meine Frau mich hinauswarf und ich mit 117 anderen schlief*
1. Auflage 2014

Nymphenburger Straße 86
D-80636 München
Tel.: 089 651285-0
Fax: 089 652096



Redaktion: Caroline Kazianka, Antje Steinhäuser
Umschlaggestaltung: Melanie Melzer
Umschlagabbildung: © Radius Images/Corbis
Satz: Georg Stadler, Daniel Förster
Druck: CPI – Ebner & Spiegel, Ulm
Printed in Germany

ISBN Print 978-3-86882-511-4
ISBN E-Book (PDF) 978-3-86415-664-9
ISBN E-Book (EPUB, Mobi) 978-3-86415-665-6

Sämtliche Handlungen und Figuren in diesem Roman sind frei erfunden. Ähnlichkeiten mit real existierenden Ereignissen und Personen wären rein zufällig.

# Vorwort

»Ob bei Facebook, Twitter oder per E-Mail: Die Resonanz auf mein Buch *Midleifcrisis – Als meine Frau mich hinauswarf und ich mit 117 anderen schlief* war überwältigend.

Besonders eine Frage wurde mir oft gestellt: »Jetzt kennen wir deine Sicht der Dinge – aber was mögen all diese Frauen gedacht und gefühlt haben, und wie gingen ihre Geschichten weiter?«

Aus der Frage entwickelte sich eine Idee. Aus der Idee entwickelte sich die Antwort. Die Antwort ist diese »Ladies Edition« von *Midleifcrisis*.

Hier kommen auch die Frauen zu Wort.

Viel Spaß beim Lesen!

Ihr Leif Lasse Andersson

# Prolog

»Du dämliche Sau!«

Leif war traurig, aber noch viel zorniger, als sein Benz-Cabrio nach einer weiteren sinnlos vervögelten Nacht über die Autobahn in Richtung Hamburg rauschte. Neben ihm auf dem Beifahrersitz räkelte sich der Cowboy zufrieden im Ledersitz. »Mach mal halblang, Alter, war doch gar kein übler Fick.«

»Nein, gar nicht übel«, sagte Leif, ohne den Kopf zum Cowboy zu drehen, denn niemand wusste so gut wie er, dass dieser unsichtbar war, für den Rest der Welt sowieso und meistens auch für ihn, den Mann, der bei den falschen Frauen so viel Erfolg hatte. Leif spürte den Geschmack von zu vielen Zigaretten, zu viel Wodka-Redbull und einem weiteren One-Night-Stand im Mund. »Sie hatte einen Arsch, sie hatte zwei Titten und zwei Beine zum Breitmachen, und viel mehr hast du noch nie verlangt.«

»Aber sie hatte Brustwarzen-Piercings«, gab der Cowboy zu bedenken, »und so was hatten wir lange nicht.«

Aber auch diese Frau war nicht die gewesen, die Leif suchte, nicht die, nach der er sich sehnte, er hatte es lange vorher gewusst und es trotzdem getan. 400 Autobahnkilometer abgerissen und sie ohne Zögern vom Cowboy vögeln lassen. Weil er immer das tat, was der Cowboy wollte, und weil er nicht viel zu sagen hatte in ihrem gemeinsamen Leben.

Und plötzlich wusste Leif, dass der Cowboy sterben musste, auch wenn er, der kleine Junge, einen furchtbaren Preis dafür zu zahlen hätte. Doch am Ende würde er frei sein und vielleicht sogar Frieden finden.

»Halt dich fest, Cowboy!«, murmelte Leif leise in den Wagen hinein. Und während er das Gaspedal durchdrückte und nach seinem Gurtschloss tastete, um es ohne Bedauern zu lösen, erwachte der Sechszylinder aus seinem brummeligen Dämmerschlaf und die Tachonadel marschierte zügig in Richtung der 200er-Marke.

»Mach keinen Scheiß, Alter!«, rief der Cowboy, und zum ersten Mal seit 33 Jahren klang er nicht überlegen, gelassen und allmächtig, sondern doch einen Tick nervös. »Komm schon, ich weiß, dass du gerade traurig bist, aber wir stehen das durch, gemeinsam, so wie immer. Pass mal auf, nächste Woche meldet sich Melanie, du weißt schon, die Germanistikstudentin, ich glaub fast, sie könnte es werden, sie hat was im Kopf, genau das, wonach du suchst, so ein bisschen der Laura-Typ, scheu und klug und Bambi-Augen, und sie trägt Zöpfe, ich weiß doch, auf was du stehst.«

Doch Leif hörte nicht auf die Stimme, die ihn seit Jahren von einem Bett ins nächste getrieben hatte, und malte sich den Aufprall aus. Würde es wehtun? Oder würde es einfach nur dunkel werden, während sich der Motorblock den Weg durch seinen Brustkorb bahnte, so wie es vor Jahrzehnten die Lenksäule eines alten VW-Käfers bei seinem großen Bruder Holger getan hatte?

Laura, seine große, verlorene Liebe, würde um ihn weinen, das wusste er, aber wenn es jemanden gab, der ihn verstehen konnte, dann würde sie es sein.

Elke, seine Ex, würde gleich nach Erhalt der Nachricht schnell nachsehen, ob noch alle Lebensversicherungen auf ihren Namen liefen, und Leif würde sie nicht enttäuschen, denn wenigstens in finanzieller Hinsicht hatte er das noch nie getan.

Die Kinder würden verzweifelt sein, aber Elke würde sie auch weiterhin behüten und eines Tages, wenn sie groß wären, würden sie ihn vielleicht vergessen, ihren Papi, der sie im Stich gelassen hatte.

Leif verspürte eine vage Vorfreude aufwallen: auf all das friedvolle Nichts, das ihn erwartete, und auf das Ende der verfluchten Traurigkeit. Und während er die unwiderruflich letzte Marlboro anzündete, sah er rechts und links die Gesichter seiner Frauen an den Scheiben vorbeihuschen. Die Gesichter derer, die er geliebt hatte, die Gesichter derer, die er hatte lieben wollen, die Gesichter derer, die er bloß gevögelt hatte. Alle Gesichter aller Frauen, die er enttäuscht hatte, was, wenn man es genau betrachtete, lediglich die Summe der ersten drei Teilmengen war.

»Komm schon, Cowboy«, sagte Leif, während die Tempo-80-Schilder einer Baustelle vor ihm auftauchten und er das Gaspedal bis zum Anschlag auf das Bodenblech drückte. »Dann wollen wir doch mal sehen, wie schnell du reiten kannst.«

## Leif

Herhören, Jungs, ich schreibe für euch da draußen, die ihr ratlos mitanseht, wie euer Leben vorbeizieht, während ihr den Rasen vor der Doppelhaushälfte mäht, bevor ihr schnell die Kinder vom Turnfest holt, den Grill anschmeißt und euch anmeckern lasst, weil die Würstchen wieder angebrannt sind, ehe ihr schließlich nach *Wetten, dass ..?* vergeblich darauf hofft, dass Mama euch nach vier Wochen heimlichen Handbetriebs auch mal wieder ranlässt.

Natürlich träumt ihr während all dem von schönen Frauen, vielen Frauen, jungen Frauen, schnellem und vor allem schmutzigem Sex. Aber der Weg zum Endlich-wieder-coole-Sau-Sein, ich meine der richtig ernsthafte Weg so mit Scheidung, beschissener Steuerklasse I, möblierter Einzimmerwohnung und Dosenspaghetti aus der Mikrowelle, der ist ein langer Ritt durch die Wüste, und am Rande des staubigen Pfades nagt eine Schar von hungrigen Frauen mit halbwüchsigen Kindern an den Knochen derjenigen, die nicht hart genug waren, ihn als Single zu überleben.

In meinem Fall führte dieser Weg durch die Internetwüsten der Dating-Plattformen und Singlebörsen, in denen Hunderttausende Mädels in Anwallungen von dezenter Selbstüberschätzung auf einen romantischen Typen warten, der noch über diverse weitere Attribute verfügen sollte: breite Schultern, glänzendes Aussehen, guter Job, Kohle auf dem Konto – all das wird nicht nur erwünscht, sondern erwartet. Warmherzig und kinderlieb muss er auch noch sein, außerdem darf er sich weder an Cellulite noch an dicken Ärschen stören, muss klaglos den Müll rausbringen und neben all dem auch noch eine gehörige Prise ungebändigter Wildheit versprühen. Gottlob sind solche Kerle zumindest in diesem Universum rar gesät, und so müssen sich die meisten Frauen von missratenen Exemplaren wie mir vögeln lassen.

Aber bevor ich von meinem Ritt durch die Wüste erzähle, sollte ich mich vielleicht doch mal kurz vorstellen.

Leif Lasse Andersson lautet mein Name, der bereits in der Schulzeit zum Rufnamen LeiLa verballhornt wurde, woran ich mich inzwischen gewöhnt habe, denn schließlich gibt mir dieses LeiLa in gewissen Momenten einen femininen Touch, der viele Frauen zu der Annahme verleitet, ich wäre vielleicht gar eine Spur metrosexuell.

Mein Vater stammt aus Schweden, er hat uns verlassen, als ich ein halbwüchsiger Junge war. Inzwischen ist er lange tot und ich frage mich, was er wohl für ein Mann war, denn mit der Zeit und aus der Ferne entdecke ich manche Parallele in unser beider Leben.

Ich bin wie er hoch aufgeschossen, werde sehnsüchtig, sobald ich ein Segel sehe, die Reste des Haarbestands sind immer noch sehr blond und die zu groß geratene Wikingernase, die ich auch bei ihm auf alten Fotos entdecke, hat mir zeit meines Lebens einigen Verdruss bereitet, denn zumindest im Profil verhindert sie, dass ich mich als halbwegs attraktives Kerlchen betrachten dürfte.

Doch von vorn betrachtet, bügeln eine Menge kleiner Lachfältchen um die wirklich strahlend blauen Augen den eher mittelprächtigen Gesamteindruck aus, sie versprechen irgendwo tief drin im Träger so etwas wie einen liebenswerten Lausbuben, auch wenn der erste Eindruck, den ich auf Frauen mache, der eines kühlen, nordischen Typen ist, für den das Wort Macho erfunden wurde.

Bei Frauen hat diese Mischung bisher recht gut funktioniert. Sie fühlen sich von der offenkundigen Diskrepanz angezogen, finden mich oft rätselhaft, der blonde Macho versetzt ihre Hormone in Wallung, der Job als gehobener Werbeschnösel verspricht ein komfortables Auskommen auch später in der Patchworkfamilie, und der kleine Lausbub gibt ihnen die Hoffnung, dass ich vielleicht doch irgendwie anders sein könnte als all die vielen, die bloß schnell mal in ihre Kiste wollen. So habe ich das jedenfalls schon öfter vernommen, wenn ich nach Erledigung der vorrangigen Angelegenheiten wie Trinken und Vögeln ermattet in ebenjener Kiste lag. Doch die Mädels haben keine Ahnung, dass der kleine Lausejunge vom großen Arschloch nur vorgeschoben wird, um die Chancen auf einen schnellen Beischlaf zu erhöhen.

Einigen Kummer bereitet mir die Antwort auf die Frage, wo ich gerade stehe: an der Schwelle zum 40. Geburtstag und in den Trümmern meines Lebens, auch wenn noch nicht alle Mauern um mich herum eingestürzt sind, doch dies scheint nur noch eine Frage von Monaten zu sein.

Als kreativer Jungdynamiker einer Hamburger Werbeagentur habe ich mir bei meinem schnellen Aufstieg in die sechsstelligen Gehaltsklassen viele Feinde gemacht, die jetzt anfangen, in ihrem Gedächtnis und in alten Memoranden nach geeigneten Messern zu wühlen. Es scheint an der Zeit, offene Rechnungen zu begleichen, und wie es aussieht, werde ich ein dankbares Opfer sein. Das revolutionärste Projekt der Firmengeschichte steht kurz vor dem Scheitern, ich habe es zu verantworten und die rund fünf Millionen Euro Firmenkapital, die ich dabei versenkt habe, tragen keineswegs zur Stützung meines hausinternen Renommees bei. Ich bin ein Typ, der in wirklich jeder Lebenslage zu ungeschönten Bestandsaufnahmen neigt, und die aktuelle besagt: Beruflich taumele ich am Rande eines Abgrunds.

Privat bin ich schon einen ganzen Schritt weiter.

Meine Gattin Elke hat mich rausgeworfen und sich eine Anwältin genommen, eine humorlose Matrone in den mittleren Fünfzigern, die sich darauf spezialisiert hat, untreue Ehemänner zu schlachten, zu vierteilen und den letzten Tropfen Lebensmut aus ihnen herauszupressen. Auf ihren Rat hin hat Elke sämtliche uns noch verbliebenen Aktiva von den Konten geräumt und alle Unterlagen vernichtet, die darauf hindeuten, dass diese Kohle hauptsächlich mir gehört. Derzeit argumentieren die beiden, dass eigentlich auch unser schönes Haus in der Vorstadt Elke zugesprochen werden müsste, schließlich ist sie es, die unsere beiden wundervollen Kinder Lisa und Lars hütet. Elkes Anwältin beweist in ihrem gesamten Vorgehen anerkennenswerte Geschicklichkeit, ich hasse sie mit großer Inbrunst, und manchmal male ich mir aus, wie ich ihr in einer dunklen Tiefgarage einen Sack über ihr blond gefärbtes Haupt stülpe und mit meinem uralten Baseballschläger Vergeltung übe. Wobei Vergeltung ein schönes Stichwort ist. Denn das, was Elke im Moment veranstaltet, hat vornehmlich mit Rache zu tun, und irgendwie kann ich ihre Gefühle sogar verstehen.

Denn ich, LeiLa Andersson, habe mir meine Midlifecrisis just in dem Moment genommen, als ich wirklich alles erreicht hatte, was Elke jemals für mich plante. Einen geilen Job, zwei großartige Kinder, dreimal Urlaub im Jahr, ein fast abbezahltes Haus, einen Dienstwagen mit Stern, und ein kleiner Benz für Elke war trotz alledem auch noch drin. Werden höchst ungern verlassen, die Mädels in ebendiesem Lebensabschnitt, besonders wenn ihre Schönheit langsam welkt, ihre Titten anfangen zu hängen und sich die Kerle nicht mehr auf der Straße nach ihnen umdrehen.

Vor allem werden sie nicht gern für eine zehn Jahre jüngere Frau verlassen, die ihr Ehemann urplötzlich als die große Liebe seines Lebens entdeckt. Und die er für die eine und einzige Frau hält, die sich im Universum für ihn finden lässt. Und genau das ist es, was ich für Laura empfinde und was ich Elke angetan habe.

Tja, Jungs, was soll man sagen. Kommt vor, dass die Dinge zwischen Mann und Frau auf diese Weise laufen, und die Golfclubs dieser Welt sind voll von erfolgreichen Typen, die sich nicht nur regelmäßig neue Cabrios leasen, sondern auch junge, fantastisch hübsche Frauen, die ebendiese Cabrios fahren dürfen.

Nur bei mir war es leider anders, denn ich habe auch dieses zentrale Projekt meines künftigen Lebens gründlich verbockt.

Ich habe Elke verlassen und versucht, mit Laura ein neues Leben anzufangen. Laura ist für mich bei ihrem Freund ausgezogen, einem weitgehend erfolglosen Philosophiestudenten, der sie unverdrossen liebt, seit sie 16 Jahre alt ist. Ein Jahr später habe ich dann Laura verlassen.

Natürlich habe ich das nicht für Elke getan, sondern für meine Kinder Lisa und Lars, an denen ich mit zärtlicher Sehnsucht hänge. Wenn die beiden sonntagabends die Arme um meinen Hals schlangen und fragten: »Papa, Papa, kannst du nicht wieder zu Hause schlafen?«, dann brach mir mein verschissenes Herz, und monatelang habe ich mich mit der unlösbaren Frage geplagt, was wichtiger ist: mein Glück oder das Glück meiner Kinder?

Für Laura war es nur ein halber Salto rückwärts, denn sie hat stets uns beide geliebt, nach meinen letzten Informationen hat der Philosoph ihr verziehen, sie ist im vierten Monat schwanger, dem Vernehmen nach erwägt er nun sogar, seine geisteswissenschaftlichen Studien abzubrechen und sich nach einem Gelderwerb umzusehen.

Ich hingegen bin voll auf die Fresse gefallen.

Ziemlich genau ein Jahr nach meiner reumütigen Rückkehr in die Familie hat Elke mich rausgeworfen. Es war der 22. Dezember, ich war gerade dabei, wie jedes Jahr nach dem gusseisernen Fuß für den Tannenbaum zu fahnden, als Elke mir auf der Kellertreppe eröffnete, dass endgültig Schluss sei. Denn nun hatte sie im Urlaub einen elf Jahre jüngeren Typen kennengelernt, toll gevögelt, sich schwer verliebt, wie Frauen das nun mal so machen, bevor sie sich auf den Rücken legen, auch wenn es in meinen Augen ein klarer Fall von billigem Revanchefoul war.

Elke packte sich noch am gleichen Nachmittag die Kinder, fuhr mit ihnen zu Oma und Opa nach Münster und sagte zum Abschied: »Wenn ich am 5. Januar wiederkomme, möchte ich dich hier nicht mehr sehen.«

Echt, Jungs, wenn ihr jemals meint, euch von der Alten rauswerfen lassen zu müssen, dann nehmt nicht unbedingt Weihnachten. Beschissenes Zeitmanagement. Kein Kumpel, der mit euch saufen geht. Keine Frauen auf der Piste, denen ihr es richtig besorgen könnt. Niemand zum Reden da außer der mitleidigen Verwandtschaft, aber nach Heiligabend und dem ersten Feiertag habt ihr einfach keine Lust mehr, noch einen Abend trübsinnig ins Kaminfeuer zu starren, während Mama darüber klagt, dass der Schneeräumdienst wieder nicht gekommen ist und eure Schwestern betreten auf die unausgepackten Geschenke für die Kinder gucken. Am zweiten Feiertag bin ich zu Hause geblieben, nachdem ich an der Tankstelle die Vorräte an Halbliter-Wodka-Flaschen geplündert hatte.

So schreiben wir nun den 26. Dezember, neben meinem Computerbildschirm stapeln sich volle Aschenbecher und leere Wodkaflaschen, die Kinder sind bei Oma, und Elke ist nach Heiligabend gleich zu ihrem jungen Lover weitergereist. »Google ich mal nach 'nem Last-Minute-Urlaub«, denke ich. »Einen für Singles. Sonne, Saufen, abends jede Menge Sex im Whirlpool.«

Doch die Suchworte »Single« und »Urlaub« bringen rund um Weihnachten keine nennenswerten Resultate, dafür bietet mir der dritte Treffer an: »Klick – und es ist Liebe!« Ganz offenbar eine Flirtbörse.

Und das, Jungs, war der Moment, in dem sich LeiLa Andersson in Begleitung eines Cowboys und eines müden, kleinen Jungen auf den langen Weg durch die Dating-Wüsten des Internets machte.

# First Date

Okay. Seien wir ausnahmsweise mal ganz ehrlich. Die Zeiten, als ich nicht jede, aber jede Menge netter Frauen haben konnte, die sind möglicherweise vorbei. Dort, wo sich an meinem einst gründlich austrainierten Körper ansehnliche Sixpacks stapelten, hat sich eine befremdliche Wölbung erhoben, die ich nach dem Rasieren skeptisch im Badezimmerspiegel beäuge. Die Brust-Muckis sind auch weg und irgendwer hat sie durch kleine Pölsterchen ersetzt, die demnächst die Körbchengröße A erreicht haben werden. Die Oberarme sehen noch ganz in Ordnung aus, doch ein Probegriff mit der linken Hand verrät die Wahrheit: Bizeps und Trizeps haben sich aus meinem Leben verpisst, die Waage tut so, als sei nichts gewesen, bei 1,98 Meter Körpergröße klingen 98 Kilo nicht sofort nach fetter Sau, doch als ehemaliger Leistungssportler kenne ich die grausige Wahrheit: Ich bin nicht nur acht Kilo über Kampfgewicht, angesichts der feige geflohenen Muskelmasse muss ich davon ausgehen, dass ich lockere zwölf Kilo Fett mit mir herumschleppe.

»So sieht's aus, Alter!«, sage ich zu meinem Spiegelbild und nach zehn Jahren Ehe, einer endlosen Reihe von Zwölf-Stunden-Arbeitstagen und meiner gescheiterten Liebe zu Laura klafft auf dem Weg vor mir ein beachtliches Loch: Ich bin jetzt Single, habe keine Ahnung, wie das geht, und außer der Tatsache, dass ich vermutlich bis ans Ende meiner Tage Unterhalt zahlen werde, gibt es nicht viele verlässliche Eckpunkte in meiner Zukunft.

»Jammer nicht«, sagt der Cowboy, »heute Abend hast du ein Date!«

Eine lange, einsame Urlaubswoche bin ich verzweifelt durch zwei digitale Singlebörsen geirrt, nur Silvester habe ich freigemacht, die Party eines Freundes entpuppte sich als ein deprimierendes Beieinander von unzähligen Pärchen, deren Kinder unterm Dachboden schlummerten, während sich die Frauen zusammenrotteten, um gemeinsam darüber nachzudenken, was LeiLa, dieser Scheißkerl, nun schon wieder angestellt haben könnte, dass Elke sich gezwungen sah, ihn so überstürzt zu verlassen.

Um halb zwölf habe ich eine Flasche Rotwein geklaut und bin durch den Schnee nach Hause gestapft. Den Jahreswechsel in mein neues Leben verbrachte ich beim Versuch, auf dem Heimweg verirrten Feuerwerkskörpern auszuweichen, 20 Minuten nach Mitternacht saß ich wieder am Computer und habe mir die Fotos von Singlefrauen angeschaut.

Seit Weihnachten stolpere ich als digitaler Flirtfrischling orientierungslos durch diese seltsame Welt. Und Jungs, nehmt euch meine Warnung zu Herzen: Bevor ihr euch irgendwann aufmacht, meinen Spuren zu folgen, fragt jemanden, der sich damit auskennt! Mit einer Handvoll Basiswissen könnt ihr euch nicht nur jede Menge Frust ersparen, sondern auch die sonst unvermeidlichen Kollateralschäden an euren Computern und Laptops.

Bis ich mühsam herausgefunden hatte, dass 60 Prozent aller attraktiven Frauenprofile in diesen Flirtbörsen von irgendwelchen Deppen betrieben werden, die sich entweder eure E-Mail-Adresse, eure Kontodaten oder euren Besuch auf irgendeiner Nuttenseite erhoffen, sind ein paar Tage ins Land gezogen, und mein privater E-Mail-Account hat es auch nicht überlebt. Seit ich ein paar echt niedlich aussehenden Mädels meine elektronische Adresse gab, wird diese Tag für Tag bis zum Anschlag mit Nuttenmails, Viagra-Werbung und dem feinsinnigen Slogan: »Penisverlängerung sofort« vollgespamt, nur ab und zu wird dieser monotone Reigen durch Mails von »Natasha21« oder »Sweetswetlana_19« unterbrochen, an denen wirklich geile Fotos hängen, deren Motive ich mir zum Zwecke der Verehelichung für 2000 US-Dollar nach Deutschland bestellen kann.

Als ich mir aber eines der Mädels genauer angucken wollte, enterte ein Virus meinen Computer, inzwischen habe ich die Festplatte neu formatiert und nach Hintergrundmaterial über russische Importfrauen gegoogelt. Ich fand den betrüblichen Bericht eines Nachrichtenmagazins, in dem ein Mann über mehrere Monate insgesamt 10 000 Dollar investierte, ohne auch nur eine einzige russische Nutte vor die Flinte zu bekommen. »Schön blöd, der Typ«, denke ich mir, »sogar noch einen Tick dämlicher als ich«, dennoch ist mir klar, dass die Figur, die ich gerade abgebe, auch mit größtem Wohlwollen ebenfalls bloß als jämmerlich zu bezeichnen ist. Aber ich bin eben ein schrecklich neugieriger Typ, und was soll man schon machen, wenn einem die geilsten Elsen halb nackt ins Haus flattern und im Mail-Text obendrein versprechen, dass sie noch viel schönere Fotos im Anhang mitgeschickt haben.

Inzwischen habe ich meinen gefluteten Mail-Account wie ein sinkendes Schiff aufgegeben und bei einem anderen Provider einen neuen angelegt.

Mal ganz abgesehen von diesen Anfängerfehlern stelle ich fest: Internetdating ist überraschend harte Arbeit! Bis meine schüchternen Nachrichten an die Damenwelt irgendwann zögernd zur Kenntnis genommen wurden, habe ich mein Profil wohl an die sechs Mal überarbeiten müssen. Inzwischen prangt dort die wirklich bescheiden-ironisch-zurückhaltend-witzig-charmante Selbstbeschreibung eines kultivierten und durchaus erfolgreichen Mannes, mit der ich in Singlewettbewerben vermutlich Preise einheimsen könnte. Wozu bin ich schließlich gelernter Werbefuzzi?

Eine besondere Herausforderung stellt allerdings das Foto dar: Nachdem ich beim ersten Durchblättern des Kataloges einer großen Flirtbörse nicht weniger als zwei Mädels entdeckt habe, die in der Grafikabteilung meiner Agentur die Bilder bearbeiten, weiß ich, dass ich undercover operieren muss, wenn ich mich nicht zum Gespött meiner Kollegen machen will.

Erst probiere ich ein Foto mit Sonnenbrille, doch die verdeckt meine Lachfältchen und ich sehe bloß wie ein eingebildetes Arschloch mit Geheimratsecken aus. Fotos von der Seite oder schräg von hinten sind gänzlich ungeeignet, meine viel zu große Wikingernase erkennt man schon aus drei Meter Entfernung, zudem kann ich mir nicht vorstellen, dass sie aus dieser Perspektive besonders anziehend auf Frauen wirkt. Nach einigen Experimenten vor dem Badezimmerspiegel stehe ich derart verrenkt auf einem Hocker, dass die Kante des Spiegels meinen Kopf knapp oberhalb der Augenbrauen abschneidet und das Fotohandy die Nase und weite Teile des Gesichtes verdeckt. Übrig bleiben recht markante Lachfältchen und, nachdem ich mit Photoshop drübergegangen bin, wirklich strahlende Augen, denen ich zum tiefen Blau des Ostseewassers zwischen von der Sonne beschienenen Schären verholfen habe. Ich denke lange darüber nach, an wen mich das verblüffend attraktive Ergebnis erinnert, komme nicht darauf, hoffe jedoch auf irgendeinen Hollywoodhelden vergangener Tage.

Das sollte reichen!

Allerdings habe ich nicht mit dem wachsamen Administrator der Flirtseite gerechnet, der argwöhnt, ich hätte das Foto aus dem Internet geklaut. Er verweigert die Freigabe und schreibt, man müsse schon sich selbst zeigen, wenn man auf diesem Tummelplatz mitspielen wolle. Meine ungehaltene Antwort mit dem Vorschlag, dass er sich lieber um die Spam-Nutten aus Russland kümmern solle, führt dazu, dass mein Profil gelöscht wird, noch bevor es eine einzige reale Frau angelockt hat.

Also suche ich weitere Flirtbörsen und siehe da: Bei der nächsten klappt der Upload des Fotos und ich beginne sogleich, meinen gesammelten Charme nach dem Gießkannenprinzip über jede halbwegs hübsche Frau zwischen 25 und 35 zu vergießen, die weniger als 50 Kilometer entfernt wohnt. Wirklich praktisch so eine Suchfunktion, ich könnte sogar angeben, ob ich lieber Große oder Kleine, Blonde oder Brünette, Frauen mit Hochschulabschluss oder ohne Kinder vögeln will, doch dafür bin ich vom Wesen her einfach zu demokratisch: Wer geil aussieht und in mein Bett will, der soll bitte schön nicht wegen seiner Haarfarbe diskriminiert werden.

Mein erstes Date heißt Christiane und ist ein Exmodel, 29 Jahre jung, geschieden, blond, hammergeil aussehend, ein kleiner Sohn, aber das passt schließlich zu meinen beiden. Christiane schreibt mir seit etwa 72 Stunden recht amüsante Mails, ich habe Kondome gekauft, Kinokarten reserviert, danach einen Tisch im piekfeinen Fischereihafenrestaurant Hamburg klargemacht, wo ich sonst nur zu speisen pflege, wenn die Firma die Kosten übernimmt. Vorher werden wir uns in einer netten Bar zum Warm-up treffen.

Unklar ist mir, wie ich mich präsentieren soll.

Anzug?

Legere Markenkleidung, die kenntnisreichen Blicken dennoch verrät, dass sich hier ein Mann von Welt betont lässig gibt?

Oder Jeans und Turnschuhe?

Ich hab null Gefühl für die Lage, und das ist ein entschiedener Nachteil dieser höchst seltsamen Kommunikationsform im Internet. Du schreibst einem Foto! Und statt sie zu hören, ihr Parfüm zu riechen und bewundernd zuzusehen, wie sie sich auf die Unterlippe beißt oder die blonden Locken in den Nacken schüttelt, starrst du in befremdlichem Verzücken auf winzige Lichtpunkte deines Bildschirms und bildest dir ein, mit einer Frau zu flirten.

Ich entscheide mich für Jeans und Lederjacke, Fischereihafenrestaurant ist schon großkotzig genug.

Fünf vor 20 Uhr, meine erste Internetpuppe kommt gleich, ich habe in der knallvollen Bar gegenüber dem Kino zwei Hocker ergattert und kontrolliere mein Handy. Die Nachricht »Sitze in der U-Bahn, noch zwei Stationen, ich bin so aufgeregt« macht mich darauf aufmerksam, dass auch ich nicht gänzlich gelassen bin. Ich spähe minutenlang zur Tür, entdecke aber nichts, was im Entferntesten so aussieht, als könnte es Christiane heißen und mein blondes Exmodel sein. Sie hat mir sogar Fotos geschickt, auf denen sie vor ein paar Jahren für Unterwäsche warb. Und Jungs, ganz ehrlich, eigentlich ist es beschämend für die

Spezies Mann, aber der erste Blick auf ihre in durchsichtige Spitzen verpackten Titten und den wohlgerundeten Arsch war exakt der Moment, als ich mich zum ersten Mal in der virtuellen Welt verliebte.

Scheiße, ist der Laden voll. Neben mir drängelt sich eine ältere Frau auf den Barhocker, ich beuge mich mit meinem charmantesten Lächeln zu ihr hinüber: »Entschuldigen Sie bitte vielmals, aber ich habe versucht, den Platz frei zu halten, ich erwarte jede Sekunde meine Freundin.« Ich kann ihren Blick nicht recht deuten, aber dann sagt sie: »Freundin?« Ich gucke entschieden verwirrt, während ihr nächster Satz zwar in meine Ohren, aber definitiv nicht bis ins Stammhirn dringt. »Leif, du erkennst mich nicht, oder?«

Ganz, ganz langsam dämmert mir die äußerst entfernte Ähnlichkeit, – ungefähr so wie die zwischen Mutter und Tochter – zwischen dem tagelang intensiv betrachteten Profilfoto und dieser älteren Frau, und während mein Sprachzentrum auf Automatikbetrieb umstellt und »Aber klar, Christiane, du hast die Haare irgendwie anders, oder?« von sich gibt, beäugt der Rest meines Verstandes das breithüftige Grauen. Zwischen gut erhaltener 50 und früh verwelkter 44 würde ich tippen, never ever 29 Jahre, und um es wenigstens glasklar zu denken, wenn ich es schon nicht laut sagen kann: Die Jahre zwischen diesen entschieden differierenden Angaben muss sie ziemlich gut im Futter gestanden haben.

Ich bin ein wenig beleidigt, aber weil ich nicht weiß, wie ich mit dieser peinsamen Situation umgehen soll, beschließe ich, die Sache einfach durchzustehen: souverän, höflich, gelassen und distanziert! Vielleicht ist sie ja ganz nett, und möglicherweise hat sie eine jüngere Schwester. Also helfe ich ihr aus dem Mantel, was mir Gelegenheit gibt, sie auf ein Gewicht knapp oberhalb der 90-Kilo-Marke zu taxieren, ordere zwei Gläser Sekt, plaudere mit ihr über die Zustände in Hamburgs U-Bahnen und führe sie schließlich erschaudernd über die Straße ins Kino, denn so hohe Schuhe sollte man bei dem Gewicht nicht tragen, sie drücken ihren Arsch nach oben und hinten aus dem Mantelschlitz heraus. Als ich sie an der Kinotür vorlasse, denke ich an die Brauereipferde, die Elke, Lisa, Lars und mich vor gar nicht so langer Zeit durch die Lüneburger Heide gezogen haben, und ich hoffe inbrünstig, dass ich hier keinen Bekannten treffe.

Es gibt *Lost in Translation*, und dieser zauberhafte Film, in dem sich der resigniert alternde Bill Murray jetlagverwirrt in die kindlich-unschuldige Scarlett Johansson verliebt, während ihm seine genervte Ehefrau die Muster von Teppichböden faxt, dieser Film ist ein ganz persönlicher und äußerst schmerzhafter Tritt in meine Eier! Hätten genauso gut meine und Lauras Geschichte verfilmen können, obwohl dann das Finale noch wesentlich trauriger gewesen wäre. Zur Steigerung meines Entsetzens robbt Christiane von rechts immer dichter an mich heran, sodass ich fast zwei Stunden an den linken Rand meines Sitzes gepresst verbringe.

Der anschließende Abend bei Weißwein und Seeteufel verläuft ebenfalls sperrig, wir reden über meinen Job, über ihren, über die schmerzliche Situation, wenn Eltern sich trennen und die Kinder als Scheidungswaisen aufwachsen. Ich zahle, und am Ende bringe ich sie noch schnell nach Hause, es liegt wirklich auf dem Weg und ich bin ein höflicher Mann. Als sie ausgestiegen ist, atme ich auf und fahre die letzten Kilometer mit offenem Verdeck, obwohl es scheißkalt ist, aber ich habe Angst, ihr Parfüm sonst nicht loszuwerden.

Am nächsten Morgen erwartet mich im Büro schon Christianes erste Nachricht. »Toller Abend!«, schreibt sie und: »Warum hast du mich im Kino nicht geküsst? Ich hätte es möglicherweise zugelassen!«

Fassungslos sitze ich vor dem PC und tippe langsam in die Tastatur: »Wenn ich gewusst hätte, dass du deine Mutter bist, hätte ich meinen Vater geschickt.« Aber das sende ich dann doch nicht ab, es ist als Antwort an eine frisch verliebte Frau einfach zu boshaft.

Ich bin jetzt Single, nächstes Jahr werde ich 40. Und das, was ich für ein Loch hielt, ist in Wirklichkeit ein beängstigender Abgrund, in den ich gestern Abend auch noch die ersten 200 Piepen geworfen habe.

»Kleiner«, sagt der Cowboy streng zu mir, »an deiner Technik müssen wir aber noch gewaltig feilen …«

Von: **Christiane_28**
Betreff: **Na, schönen Dank!**

Hallo, Leif,
Du hast seit sechs Tagen nicht mehr geschrieben. Ich finde, ich hätte eine Antwort verdient gehabt. Unter erwachsenen Menschen gibt man sich zum Abschied die Hand und sagt sich, was Sache ist, auch wenn diese Sache vielleicht nur ein einziger Abend war.
Ich wünsche Dir trotzdem alles Gute, denn zumindest für mich gilt, dass man auch beim Daten aufrichtig und anständig bleiben kann.
Liebe Grüße
Christiane

……………………………………………

Von: **Leila.Andersson**
Betreff: Re: **Na, schönen Dank!**

Hallo, Christiane,
aufrichtig und anständig?
29 Jahre, wie?
Model, oder?
Wir können uns gerne noch mal treffen, aber dann schick ich meinen Vater.

……………………………………………

Von: **Christiane_28**
Betreff: Re: Re: **Na, schönen Dank!**

ARSCHLOCH!!!

# Freiwild

Tja, Jungs, wahrscheinlich muss ich doch noch ein bisschen weiter ausholen und die Frage klären, wer LeiLa Andersson wirklich ist und was es mit dem Cowboy auf sich hat.

Versuchen wir es mal so: Ich, LeiLa Andersson, bin im Prinzip drei Personen! Ein veritables Arschloch, das wenig Rücksicht auf andere nimmt, stets auf den eigenen Vorteil bedacht ist und sich mit bemerkenswert großer Klappe erfolgreich durch die Welt rempelt. Dazu noch ein blauäugiges Kerlchen, das sich vom Leben gerade einen Tick überfordert fühlt und am liebsten barfuß über Blumenwiesen tollt, Schmetterlinge beim Tanz um die Blüten beobachtet oder Wolkenformationen auf die Frage überprüft, ob sich darin heute Gesichter, Tiere oder gar Dinosaurier verbergen. Und natürlich bin ich noch beide zusammen, wobei ich unglücklicherweise keinen nennenswerten Einfluss darauf habe, ob wir drei nun gerade als Arschloch, als Kindskopf oder als Mischung von beidem durch die Welt streunen.

Der Große, der Kleine und ich müssen nun schon seit drei Jahrzehnten miteinander auskommen. Wenn das Miteinander eine Zeit lang halbwegs ausgewogen funktioniert, dann funktioniert auch mein schönes LeiLa-Leben als irgendwie doch ganz liebreizendes Ärschlein, ich habe Erfolg im Job, erobere tolle Frauen, zeuge niedliche Kinder und zwischendurch denke ich darüber nach, ob ich mir lieber ein neues Segelboot kaufen oder doch noch mal in den Golfurlaub huschen soll.

Wenn der Kleine sich allerdings von der Hand des Großen losreißt und beschließt, sein Herz ohne Wenn und Aber an eine Frau, an ein Kind, an einen dahergelaufenen Strolch, Hund, Kater, Frosch oder sonstiges Wesen zu verschenken, dann endet das unweigerlich in einer Katastrophe, denn die Blumenwiesen dieser Welt pflegt der Kleine mit dem Übermut eines Vierjährigen zu stürmen, der keinen Gedanken daran verschwendet, dass zwischen den verlockenden Gräsern auch eine verdammte Menge Scherben, Schmutz und Scheiße warten.

Wenn hingegen allein der Große das Sagen hat, verwandele ich, LeiLa Andersson, mich in ein komplettes Arschloch, das kein Mensch leiden kann und das zwar jede Menge Weiber an den Start kriegt, aber eben nicht die richtigen. Die Frauen, die ich leiden mag, haben allesamt so eine Art Emotionsseismographen: Wenn du wirklich nicht mehr zu bieten hast als deine große Fresse und einen dicken Schwanz, dann hältst du Letzteren am Ende selbst in der Hand und machst es dir auf unabsehbare Zeit selbst, während du im Internet nach neuen Pornos suchst.

Kurzfristig dachte ich mal darüber nach, ob wir drei nicht ein hochinteressanter Fall für einen Therapeuten wären, doch als ich es vor einiger Zeit versucht habe, geriet ich an eine junge Psychologin und das Ganze endete damit, dass der Große sie mitten in der Sitzung fragte, ob sie Lust auf ein gemeinsames Sylt-Wochenende hätte. Sie reagierte pikiert, meinte, das würde vermutlich kein ganz leichter Fall werden, und wir drei sind dann nicht wieder hingegangen.

Aber sogar der Große ist bis auf sein verhängnisvolles Frauenbild kein ganz schlechter Kerl. Zumeist beschützt er den Kleinen vor allem Unbill dieser Welt, das tut er mit einer großen Portion Zuneigung, und dafür mag ich ihn eigentlich ganz gern. Ich nenne ihn übrigens den Cowboy, dies hat seine Gründe, und in meiner Vorstellung ist er eine Mischung aus Jason Robards und Charles Bronson in *Spiel mir das Lied vom Tod*. Irgendwie kantig, aber doch ganz nett, allerdings hat die geneigte Zuschauerin nicht viel Zeit, das herauszufinden, bevor er sie bäuchlings über die Pferdetränke legt und ihre Röcke über den Rücken schiebt.

Im Moment ist allerdings selbst der Cowboy ein bisschen niedergeschlagen.

Elke ist wieder da, wir reden keine fünf Worte miteinander, die Kinder tapsen ängstlich durchs Haus, kuscheln so viel an mir herum, dass ich heulen könnte, sie spüren, dass etwas Schlimmes in der Luft liegt. Da ich noch keine neue Wohnung habe, verbringe ich, wenn die Kleinen schlafen, die letzten, unerfreulichen Abende unserer Ehe einsam im Gästezimmer und vor dem Laptop.

Elke telefoniert dann mit ihrem Urlaubsvergnügen und ich wandere durch die Weiten des Internets. Ein bisschen ist das so wie das Blättern in einem Otto-Katalog. Hässliche Frauen klicke ich achtlos weg, hübsche bedenke ich mit hoffnungsvollen kleinen Mails. Antwortet die eine nicht, schreibe ich die Nächste an. Weil ungefähr neun von zehn Frauen entweder keine Frauen sind oder mich komplett ignorieren, versende ich als Anhänger optimierter Arbeitsabläufe ganze Serien von gleichlautenden Mails, unglücklicherweise haben viele Frauen ein Zweitprofil, sodass sie gleich mehrfach mit meinen reizenden Anschreiben bedacht werden. In diesen Fällen ernte ich doch einige Antworten, allerdings fallen diese eher zickig aus und ich werde beschuldigt, ein notgeiler Möchtegernaufreißer zu sein, was die Sache im Kern zwar trifft, mich konkret aber auch nicht weiterbringt.

Doch nach einer Weile habe ich zwei, drei Dialoge laufen, immerhin kann ich ganz ordentlich formulieren, das Foto scheint auch zu funktionieren, die Sache funzt!

Langsam taucht die nächste Frau verheißungsvoll aus den digitalen Nebeln auf. Inez heißt sie, ich mag das »z«, es macht sie so anders, und ihr Profil ist eigentlich kein Suchprofil, sie führt dort eine Art Tagebuch und es liest sich überaus bezaubernd. Journalistin, würde ich tippen, ganz sicher eine schlaue Frau, ihr Foto zeigt sie ab Taille aufwärts schräg von hinten, sodass man die Figur erahnen und ansonsten in der Betrachtung eines kohlrabenschwarzen Pferdeschwanzes versinken kann.

Meine erste Nachricht an sie bleibt unbeantwortet, also schreibe ich ein Kapitel für ihr Tagebuch und schicke es kommentarlos ab. Ich schreibe es in der Person von Inez, lasse sie beim Bäcker, in der U-Bahn und abends in der Bar vergeblich nach Männern Ausschau halten und nenne es »Scheiße, ich glaub, heut hab ich einen echt geilen Typen verpasst«.

Volltreffer!

Am nächsten Morgen hat Inez meinen Text in ihr Tagebuch kopiert und dazu vermerkt, dass es ganz offenbar doch noch kreative Männer gibt, dazu blinkt eine amüsierte Replik in meinem Briefkasten. »Wer sagt's denn«, befindet der Cowboy, »man muss ihn bloß erwischen, den richtigen Ton.«

Wir schreiben ein paar Tage. Inez ist gebürtige Spanierin, aber in Deutschland aufgewachsen, hat eine kleine Tochter von einem erfolglosen Schauspieler, für den sie ihre Redakteursstelle bei einer spanischen Nachrichtenagentur aufgegeben hat. Sie wurschtelt sich mit einem Halbtagsjob durch und ist der erste Mensch, dem ich das Date mit Christiane beichte. Inez zeigt sich erheitert, aber sie erweist sich als praktisch veranlagte Frau und schreibt: »Du brauchst keine Frau, das ist eh zu früh für dich. Du brauchst einen Coach, damit du dich hier nicht um deinen süßen Arsch datest.«

Ich antworte: »Du hast den Job!«

Und so lerne ich von Inez die zehn Gebote des Internetflirts.

**Gebot Nummer 1**
Nichts glauben, egal, was du liest.

**Gebot Nummer 2**
Nichts glauben, egal, was du siehst.

**Gebot Nummer 3**
Nicht verlieben, egal, was passiert.

**Gebot Nummer 4**
Nie gleich den Namen, die Telefonnummer oder die E-Mail-Adresse verraten, du wirst es in vier von fünf Fällen bitter bereuen.

**Gebot Nummer 5**
Immer auf ein aktuelles Foto bestehen, das nicht im Fotostudio aufgenommen wurde.

**Gebot Nummer 6**
Nie etwas erwarten, neun von zehn Dates enden eh als Fiasko.

**Gebot Nummer 7**
Nur mit Leuten verabreden, die schon vorher etwas Spannendes zu erzählen haben, dann wird's wenigstens lustig.

**Gebot Nummer 8**
Nicht schummeln, weder beim Aussehen noch beim Gewicht, spätestens beim Date wird's sonst peinlich.

**Gebot Nummer 9**
Beim ersten Mal maximal auf einen Kaffee verabreden, wenn's geht, in einem Stehcafé, dann ist man schneller wieder draußen.

**Gebot Nummer 10**
In emotionalen Notfällen in den Supermarkt gehen, die anwesenden Frauen zählen und bei der Zehnten kurz darüber nachdenken, ob sie die eine große Liebe fürs Leben werden könnte, auch wenn sie 72 ist und eine Gehhilfe hat. Dies hilft, sich selbst zu verdeutlichen, wie gering die Chancen sind, im Internet die richtige Frau zu finden.

Das alles klingt recht plausibel, und ich frage flugs, ob Inez vielleicht ein schickes Stehcafé in ihrer Nähe weiß.

Sie schreibt zurück: »Setzen, Sechs! Wozu tipp ich mir hier eigentlich die Finger blutig, wenn du Anfänger es doch nicht liest?«

Ich zeige mich reuig.

Sie gibt mir eine E-Mail-Adresse, die so gar nichts mit ihrem Namen zu tun hat, auch dies werde ich mir für die Zukunft merken, dazu bekomme ich präzise Anweisungen. »Schick mir ein Foto. Ohne dieses alberne Fotohandy vor der Nase. Dann kriegst du eins von mir. Und dann darfst du auch gleich raten, wie alt ich wirklich bin.«

Eine Viertelstunde später sitze ich grübelnd vor ihrem Foto. Inez ist eine schöne Frau. Keine 29 mehr, wie es zu lesen war, aber ein Gesicht voller Anmut und Würde, in das das Leben die ersten, aber zarten Spuren gegraben hat. 34, 35, würde ich sagen und immer noch eine Klassefrau. »Keinen Tag älter als 23einhalb«, schreibe ich zurück und: »Samstagvormittag, du bestimmst das Café ...«

Ich bin geschlagene 30 Minuten zu früh. Die Baccara-Rose ist auffällig wie eine rote Pappnase, die Brötchen holenden Männer grinsen anzüglich, ein dreijähriger Junge zeigt mit dem Finger auf mich, seine Mama mustert mich voller Neugier und ich komme mir äußerst dämlich vor. Beim Versuch, mich unauffällig in die hinterste Ecke zu verdrücken, fege ich die Rose auch noch mit dem Ärmel vom Tisch. Inez kommt just in dem Moment, als ich mich nach dem stacheligen Scheißding bücke, und so ist das Erste, was sie von mir sieht, mein bereits latent gelichteter Hinterkopf. Sie räuspert sich, und als ich hochgucke, sagt sie: »Ich mag das, wenn Männer vor mir knien. Aber die meisten hatten bisher einen Ring dabei.« So spontan fällt mir keine Antwort ein, und so sehe ich zu, wie sie den Mantel öffnet, sich einmal rundherum dreht und »na, zufrieden?« fragt. Ich habe zwar einen Blick auf eine schmale Taille und zwei äußerst respektable Hupen erhascht, werde jetzt aber auch noch rot! »Niedlich!«, sagt sie, schnappt sich die Rose und schnuppert daran. »Die alte Schule, sieh mal einer an.«

Himmel, was für ein beschissener Start in dieses Date! Ich mache mich mit dem Gedanken vertraut, Inez für alle Zeiten von der Liste meiner künftigen Beischlafpartnerinnen zu streichen, denn welche Frau will einen Typen, der sich in weniger als 60 Sekunden zweimal komplett blamieren kann? Doch nach zehn Minuten klingelt ihr Handy, sie geht ran, lauscht kurz, blickt mich an und sagt: »Doch, doch, ganz lecker«, und drückt das Gespräch weg.

»Stimmt, der Latte macchiato ist gut«, antworte ich, und sie verschluckt sich am Kaffee, bevor sie mir erklärt, was »ein Date covern« bedeutet, nämlich die beste Freundin exakt zehn Minuten nach dem Eintreffen anrufen lassen. Für den Fall, dass der Typ eine Vollpfeife ist, entsetzt ins Telefon hauchen: »Was, Süße? Wirklich? Das ist ja furchtbar, ich bin gerade unterwegs, aber bleib zu Hause, ich komme sofort vorbei.« Das ermöglicht ein umgehendes Ende des Treffens und verhindert weitere Peinsamkeiten, der finale Korb wird dann am nächsten Tag postalisch erteilt.

»Wieder was gelernt«, denke ich und bin angesichts ihres professionellen Datingmanagements ziemlich eingeschüchtert. Andererseits steht Inez immer noch vor mir und lächelt sittsam, und so wächst in mir die verwegene Hoffnung, dass ich trotz allem noch immer im Rennen bin. Ich nehme all meinen Mut zusammen und frage, ob wir irgendwo zu Mittag essen wollen. Inez legt ihre Stirn in niedliche Falten, stupst mir an den Oberarm und sagt: »Ich dachte, du fragst gar nicht mehr!«

Es wird ein zauberhafter Tag, es wird ein wundervoller Abend. Ich lade Inez zum Essen ein, wir füttern Enten an der Alster, nehmen dann noch einen Kaffee im »Cliff«, verholen uns gut gelaunt ins angesagte Schanzenviertel und landen in einer der 1000 Szenebars. Inez hat darauf bestanden, den Kaffee selbst zu zahlen, dass ich sie ab dem Mittagessen einladen darf, erfüllt mich mit Freude und ich bewundere jede ihrer anmutigen Bewegungen.

Jungs, ich weiß nicht, ob ihr jemals in Spanien im Straßencafé gesessen und den Mädels beim Flanieren zugesehen habt, aber darauf stand ich schon immer: Spanierinnen gehen anders als deutsche Frauen, mit erhobenem Haupt, und ihre Körper tragen sie mit so viel Stolz, als wäre er ihnen als Auszeichnung für überwältigende Anmut verliehen worden. Ich mag das. Ich mag Inez. Vielleicht trinkt sie ein bisschen viel, aber wer soll es ihr verdenken, ich meine, es ist unser erstes Date, und wer weiß, was sich daraus noch alles ergeben wird. Als ich sie Stunden später nach Hause fahre, belohnt sie mich mit einem Kuss auf die Wange und sagt Dinge, die ich dringend mal wieder hören wollte. »Du bist was Besonderes« zum Beispiel oder: »Wir sehen uns wieder.«

Die Dates mit Inez häufen sich, wir schreiben uns in jeder freien Minute und sehen uns jeden dritten, vierten Abend. Öfter funktioniert leider nicht, denn ich bin dabei, in eine Pension umzuziehen, und habe viel zu tun, Inez bekommt häufig keinen Babysitter.

Inez ist jeden Abend ziemlich breit, aber nie so betrunken, dass ich es bis in ihre Wohnung, geschweige denn in ihre Kiste schaffe. »Ich bin katholisch«, erklärt sie, »und du bist verheiratet.« Das beeindruckt mich, aber nicht den Cowboy, der mir nach jedem Abend energische Vorhaltungen macht. »Könnten wir jetzt bitte mal jemanden treffen, den wir auch ficken können?« So ganz unrecht hat er nicht, ich bin durch und durch untervögelt und die magische 200-Euro-Grenze für die vielen Drinks von Inez ist auch längst überschritten.

Aber Inez ist 'ne Klassefrau. Am Samstag fahre ich mit ihr zu Ikea, weil sie ein neues Kinderbett haben will. Und endlich darf ich auch mit in die Wohnung. Zum Aufbauen, versteht sich. Danach küssen wir uns zum ersten Mal, es ist ein scheuer, ein abwartender Kuss, er schmeckt nach Pfefferminz, aber noch nicht nach Sex. Als ich meine Hände dennoch über ihren Nacken, ihren Rücken und ihren Hintern gleiten lasse, schlägt sie die Augen nieder und sagt: »Nicht, Leif, bitte nicht, nicht so.«

»Wie denn dann?«, fragt mich der Cowboy pampig, aber Inez ist katholisch, der Kleine ein bisschen verliebt und ich bin ein rücksichtsvoller Mann. Also gehen wir einen trinken, Inez bezahlt tatsächlich meinen ersten Drink, bevor sie sich in der nächsten Bar ein weiteres Mal einen reinschraubt, auf meine Kosten selbstverständlich.

Geschlagene sechs Wochen grabe ich erfolglos an Inez herum. Ich bin ein bisschen genervt, der Cowboy zeigt mir von Mal zu Mal grimmiger einen

Vogel. Inez merkt, dass sich meine Stimmung verändert. Zudem kann man auf dieser Singlebörse sehen, ob der andere noch mit anderen textet. Es gibt Foren, man kann Artikel online stellen, Profile bewerten, Smileys hinterlassen. Als sich bei mir die Hinterlassenschaften anderer Frauen häufen, schreibt Inez: »Liebster, wollen wir heute Abend mal reden?«

Also trinken wir und reden ein bisschen. Inez sagt, dass sie keine Lust auf Affären hat, dass sie ihr Leben einmal weggeworfen hat und dass ihr das reicht. »Aber wer spricht denn von Affäre?«, will ich wissen. Sie streichelt meinen Handrücken und erklärt: »Ich will einen Mann, der zu mir steht und zu dem ich stehe. Mit dem ich alles teile, nicht nur meinen Körper. An den ich mich anlehnen kann und der für mich da ist, wenn ich ihn brauche.«

Ich sage entschlossen: »Du bist nicht nur katholisch, du kannst auch nicht richtig gucken. Ich bin doch hier.«

Ich zahle, wir gehen und endlich, endlich knutschen wir im Auto. Vor ihrer Haustür fragt sie: »Die Lütte ist bei ihrem Papa. Magst du noch raufkommen?«

Und wie ich mag, doch Inez ist noch nicht ganz fertig: »Ich hab noch eine Frage, und die ist mir schrecklich peinlich.«

Doch, doch, Kondome trage ich seit Wochen mit mir herum, ich lächele sie an.

»Weißt du, ich hab dir doch erzählt, dass Richie nur manchmal Unterhalt zahlt. Und ich bin zwei Monate mit der Miete im Rückstand. Der Verwalter hat gesagt, wenn ich diesen Monat auch nicht zahle, dann schmeißt er mich raus. Kannst du mir vielleicht ein bisschen Geld leihen? Nicht viel, vielleicht 500 oder 1000 Euro oder so?«

Ich ziehe die Hand vom Türgriff zurück und fühle mich, als hätte ich gerade einen Schwinger in den Magen bekommen. Plötzlich wird mir klar, was es bedeuten wird, ganz und gar zu Inez zu stehen.

Der Cowboy flüstert mir zu: »Los, du Spinner, geh sie wenigstens einmal vögeln, das ist sie dir schuldig, vom Acker machen wir uns später.«

Ich suche ihre Augen, aber die hat Inez sittsam zu Boden gesenkt.

Ich lasse den Motor an und sage: »Du, ich muss mal sehen, ich denke darüber nach.«

Die nächsten Tage kämpft Inez, ich denke, sie will in mein Herz zurück. Ein letztes Mal treffen wir uns, doch es ist anders, denn jetzt kenne ich den Preis, und ich will verdammt sein, wenn ich mir Liebe kaufe, mag sie noch so sittsam daherkommen.

Beim letzten Abschied sieht sie mich traurig an. »Danke für all die schönen Abende«, sagt sie, »und dafür, dass du jede Rechnung übernommen hast. Ich hab dir versprochen, dein Coach zu sein, also hör gut zu: Du hast einen guten Job, du siehst nicht übel aus, du bist nett und großzügig, du bist charmant und witzig, du kannst Sachen von Ikea aufbauen und bist ein rücksichtsvoller, feiner Kerl. Pass auf dich auf. Da draußen bist du Freiwild.«

Auf der Heimfahrt grollt der Cowboy, während der Kleine sich erkundigt, was das alles zu bedeuten hat. »Freiwild«, schnaubt der Cowboy, »sind kleine, dumme Jungs, die sich verlieben wollen und deren Ärsche am nächsten Tag bei irgendwelchen Muttis als Trophäe überm Bett hängen, während sie die Windeln fremder Bälger wechseln und dann auch noch die Miete zahlen.« Dann blickt er wütend aus dem Fenster und sagt nach einer Weile drohend: »Jetzt bin ich dran, und wenn du bei der nächsten Else auch nur einmal Piep sagst, versohle ich dir deinen kleinen Hintern, verlass dich drauf!«

Wahrscheinlich hat er recht, der Cowboy. Man kann wirklich nicht behaupten, dass ich als Single bisher sonderlich erfolgreich gewesen wäre …

## Männer!!!

Blogeintrag
Frau Inez 11:24 Uhr

Liebes Tagebuch,

manchmal weiß ich nicht, ob ich kotzen soll oder doch bloß lieber einen Mann aus dem Fenster stoßen (ganz egal, welchen Mann, ganz egal, welches Fenster).
Wir kennen sie doch, die vielen Typen.
Die, die jedes Wochenende über eine andere von uns rüberrutschen.
Oder die, die auf Latin Lover machen und dann doch mit 1 Meter 60, 109 Kilogramm und schmutzigen Fingernägeln zum Date kommen.
Dann kennen wir die grässlichen Langweiler, die wir schon nach der ersten Mail aussortieren wollten und denen wir aus nichts als purem Überdruss geantwortet haben.
Und dann gibt es – vielleicht alle 100 Jahre oder so – ein ganz passables Exemplar, und wir greifen trotzdem wieder ins Klo.
Wochenlange Flirterei, nicht weniger als 14 Dates, bei denen das seltene Exemplar beweist, dass es ganze Sätze sprechen, mit Messer und Gabel essen, eine Serviette benutzen und sich auch sonst einigermaßen benehmen kann, und alles für die Katz, ohne dass frau auch nur die leiseste Ahnung hat, warum.
Hängt er noch an der Ex?
Hab ich ihn zu lange zappeln lassen (wenn ja: Toller Tipp, Mama!)?
War ihm meine Wohnung zu unaufgeräumt oder mein Popo zu dick (was ja keinesfalls sein kann, denn ich bin, wie ihr wisst, eine wundervolle Frau).
Männer!
Warum sind die so?
Verstehe einer die Männer!
Liebes Tagebuch, meldet der sich noch mal?

12 Kommentare

**Mahatmaglueck67:** »Warum Männer scheiße sind? Weil sie Männer sind.«

**Frau Inez:** »Alle?«

**Mahatmaglueck67:** »Alle, jedenfalls die Männer«

**Miss_Verständnis:** »Liebe Inez, Kopf hoch, Krönchen richten, weiterlaufen. Irgendwann kommt Mr Right, und da wollen wir ja keine verheulten Augen haben, ne?«

**Frau Inez:** »Wie ich mich kenne, kommt Mr Right, wenn ich gerade in Joggis Brötchen hole!«

**Miss_Verständnis:** »Wenn er Mr Right ist, bringt er Brötchen mit.«

**Sternenfrau33:** »14 Dates und futsch? Ich hoffe, Du hast ihn die Rechnungen zahlen lassen.«

**Frau_Inez:** »Selbstverständlich.«

**Sternenfrau33:** »Dann ist doch alles gut. Prosecco?«

**Frau_Inez:** »Stößchen!«

**Sternenfrau:33** »Verzeih die Neugier, aber Stößchen habt ihr nicht, oder ...?«

**Frau_Inez:** »Nein, verdammt, der war so unschuldig. Den Rest besprechen wir vielleicht lieber per DN?«

# First Sex!

Single sein ist nicht nur anstrengend, sondern auch deprimierend.

Seit gut drei Monaten logiere ich für 40 Euro pro Nacht in einer nicht wirklich schicken Pension nahe der Hamburger Reeperbahn, die ich nur nach einem Kriterium ausgesucht habe: Die Vermieterin hat für ihre Gäste einen kostenlosen WLAN-Anschluss eingerichtet, und so kann ich meine Abende, statt mich selbstmitleidig in den Anblick der Kaffeemaschine, der Mikrowelle und der Notvorräte an Fertignahrung zu vertiefen, im Internet auf Frauenpirsch gehen.

Inzwischen bin ich bei drei kostenfreien Singlebörsen angemeldet und habe außerdem bei einer kostenpflichtigen Dating-Plattform 49,99 Euro Jahresgebühr bezahlt, um mich auch dort umzusehen, wo einem eine exklusivere Partnerwahl versprochen wird. Tatsächlich ist die Flirterei gegen Geld etwas übersichtlicher, die Mädels meinen es dort wirklich ernst, und außerdem scheinen die russischen Nuttenverkäufer diese Gefilde zu meiden, offenbar ist die Jahresgebühr dem Kosten-Nutzen-Verhältnis ihrer seltsamen Geschäftsmodelle doch eher abträglich.

Mein Kumpel Joachim, der ab und zu vorbeischaut und mich mit einem Sechserpack Bier aus meinen digitalen Rauschzuständen aufschreckt, fragt mich, ob ich eigentlich ein Rad abhabe. »Kannst du mir erzählen, warum du nicht einfach mit auf die Piste kommst? Drei Drinks, zwei Stunden quatschen und du kriegst unter Garantie 'ne nette Uschi ins Bett.« Als er meinen zweifelnden Gesichtsausdruck sieht, sagt er: »Du bist vielleicht ein Frischling! Wenn du dich nicht traust, dann mache ich halt die erste Frau für dich klar …«

Was für ein demütigendes Angebot!

Joachim ist ein früher etwas unbeholfen wirkender Kumpel aus vergangenen Basketballtagen. Als aknegeplagten Reservespieler mit John-Lennon-Brille, Zottelhaaren und – haltet euch fest, Jungs – einer eigenen Teekannensammlung haben wir coolen Säue aus der Basketballgang ihn nie so recht ernst genommen. Die Mädchen allerdings auch nicht. Sie ließen sich zwar gerne zu seinen selbst gebackenen Keksen einladen, wärmten sich an Joachims nie enden wollendem Mitgefühl und schütteten ihm reihenweise ihr Herz aus, sobald es einer aus der Gang erfolgreich gebrochen hatte. Doch sobald Joachim

Anstalten machte, auch mal unter den Pulli greifen zu wollen, erntete er mitleidige Blicke und Sätze wie: »Du bist so ein super Freund, echt jetzt, fürs Bett bist du mir viel zu schade!«

Und jetzt will ausgerechnet dieser Penner mir das kleine Einmaleins der Anmache erklären!

Joachim und ich waren uns nie besonders nah, irgendwie habe ich seine Existenz etwa 20 Jahre lang schlicht vergessen. Doch im Rahmen meines familiären Trennungsdesasters ist er mir wieder zugelaufen. Stand plötzlich vor der Tür, sagte: »Hey, Leif, ich hab gehört, du hast Ärger?« Hörte sich geduldig meinen Liebeskummer mit Laura an, und als Elke mich rauswarf, fuhr er mit seinem grünen VW-Bus meine Klamotten nach St. Pauli. Inzwischen führt er mich in die Geheimnisse von Hamburgs Aufreißerschuppen ein. Nicht, dass ich Joachim inzwischen als besten Freund bezeichnen würde, dafür ist er der Einzige, denn mit 39 Jahren hat man nicht mehr viele Singlekumpels zur Auswahl.

Inzwischen hat Joachim seine Frauenstrategie grundlegend überarbeitet. Zottelhaare hat er immer noch, er betreibt im schmuddeligen Teil vom aufstrebenden In-Viertel St. Georg einen Laden für Hängematten, Räucherstäbchen und fernöstliche Teespezialitäten, in dem unterm Ladentisch auch noch mit weniger legalen Genussmitteln gehandelt wird. Dazu passend fickt er als inzwischen recht smarter Bon-Jovi-Verschnitt jede Ökotante, die mit ihrer Pluderhose unvorsichtigerweise in seinen Laden gewackelt kommt, wo er ihr – je nachdem, was ihm erfolgversprechender erscheint – von den Energieströmen des Universums, den Vorzügen veganer Ernährung oder seinen wilden Rucksackzeiten in Nepal berichtet.

In der Kneipe gibt Joachim nach dem vierten Bier damit an, dass sein Kondomverbrauch nicht unter 50 Stück in vier Wochen läge, denn es gäbe nichts, worauf Frauen so derartig steilgingen, wie eine gerüttelte Portion Outlaw-Charme. Was ich ihm nach drei Ausflügen unbesehen glaube, denn unsere Kneipentouren verlaufen recht sprunghaft. Manchmal steht Joachim mitten im Satz auf, um bei irgendeiner Frau seine Telefonnummer zu hinterlassen. Als ich beim nächsten Ausflug betrübt weitere Einzelheiten meiner Datefiaskos erzählen will, bemerke ich einmal mehr, dass seine Aufmerksamkeit nachlässt. Joachim schnappt sich einen Stapel von 20 Servietten, auf die er mit Kuli sorgsam »Deine Augen sind wie Sterne, Joachim!« schreibt und seine Handynummer dazukritzelt. Als wir gehen, dreht er noch eine Runde durch den Laden und verteilt die Servietten wortlos an alle anwesenden Frauen, eine Woche später werde ich erfahren, dass sich tatsächlich zwei von den Mädels gemeldet haben und die Hübschere von beiden seit drei Tagen die Matratze mit ihm teilt.

Beim Rausgehen klopft mir Joachim mitleidig auf die Schulter und nimmt unseren unterbrochenen Gesprächsfaden wieder auf. »Sag mal, du hast echt 200 Mücken gelöhnt, um 'ne fette Alte dann doch nicht zu ficken?«

Als ich reuig nicke, tadelt er mich sanft: »Mensch, Leif, du warst doch früher nicht so ein Anfänger, dafür kannste dir auf der Süderstraße viermal einen blasen lassen oder im Thai-Puff zwei Muschis gleichzeitig leisten. Und soll ich dir ein Geheimnis verraten? Im Internet ist eh nur Resteficken.«

Aber echt, Jungs, bevor ich in den Puff gehe, das schwöre ich mir, hat mich mindestens zehn Jahre keine Frau mehr rangelassen. Und was soll ich tun? Dieses Aufreißen in irgendwelchen Musikschuppen liegt mir nicht, und an den Wochenenden versuche ich, möglichst oft die Kinder zu sehen, was meinen Aktionsradius auch nicht eben erweitert.

Außerdem birgt diese Internetflirterei durchaus ein gewisses Suchtpotenzial. Computer an und losgetextet, Computer aus und Ruhe ist, das geht sogar in der Kaffeepause und ist allemal vergnüglicher, als die Post von Elkes Anwältin zu lesen oder davon zu träumen, wie es gekommen wäre, wenn ich Laura nicht verlassen hätte. Außerdem kann man sich abends um 22 Uhr, wenn einem die Einsamkeit langsam die Magengrube flutet, immer noch vor die Kiste hängen und nach Mädels gucken. Und wenn man sich erst mal daran gewöhnt hat, dass digitale Körbe nicht zählen, weil man sie in wenigen Sekunden bei der nächsten Frau kompensieren kann, ist es eine nette und unbedrohliche Freizeitbeschäftigung. Wohingegen es zum Beispiel in der Disco keinen peinsameren Moment gibt, als zu einer Frau zu schlendern, ihr etwas ungeheuerlich Geistreiches ins Ohr zu schreien, auf kühle Ablehnung zu stoßen und unter den Augen sämtlicher Geschlechtsgenossen unangenehm berührt von dannen zu schleichen. Außerdem läuft es gerade jetzt nicht so schlecht, das digitale Flirtgeschäft scheint im Frühling deutlich anzuziehen, der Cowboy ist verhalten optimistisch.

Da ich gelernt habe, dass ein kümmerlicher Einzelflirt noch lange keine Garantie für eine erfolgreiche Hormonhaushaltsregulierung ist, habe ich die Schlagzahl erhöht und meinen Einzugsbereich auf den Norden und Osten Deutschlands erweitert. Ich texte auf sämtlichen verfügbaren Kanälen, und da ich langsam den Überblick verliere, habe ich einen digitalen Ordner angelegt, in dem ich die Eckdaten der Mädels sammele, ihre Fotos speichere und nebenbei noch Klarnamen, Berufe, Haarfarben, Telefonnummern, Mailadressen sowie Kindervornamen vermerke. Monate später kommen noch Notizen zu sexuellen Vorlieben und vor allem Abneigungen dazu, man will schließlich nichts durcheinanderbringen und vor allem die maximal peinliche Situation vermeiden, die Nase zwischen die Beine einer Frau zu zwängen, die einem vorher geschrieben hat, dass sie einem noch so gut gemeinten Cunnilingus einfach nichts abgewinnen kann. Noch später, und jetzt ruhig mal mitgeschrieben, Jungs, gehe ich dazu über, die Frauen in einer Excel-Tabelle nach qualitativen Kriterien und Erfolgsaussichten zu sortieren, und daran tut man gut, denn wenn man pro Tag um die fünf Mädels volltextet, sind das nach drei Monaten schon 450, und das kann kein Mensch ohne eine vernünftige Organisationsstruktur bewältigen. Außerdem ist es recht lehrreich, Statistiken zu führen, sie helfen irgendwann enorm, die Erfolgsquote zu erhöhen.

Mandy ist eine blonde, sehr junge Frau aus Cottbus, nach eigenem Bekunden Assistentin der Geschäftsleitung bei einem Unternehmen für

Autoteile. Sie hat Kummer mit ihrem Freund, einem Dachdecker, der ganz offenbar fremdgegangen ist.

Ich habe mich zur Findung einer gemeinsamen emotionalen Basis erfolgreich in der Rolle des betrogenen Ehemannes positioniert, der sein Schicksal mit großer Tapferkeit trägt, und wir trösten uns täglich, wobei die Mails auf ihrer Seite von Mal zu Mal ein wenig neckischer werden. An meinem nächsten kinderfreien Wochenende sind wir in Berlin verabredet, was zwar nicht ganz auf der Hälfte liegt, aber ich habe ein Auto und sie nicht, außerdem verheißt die Tatsache, dass sie erst 25 Jahre ist, mir aber verschämt eine gewisse Vorliebe für erfahrene Kerle gesteht, paradiesische Freuden mit einem wirklich knackigen Körper. Die Buchung eines Hotelzimmers unterlasse ich allerdings. Sollte sich Mandy als dritter Reinfall meiner jungen Internetkarriere erweisen, werde ich fünf Minuten später in Richtung Autobahn unterwegs sein und mit Vollgas zurück zu meinem Laptop fahren. Falls ich tatsächlich zum Schuss kommen sollte, kann ich immer noch sehen, wo wir unterkommen, und zweitens darauf verweisen, was für ein sittsamer Junge ich doch bin, der dies auf keinen Fall vorher eingeplant hatte.

Simone ist schon älter, nämlich 39, und ihre Söhne sind sechs, acht und elf Jahre alt, sie ist eigentlich nicht mein Beuteschema, aber ihr Mann hat sie verlassen, als Hausfrau hat sie eine Menge Tagesfreizeit und sie wohnt in Hannover, was ja auch nur 160 Kilometer von Hamburg entfernt liegt. Allerdings ist unser Dialog ein bisschen monothematisch und nicht wirklich unterhaltsam, denn meistens beschwert sie sich, dass wirklich alle Männer immer nur vögeln wollen, vor allem hier, im Internet. Ich verkneife mir, dass diese Einschätzung aus meiner Sicht die glatte Wahrheit ist, und flüchte mich in pastoral anmutende Betrachtungen über das Universum und die Seele eines Menschen, in die man nicht hineinsehen könne. Ich schreibe ihr, dass vermutlich alles einen Sinn haben müsse, wenn auch nur den, dass jetzt wir uns kennengelernt hätten. So etwas mag sie, sie findet, dass ich für einen Mann echt viel Tiefgang habe, und ich lasse sie in diesem Glauben, denn ihre auf dem Foto gigantisch wirkenden Titten sehen so aus, als ob sie mir eines Tages noch einigen Trost verschaffen könnten. Allerdings schaffe ich es nicht immer, alle ihre Mails zeitnah zu beantworten, denn sie schreibt fast stündlich, teilt mir mit, wann sie die Kinder aus der Schule holt, wann sie einkaufen geht, wann sie ihre Mutter besucht und wann sie wieder erreichbar ist, was natürlich unsagbar langweilig ist.

Außerdem habe ich noch andere Verpflichtungen. Zum Beispiel Katja, eine Brünette mit Pagenschnitt. Sie ist irgendwas im gehobenen Dienst der Hamburger Innenbehörde, hat ein recht hübsches Gesicht, sie wirkt auf dem Foto geradezu madonnenhaft und ist soeben 32 geworden. Gleich am zweiten Abend sagt sie Ja zu einem Spontandate nach Feierabend. Wir schlendern um die Außenalster, ich finde sie ein wenig pummelig, aber sie ist umwerfend nett, also sitzen wir noch eine Weile auf meiner Jacke und sehen die Sonne hinter Hamburgs Skyline verschwinden.

Irgendwie stresst es mich, ein echtes Date zu haben, man fühlt sich so real, wenn nicht sogar unsicher dabei, außerdem kann sie gut zuhören und trifft irgendeinen traurigen Reflexbogen in meinem Bauch. Schon ertappe ich mich dabei, ihr die Geschichte von Elke, Lisa, Lars und Laura zu erzählen, der Cowboy rollt angesichts so viel groben Unverstandes verzweifelt mit den Augen, aber Katjas Anteilnahme wärmt mir das Herz und ich fühle mich seltsam erleichtert dabei. Auf dem Weg zu ihrem Fahrrad fällt mir ein, dass mir der Sinn ja eigentlich nach Sex steht, doch als ich verspätete Versuche unternehme, doch noch auf Flirtkurs umzuschwenken, tätschelt sie meinen Unterarm und sagt: »Du bist echt ein netter Typ, aber du musst jetzt erst mal zusehen, dass du mit Elke und Laura klarkommst, wirklich.«

Auf dem Heimweg äfft der Cowboy sie nach und höhnt: »Du solltest erst mal zusehen, dass du mit IRGENDEINER Frau klarkommst, wirklich, wir kriegen schon Schwielen an den Händen!«

Freitagabend – es ist schon spät und morgen früh will ich im Auto sitzen und nach Berlin zum Treffen mit Mandy fahren – schneit überraschenderweise Nadine in meine Nachrichtenbox, und die ist aus

Hamburg und sieht nun wirklich endzeitgeil aus. Im Flirt beschleunigt Nadine in drei Mails von null auf 100, sie erwähnt sogar, dass sie schon lange keinen Kerl mehr hatte. Ich sitze mit glühendem Kopf vor dem Computer und denke darüber nach, eventuell sogar Mandy abzusagen, doch als ich mich erkundige, was Nadine am Wochenende vorhat, entpuppt sich Nadine zu meiner großen Überraschung als ebendiese Mandy, die mit einem Testprofil die Lage checken wollte, bevor sie am nächsten Tag riskiert, ihr Herz zu verlieren.

Dies ist ein wirklich unschöner Moment.

Mandy beschimpft mich als Aufreißer und Frauenverarscher der schlimmsten Sorte. Unser Date in Berlin kann ich knicken, gut, dass ich kein Hotelzimmer gebucht habe, wenigstens bleibt dieser Reinfall kostenlos. Seither werde ich stets misstrauisch, wenn eine Frau im Internet von sich aus die Initiative ergreift. Nach dem vergleichsweise abrupten Ende unseres Dialoges sitze ich deprimiert in meinem schäbigen Pensionszimmer und überlege, ob es Sinn machen würde, meine rechte Hand auf einen Frauennamen zu taufen, schließlich ist die definitiv das Einzige, was mein Schwanz derzeit zu sehen kriegt.

Der Cowboy schubst mich vom Laptop weg. »Geh weg, Alter, ich mach das jetzt.«

Also schreibe ich Simone aus Hannover eine lange Mail und überschreite zum ersten Mal die Grenze zwischen sehnsüchtigem Ärschlein und sexuell ausgehungertem Lügenarsch.

In meiner Nachricht an Simone klage ich darüber, dass auch viele Frauen von Grund auf schlecht seien. Gerade heute Abend, so berichte ich ihr, hätte ich eine gute Freundin treffen wollen, allerdings eine wirklich platonische, auf dass sie mich in meiner Einsamkeit trösten möge. Und man stelle sich vor, sie habe mich versetzt, nur weil sie im Internet spontan was zum Vögeln gefunden habe! Ich entrüste mich, dass ihr kurzfristiger Austausch von Körperflüssigkeiten wichtiger sei, als einem langjährigen Freund die Seele zu streicheln, und ich sage, Simone habe schon ganz recht: Langsam würde ich erkennen, dass diese Singlewelt ein abgrundtief schlechter Ort sei.

Simone antwortet nach weniger als fünf Minuten und scheint hocherfreut. Sie drückt mich in mehreren Mails mütterlich an ihren virtuellen Busen, wir schreiben bis weit nach Mitternacht, schließlich verabreden wir uns für nachher am Nachmittag, sie muss nur noch schnell sehen, ob ihr Ex die Kinder nimmt. Es sind die ersten richtig warmen Tage im Mai und wir werden in einem Baggersee baden gehen, damit ich zur Sicherheit noch einen Blick auf Simones Figur erhaschen kann, bevor der Cowboy ernst macht und eine lange freud- und sexlose Zeit hoffentlich ein Ende findet.

Nach sieben Stunden erschöpften Schlafes erwache ich mit dem Gedanken an Simones Riesenbusen und einer gigantischen Morgenlatte. Ich schaue noch in der Drogerie vorbei, um eine weitere Packung Kondome zu erwerben, frühstücke ausgewogen und nahrhaft, denn vor mir liegen hoffentlich anstrengende Stunden. In Hannover angekommen, stelle ich fest, dass Simone optisch wirklich nicht der Kracher ist, dafür scheine ich ihre Erwartungen zu übertreffen, sie ist angesichts meines Cabrios fünf volle Minuten schlicht sprachlos, dann fragt sie: »Ist das dein Auto? Davon hast du überhaupt nichts erzählt.« Ich antworte mit einem taktisch klugen: »Ich wollte nicht, dass du nur mit mir flirtest, weil ich ein bisschen Geld habe« und öffne auf der Landstraße das Verdeck. Simone bindet sich vergnügt ein Kopftuch um, ich zeige mich galant, halte ihr am Baggersee die Autotür auf, mustere später verstohlen die Rillen in ihren Oberschenkeln und den bereits deutlich verwellten Arsch. Angesichts der Tatsache, dass sie drei Kinder hat und einen Badeanzug trägt, erwarte ich mir auch vom Rest ihres Körpers keine sonderliche Straffheit, aber diese Möpse will ich heute noch auspacken, also rede ich darüber, wie sehr ich meine Kinder vermisse und mich nach einer Familie sehne. Dies erweist sich als die haargenau passende Ansprache, direkt vom Baden geht es ohne größere Umwege in Simones Bett und zwischen ihre gewaltigen Brüste. Die Nacht verbringen der Cowboy und ich mit wilden Ritten, wobei ich feststelle, dass ein 39-jähriger Busen in Körbchengröße D nichts für die Missionarsstellung ist, der Anblick einer rechts und einer links in die Achselhöhlen herunterhängenden Brust führt zu Irritationen in der Lendengegend. Besser finde ich die Reiterstellung, denn da stört die Schwerkraft kein bisschen und ich kann mein Gesicht in dieser weichen Pracht vergraben, auch von hinten macht die Sache einigen Spaß, weil ich statt der Zügel ihre schweren Brüste in den Händen halte, jedenfalls dann, wenn ich ihr nicht gerade auf den Arsch klatsche und der Cowboy in meinen Gedanken »Hüaaa!« schreit.

Zum Abschied am herrgottsfrühen Sonntagmorgen – Simone muss die Kinder von ihrem Ex abholen, der sie nur knurrend übernommen hat – küsse ich sie lange und zärtlich, denn ich bin ihr wirklich dankbar und fühle mich wie neugeboren. Auf der Heimfahrt streiten sich der Kleine in mir, der das Ganze für einen ausgemachten emotionalen Betrug hält, und der Cowboy, der ihm rät, doch mal für ein paar Wochen die Klappe zu halten, schließlich hätten wir die ganze Scheiße ausschließlich ihm und seinen kindischen Verliebtheiten zu verdanken, und damit hat er verdammt noch mal recht.

Es ist Sonntag, die Sonne scheint, im heimischen E-Mail-Fach, das ich kurz vor neun Uhr erreiche, geht sie ebenfalls auf. Dort nämlich finden sich mehrere neue Mails von Mandy, die sich äußerst zerknirscht zeigt, dass sie mich so berechnend hinters Licht geführt hat. Ich antworte sofort, nach zehn Minuten telefonieren wir und verabreden ein Blitzdate in der Bundeshauptstadt. Dann dusche ich und mache mich auf den gut zweieinhalbstündigen Weg nach Berlin, während Mandy losspringt, um noch den Zug zu erwischen.

Am Bahnhof erweist sich Mandy als wirklich sehenswertes Mädchen in einem erfreulich kurzen Top, unter dem ein Bauchnabelpiercing verlockend blinkt. Außerdem hat sie Sommersprossen, und das finde ich niedlich.

Der Anfang verläuft auf beiden Seiten eher verhalten, wir haben dieses Zweitprofilerlebnis mit Nadine noch nicht recht verdaut, doch als ich ein paar Fotos von ihr und mir vor dem Brandenburger Tor mache, ihr die Ergebnisse auf meinem Handy zeige und sage: »Mensch, Mandy, was bist du bloß für ein Mädchen, du bist viel zu hübsch für mich!«, taut das Eis. Wir nehmen einen kurzen Lunch im »Adlon«, wo Mandy zwar ein wenig deplatziert wirkt, was auf sie aber gewaltig Eindruck zu machen scheint. Dann schlendern wir Hand in Hand zu meinem Auto, an dessen offener Beifahrertür wir uns zum ersten Mal küssen.

Den Grunewald würde Mandy gerne einmal sehen, er erweist sich als überraschend geräumig und wir finden an diesem sonnigen Tag noch ein verschwiegenes Fleckchen Havelufer. Erst knutschen wir noch ein bisschen, dann will Mandy baden. Einen Bikini hat sie nicht dabei, also springen wir unter einigem Gegacker ihrerseits nackt ins Wasser, während in 50 Meter Entfernung die Segler vorbeiziehen. Im brusttiefen Wasser küssen wir uns eng umschlungen, was ich als ungeheuerlich erregend empfinde, nach einer Weile fasse ich ihr unter den Po und sie hockt mit weit gespreizten Beinen auf meinen Hüftknochen auf. Als ein Motorboot vorbeirauscht, drohen wir beide vögelnderweise in der Heckwelle zu ertrinken, denn die Steine unter meinen Füßen sind ziemlich glitschig. Wir fliehen an Land, setzen unser Spiel in den nahen Büschen fort und ich denke: »Alter, wie geil ist das denn?«

Auf der Rückfahrt grinse ich versonnen vor mich hin und ignoriere die neuerlichen Differenzen zwischen dem Kleinen und dem Cowboy: Der Kleine will Simone die Wahrheit beichten, Abbitte leisten und sich danach reinen Herzens in Mandy verlieben, doch der Cowboy behält die Zügel fest in der Hand. Kaum in Hamburg angekommen, schicke ich Simone und Mandy mehrere glühende Mails, in denen ich mich zärtlich für das mir widerfahrene Glück bedanke. Dann antworte ich Katja, die eine SMS geschickt hat, während ich Mandy in der Havel vögelte, und verabrede mich mit ihr für Mittwoch, vielleicht kriege ich sie ja auch noch in die Kiste.

Ich komme mir verwegen vor, wild und frei. Der Cowboy grinst wohlig und sagt: »Merkst du was? So geht Single!«

# Fahrradschlauchvögeln

In den nächsten sechs Wochen wird ausgesprochen viel gevögelt, und dies versöhnt mich mit dem schäbigen Pensionszimmer und anderen betrüblichen Teilaspekten meines Lebens.

Beim letzten Jour fixe mit der Geschäftsleitung hatte ich den Eindruck, dass mein Rauswurf beschlossene Sache ist. Mein Projekt hat einfach zu viel Geld gekostet, noch keinen Cent eingespielt, und die letzte Gnadenfrist scheine ich dem Umstand zu verdanken, dass gerade noch rechtzeitig ein potenzieller Kunde auf dem Radarschirm aufgetaucht ist. Wenn er abspringt, bin ich raus. Wenn er unterschreibt, möglicherweise auch. Ich vermute, dass mein Vorstand mich lediglich deshalb nicht feuert, weil der Wechsel des leitenden Mannes während der Verhandlungen als Zeichen von Schwäche gedeutet werden könnte.

Mandy kommt ungefähr jedes zweite Wochenende zu Besuch, sie hat ihrem Freund und Dachdecker erzählt, dass sie zu ihrer kranken Tante nach Sachsen-Anhalt fährt, und ich fürchte, sie ist nicht nur verliebt, sondern auch in der Planungsphase für ein neues Leben, denn sie lässt manche Bemerkung über die Schönheit Hamburgs fallen, mit der Cottbus nun wirklich nicht mithalten könne, und dass es echt toll sein müsste, hier zu wohnen, zudem habe ihr Autoteileversand auch hier eine Zweigstelle.

Der Sex mit Mandy ist eine knallgeile Sache, Titten fühlen sich mit Mitte 20 einfach viel besser an, ihr Bauchnabelpiercing entzückt meine Zunge ein ums andere Mal, wenn ich dann ein wenig weiter nach Süden wandere, gewinne ich den Eindruck, dass Cunnilingus bei Dachdeckern kein verbreitetes Hobby ist, denn wenn Mandy sich erholt hat, kuschelt sie sich verschämt in meine Armbeuge und mehr als einmal seufzt sie, dass sie nie geahnt habe, wie schön Sex sein könne. Das sind Momente, in denen ich sie derart süß finde, dass ich fast ihren Lausitzer Dialekt vergesse.

Da ich nach wie vor eine Wohnung brauche, vertreiben wir uns die Zeit zwischen den hocherfreulichen Nummern mit diversen Besichtigungen, wobei ich ein kleines bisschen auf die Tonne haue, denn die Preisklasse, durch die ich die staunende Mandy führe, scheint meinen neuen Lebensverhältnissen nicht wirklich angemessen zu sein. Mehr als einmal, wenn ich am Fenster stehe und den Ausblick auf Bäume, Parks oder schöne Altbaufassaden genieße, umschlingt sie mich von hinten und träumt ganz offensichtlich von einer gemeinsamen Zukunft. Diese sehe ich in so expliziter Form allerdings noch nicht vor uns liegen, denn inzwischen interessiere ich mich sehr für Luisa.

Luisa studiert Russisch und irgendwas mit Literatur, erfreulicherweise in Hamburg, sie ist ein hochintelligentes Mädchen und trotz ihrer erst 28 Jahre bereits verheiratet, was sie zu meiner absoluten Favoritin macht, denn im Moment ist mir deutlich nach Affäre, und die Aussicht, mit welcher Frau auch immer eine Beziehung zu riskieren, erscheint mir Angst einflößend.

Luisa hat mich in einem sozialen Netzwerk angeschrieben, in dem ich mich ebenfalls herumtreibe, weil es offenbar von vielen Hamburger Studentinnen frequentiert wird. Hier glänze ich in einer literarischen Gruppierung zuweilen durch wirklich brillante Äußerungen, zumeist wenn es um meine Helden Hemingway, Kafka oder Bukowski geht, allerdings steht in Luisas Profil, dass sie glücklich gebunden ist und auf keinen Fall amouröse Ansprachen wünscht, also antworte ich mit einem kargen »Ich bin Single. Ich stehe total auf amouröse Ansprachen. Ich fürchte, auf diesem Dialog wird kein Segen liegen, und vielleicht sollten wir ihn gar nicht erst führen.«

Seltsamerweise scheint gerade dies Luisas Ehrgeiz anzustacheln, denn so, wie sie aussieht, dürfte sie nicht viele Körbe bekommen. Es entwickelt sich eine ausgesprochen unterhaltsame Kommunikation, zumal ich in der später für mich freigeschalteten Fotogalerie auf eine klasse Figur und ein großes Tattoo am Steiß stoße, und so etwas hab ich tatsächlich noch nie vor die Flinte bekommen. Ich merke sie für die nächste Woche vor, vielleicht mal am Hafen spazieren gehen und sehen, wie weit ich mit Romantik komme, hierfür scheint sie empfänglich zu sein, denn sie beklagt bisweilen ihre frühe Heirat und die Tatsache, dass ihrem schwer arbeitenden Mann das Gefühl für ebendiese abhandengekommen sei. Dies ist ein Umstand, den ich aus mehreren Gründen aufreizend finde: Erstens gehört Romantik eindeutig zu meinen Stärken, und zweitens führte auch meine Gattin Elke die Verflüchtigung derselben als Argument ins Feld, nachdem sie vor vielen Jahren mit ihrem ersten Loverboy in die Kiste gesprungen war. »Hier bietet sich«, so denke ich mir, »eine Gelegenheit, diese wichtige Problematik einmal aus der Perspektive der Gegenseite zu ergründen.«

Aus der üppigen Dreifachmama Simone und mir ist außer zwei weiteren Nächten zwischen ihren gewaltigen Titten nichts mehr geworden. Beim letzten Date hatte sie beschlossen, mich in den Kreis ihrer kleinen Familie einzuführen. Das gemeinsame Abendessen, bei dem mich drei jugendliche Augenpaare mit kalter Feindseligkeit musterten, war meiner erotischen Grundstimmung nicht eben förderlich, auch wenn ich die Jungs natürlich verstehen kann: Ich bin nicht Papa, und dass ich Mama vögele, wissen sie sehr wohl, die heutige Jugend scheint erschreckend aufgeklärt zu sein, das sind sie eben, die Schattenseiten eines verfrühten Internetzugangs.

Mit einem Meter Abstand sitzen Simone und ich vor dem Fernseher, wir müssen warten, bis die Bande schläft. Zu allem Überfluss werden wir irgendwann nach 24 Uhr, als wir es unter viel »Psssst, psssst!« endlich in die Kiste geschafft haben, auch noch von ihrem Jüngsten gestört, der, etwa zwei Sekunden bevor ich abschießen will, in der Tür steht und anklagend sagt: »Der soll nicht in deinem Bett schlafen, Mama!«

Während sie den Kleinen wieder in sein Zimmer verfrachtet, angele ich ein wenig genervt nach meiner Unterhose, mir ist soeben klar geworden, dass noch so viel Busen keine derartigen Störungen beim Akt rechtfertigt, außerdem ist mir auch die Fahrerei nach Hannover lästig und der Sex mit Mandy um mehrere Klassen aufregender. Simone kehrt aus dem Kinderzimmer zurück, während ich mir gerade die Schuhe zubinde, und ich sage ihr, dass es so nicht geht und dass mich die Sache mit ihren Jungs überfordert, aber dass ich dem Universum danke, auch wenn es uns nur für kurze Zeit zusammengeführt hat. Diesen Vortrag hatte ich eigentlich erst für nach dem Frühstück vorgesehen, dennoch finde ich ihn sehr einfühlsam und vor allem verständlich.

Simone trägt ihr Schicksal wie eine Frau: Sie heult. Also verkneife ich mir den Hinweis, dass sie bei ihren nächsten amourösen Gehversuchen die drei Jungs ins Ferienlager oder zu Oma verfrachtet sollte, denn auch Männer mit ehrlicheren Absichten wird es hart ankommen, ausgerechnet beim Orgasmus von anklagenden Kleine-Jungs-Augen unterbrochen zu werden, dies ist Hardcore-Interruptus und vermutlich nicht jedermanns Sache.

Simones Planstelle besetzt wenige Tage später Russischstudentin Luisa, von der ich nicht im Ernst angenommen hatte, dass ich sie in die Kiste kriege.

Luisa hat sich nach einem heiteren und unbeschwerten ersten Date auf dem Feuerschiff, einem knallroten, ehemaligen schwimmenden Leuchtturm, der jetzt im Hamburger Hafen liegt, auf ein schnelles zweites Date eingelassen, bei dem ich in Sachen Romantik zur Höchstform auflaufe. Ich habe einen Picknickkorb gekauft, ihn in einem altehrwürdigen Delikatessengeschäft mit Champagner, Gläsern, Trüffelpastetchen, Gänsebrustwürfelchen, Antipasti und diversen Variationen von Mousse au Chocolat füllen lassen, die ich, während Luisa sich am Elbufer artig die Augen zuhält, zusammen mit einem Dutzend kleiner Kerzen in Herzform auf unserem Deckchen drapiere.

Luisa sieht mich anders an als gestern, ich scheine ihren Sinn für Romantik getroffen zu haben. Weil es später ein wenig kühl wird, hülle ich sie in die Decke ein und nehme sie zwischen meine Beine. Während langsam Sterne aufziehen und wir das letzte Glas Champagner trinken, küsse ich sanft ihren Nacken, dabei spüren meine Hände, dass sie Gänsehaut auf den Unterarmen kriegt.

»So als Verführer bist du schon ein verdammter Vollprofi«, stellt Luisa fest.

»Wenn du nicht verführt werden wolltest, würdest du nicht hier sitzen und Gänsehaut haben.«

»Ich bin eine verheiratete Frau.«

»Guck mal, eine Sternschnuppe, ich darf mir was wünschen.«

»Ich bin noch nie fremdgegangen«, sagt sie nachdenklich, »jedenfalls nicht, seit wir verheiratet sind.«

Da lache ich, beiße ihr in den Nacken und verkünde: »Und ich war noch nie mit einer verheirateten Frau im Bett«, was zwar glatt gelogen ist, aber irgendwie in die Stimmung zu passen scheint. Das letzte Argument scheint zu fruchten, denn wir räumen schweigend den Picknickkorb ein, und wenig später genieße ich in meinem Pensionszimmer den Anblick ihres wild vor meinen Hüften kreisenden Arschgeweihs.

Doch nicht nur dieser Anblick entzückt mich. Luisa trägt ihren kohlrabenschwarzen Landestreifen in etwa drei Zentimeter breitem Brasilianisch, was ehrlicherweise auch bei der Auswahl von Internetpornos eines meiner wichtigsten Kriterien ist, da mich voll rasierte Muschis an etwas erinnern, was nun wirklich nichts in meinem Sexualleben zu suchen hat: an Wickeltische und volle Windeln.

Als absolutes sexuelles Highlight entpuppt sich der Umstand, dass Luisa eng ist wie ein Fahrradschlauch, ohne Scheiß, beim Vorspiel habe ich schon Probleme, auch nur einen Finger zu versenken, meinen Schwanz in sie hineinzubekommen ist die nächste Schwierigkeit, seltsamerweise scheint es ihr nicht wehzutun, sie seufzt und windet sich und ist einfach nur das geilste Stück Frau, das ich seit langer Zeit unter mir gehabt habe.

Luisa verlässt mich gegen zwei Uhr morgens, sie muss auch bei Abwesenheit ihres dienstreisenden Mannes darauf achten, dass ihre Nachbarn nicht mitbekommen, wie lange sie ausgeht. Das finde ich schade, aber letztlich auch gesünder, denn sonst hätte ich nebendieser Vollrakete bis zum Morgengrauen kein Auge zugekriegt.

Am nächsten Tag tut mir vom Fahrradschlauch mein Schwanz beim Pinkeln weh, was ich erstaunt zur Kenntnis nehme. Ich habe ja nicht geahnt, dass es derartige Unterschiede zwischen warmer, großzügiger, aber weit gedehnter Weichheit und knallenger Minimuschi geben kann. Letztere lässt deinen Schwanz auch dann nicht los, wenn er ermattet, aber glücklich in den schlaffen Windungen seines Kondoms hängt. Man lernt wirklich nie aus im Leben, selbst mit 39 Lenzen nicht, und ich überlege hin und her, wie ich Luisa dazu bringen kann, mich bald ohne Kondom zu vögeln, denn das müsste eine weitere Steigerung dieses göttlichen Vergnügens sein.

Luisa passt als attraktive, verheiratete Frau ohne jede Wochenendfreizeit perfekt in mein Frauenportfolio, in dem sie sich sensationell mit Mandy aus Cottbus ergänzt, die stets nur am Wochenende nach Hamburg kommen kann. In diesem Portfolio spielt Katja, meine Blind-Date-Madonna aus der Innenbehörde, nur noch für kurze Zeit eine unrühmliche Nebenrolle, denn über mehr als vergleichsweise sittsames Rumgeknutsche komme ich bei ihr einfach nicht hinaus. Bei unseren gelegentlichen Abendspaziergängen, die harmonisch, aber erfolglos verlaufen, prüft sie mich kritisch auf Beziehungstauglichkeit und emotionale Reife, wobei ich offenbar ein ums andere Mal durchfalle. Ich halte sie für die bisher Klügste aller Singlefrauen und beschließe, um derartige Mädels künftig einen Bogen zu machen.

Im Internet ist erst mal Pause, ich will wirklich nicht riskieren, auf ein weiteres Zweitprofil von Mandy oder gar Luisa zu stoßen. In meinen Profilen vermerke ich für den Fall, dass eine von den beiden mal nachschauen geht: »Derzeit wegen enormer Faszination meinerseits auf unabsehbare Zeit geschlossen.«

Wobei ich natürlich keinen Namen nenne, ich bin ja nicht blöd.

Von: **Simone_S**
Betreff: **Ich wünsch Dir mieses Karma!**

Leif,
Internet ist nicht gut für mich. Ich kann sehen, wie Du mit den anderen Frauen flirtest und spielst, so wie Du mit mir gespielt hast. Du bist ein Heuchler und ein schlechter Mensch, Du hast mich benutzt und meine Gefühle manipuliert, Du hast mich angelogen, nur weil Du in mein Bett wolltest. Sogar mein Exmann ist gegen Dich ein feiner Kerl. Du hast mir vom Universum geschrieben, das uns zusammengeführt hat. Das Universum vergisst so etwas nicht, glaub mir. Wenn Du Dich also eines Tages wundern solltest, warum Du so ein mieses Karma bekommen hast, dann denk an mich zurück.
Simone

## 900 Euro

Luisa und ich sehen uns ausschließlich dienstags und donnerstags, da geht sie, so die heimatliche Tarnlegende, Fitness machen und danach mit Freundinnen aus. Mir ist das nur recht, denn die Freitage und Samstage der kinderfreien Wochenenden gehören Mandy, und sonntagabends fühle ich mich von ihrem jugendlichen Hunger auf Sex derartig gerädert, dass mir die Aussicht auf einen freien Montag und Mittwoch verlockend erscheint.

Zudem muss ich irgendwann ja auch mal ernsthaft auf Wohnungssuche gehen. Oder mal meine Finanzen ordnen, was auf eine deprimierende Auflistung unerfreulicher Zahlen hinausläuft, die allesamt das eine sagen: Ich bin zwar Großverdiener, Benz-Fahrer, Hausbesitzer, aber ich bin pleite!

Elke und ich habe uns – wie ihre Anwältin schreibt: vorläufig und ohne Anerkennung eines Präjudiz – darauf geeinigt, dass ich ihr 3000 Euro im Monat zahle, allerdings muss ich auch noch Heizung, Wasser, Strom und Müllabfuhr übernehmen, auf den ersten Blick scheint das in Ordnung, denn seit der Geburt von Lisa arbeitet sie nicht mehr und meine monatliche Gehaltsabrechnung weist einen Nettoverdienst von rund 6400 Euro aus, dazu kommt zumeist noch eine Jahresprämie, in besseren Zeiten waren das Beträge zwischen 20 000 und 40 000 Euro. Doch angesichts der bedauerlichen Umstände in der Firma, so viel ist sicher, werde ich in Sachen Bonus diesmal leer ausgehen.

Mein Kontostand gleitet zum ersten Mal seit Jahren ins Minus. Also mache ich Kassensturz.

| *Summe der Einnahmen (monatlich)* | |
|---|---|
| Brutto: | 11 000 |
| Netto: | 6400 |

| *Summe der Ausgaben (monatlich)* | |
|---|---|
| Elke, Lisa und Lars: | 3000 |
| Nebenkosten Haus: | 500 |
| Krankenkasse (privat für alle 4): | 800 |
| Pension (30 x 40): | 1200 |
| **Gesamt:** | **5500** |

| | |
|---|---|
| Einnahmen | 6400 |
| Ausgaben | 5500 |
| **Frei verfügbar** | **900** |

Die letzte Zahl trifft mich weitgehend unvorbereitet. Das letzte Mal, dass ich so wenig Geld hatte, war ich noch hoffnungsvoller Juniorenspieler in einem Bonner Basketballinternat! Über diesen betrüblichen Umstand grübele ich einige sexlose Abende nach. Die glasklare Erkenntnis lautet: Von 900 Piepen kann kein Mensch leben, insbesondere ich nicht, da ich Mandy die Bahnfahrten bezahle und auch Luisa vorm Vögeln gerne noch schick ausgeführt wird, im Bett sowie bei Restaurantbesuchen legt sie Wert auf gehobenes Niveau.

Wenn ich keinen Dienstwagen hätte, für den die Firma auch noch den Sprit bezahlt, könnte ich mir nicht mal ein Auto leisten. Einziger Ansatz zur Kostenersparnis: die ohnehin beklagenswerte Wohnsituation. Ich muss raus aus der Pension und mir eine Bude suchen. Ich beschließe, für meine Wohnung maximal 500 Euro auszugeben, das wären dann 700 Euro weniger als das Pensionszimmer. Damit hätte ich vermutlich genügend übrig, um meine verschiedenen Mädels auch weiterhin zufriedenzustellen, und viel weiter führt mein Trachten derzeit nicht.

Doch die Welt da draußen ist ein böserer Ort, als ich mir das in unserem netten Einfamilienhaus gedacht hätte.

Damals, also so richtig damals, bevor ich Elke kennenlernte, wohnte ich in Bonn recht fürstlich in zweieinhalb Altbauzimmern für 450 warm, und Jungs, wir sprechen hier von D-Mark! Aber für 500 Euro warm gibt's auf dem freien Markt in Hamburg nix. Jedenfalls nichts, was die Größe eines Wohnklos übersteigt. Oder wenn doch, dann mit Kohlenheizung. Oder wenn mit Zentralheizung, dann ohne Küche. Oder wenn mit Küche, dann mit Mehrfamilienbad auf dem Flur. Oder in Mümmelmannsberg oder Horn, doch ich habe gehört, dass dies keine Gegenden sind, in denen mein Dienstcabrio mehr als zwei Nächte überleben würde.

Joachim rät mir zu einer Genossenschaftswohnung, die wären bezahlbar und auch meist ganz in Ordnung. Leider gibt's die nur mit einem Wohnberechtigungsschein. Aber was soll's. Ich habe nur 900 Schleifen im Monat, da werden die gar nicht anders können, als mir so einen Zettel auszustellen.

Ich nehme Lohnabrechnungen, Kontoauszüge und die Schreiben von Elkes Anwältin mit zum Amt, sitze im Kreise vieler Menschen, deren Sprache ich nicht verstehe, warte befremdliche zweieinhalb Stunden, bis meine Nummer auf dem träge schlummernden Display erscheint, und bin latent verstimmt. Dergleichen Behandlung bin ich nicht gewohnt, schließlich bin ich Steuerzahler, und das nicht zu knapp, aber ich vermute, wenn ich Rabatz mache, wie der Cowboy vorschlägt, kann ich die Sache vergessen. Also begrüße ich den Sachbearbeiter ausgesprochen höflich. Er wirft erst einen Blick auf meinen Anzug, dann auf die Gehaltsabrechnung und kriegt tatsächlich einen Schluckauf vor Begeisterung. »Ich hab ja schon manches erlebt«, erklärt er, »aber mit 'nem Gehalt von 11 000 Euro hat hier noch keiner gesessen.«

Ich nicke betrübt und setze ihm meine missliche Situation auseinander, gegen Ende deutet er ein gewisses Verständnis an, bescheidet mich aber dennoch: »Nee, ganz im Ernst, Herr Andersson, Abzüge für Krankenkasse und Unterhalt für die Kinder sind in Ordnung, aber ich kann Ihnen nicht auch noch Heizkosten, Müllabfuhr und Unterhalt für Ihre Frau anrechnen. Sie haben immer noch doppelt so viel, wie hier der durchschnittliche Antragsteller verdient! Soll ich Ihnen mal einen Tipp geben? Wieso zahlen Sie so viel für ein Pensionszimmer, suchen Sie sich lieber eine günstige Wohnung.«

»Sie werden lachen«, sage ich, »das ist ziemlich genau der Grund, aus dem ich hier bin!«

Aber da hat er schon auf einen Knopf gedrückt und an der Tür erscheint die nächste Kundschaft, eine sechsköpfige Familie mit schwarzäugigen Kindern, wahrscheinlich werden die gleich meinen Wohnberechtigungsschein bekommen.

Also versuche ich, mit Elke ins Gespräch zu kommen, eigentlich ist sie ja ein vernünftiges Mädchen, und sie müsste auch mit etwas weniger als 3000 Euro hinkommen können. Schließlich kriegt sie ja auch noch das Kindergeld. Und muss im Gegensatz zu mir keine Miete zahlen. Und keine Nebenkosten. Und außerdem war mir bei unseren ersten unerfreulichen Gesprächen über ihren Unterhalt noch nicht klar, dass mich der Verlust der Lohnsteuerklasse III bald auch noch mal schlappe 700 Euro monatlich kosten wird. Lauter gute Argumente, die mir vor ein paar Monaten leider allesamt nicht eingefallen sind. Mir war das alles bloß schrecklich unangenehm, ich wollte so schnell wie möglich weg, und angesichts der fetten Jahre ohne alle finanziellen Sorgen wäre mir in meinen schlimmsten Träumen nicht eingefallen, dass ich, LeiLa Andersson, irgendwann mal klamm sein könnte.

Inzwischen hege ich den Verdacht, dass Elke mich gründlich über den Tisch gezogen hat.

Elkes Antwort auf mein schüchternes Gnadengesuch ist ein weiteres Anwaltsschreiben, in dem mir freundlich mitgeteilt wird, dass Elke bereit sei, auf 500 Euro Unterhalt im Monat zu verzichten, allerdings nur, falls ich mich notariell verpflichten würde, diesen bis zum Erreichen der Pensionsgrenze zu garantieren. Zweite Bedingung: Ich soll ihr im Gegenzug das Haus überschreiben, sie setzt mir eine Frist von vier Wochen, um dieses generöse Angebot anzunehmen, und für den Notartermin müsse ich natürlich ebenfalls aufkommen. Mal ganz im Ernst, die Alte hat doch ein Rad ab, unsere Hütte hat schlanke 600 000 gekostet, so bescheuert bin selbst ich nicht.

Ich glaube, es wird Zeit, dass auch ich mir einen Anwalt nehme.

Im Branchenbuch stehen Massen von ihnen und etwa jeder Dritte scheint ein Spezialist für Scheidungsfragen zu sein, also mache ich es mir einfach und wähle die Kanzlei gegenüber dem Büro. Schwerpunkt Familienrecht, der grauhaarige Chef, der fürsorglich vom gediegenen Internetauftritt lächelt, ist irgendetwas Höheres in der Anwaltskammer und macht Juristenausbildung, genau das, was ich brauche, und immer, wenn was ist, kann ich in der Mittagspause rüberhuschen.

Es empfängt mich aber keineswegs der Chef, sondern eine Anwältin, die den gleichen Nachnamen trägt, ihr wunderschöner Vorname lautet Hannah, entsetzlich ist jedoch ihr komplett mausgraues Kostüm. Sie trägt dazu flache schwarze Schuhe, weiße Bluse, null Schmuck, hochgesteckte Haare und ein Monstrum von einer Hornbrille. Nach der erfolgreichen Scheidung werde ich ihr anraten, mal einen Stylisten aufzusuchen, denn ihr Gesicht wirkt zwar ein wenig streng, aber mit etwas Make-up ließe sich daraus etwas Hinreißendes zaubern. Ihr Alter ist schwer definierbar, irgendwas um die 30 bis 35, würde ich denken, aber so was fragt man nicht ausgerechnet die Frau, die einen durch die Wirren der eigenen Scheidung geleiten soll.

Hannah wirkt durchaus versiert. Als ich ihr die Kopie des von mir unterzeichneten Schreibens zeige, in dem ich Elke 3000 Euro Unterhalt sowie die Übernahme der 500 Euro Nebenkosten verspreche, rückt sie die Brille zurecht, sieht mir in die Augen und rügt: »Herr Andersson, so etwas darf man doch nicht unterschreiben, warum sind Sie nicht gleich zu uns gekommen, diese Vereinbarung ist wirklich sehr nachteilig für Sie, das müssen wir aufkündigen.«

Danach erklärt sie mir, dass Elke durchaus verpflichtet sei, sich wieder um einen Job zu bemühen, und dass ihr Verdienst gegen meinen gerechnet werden müsse. Ich sage, dass Elke sich von zehn Elefanten nicht zurück in die Bank schubsen lässt, so gut kenne ich sie nun doch. Doch dann erfahre ich, dass sich Elke in diesem Fall einen fiktiven Verdienst zurechnen lassen müsse, nach einem kurzen Intermezzo am Taschenrechner erscheinen der Anwältin jeweils rund 600 Euro Unterhalt für die Kinder sowie maximal 1000 Euro für Elke angemessen.

»Na, das ist ja ein Ding«, denke ich und beschließe: »Scheiß auf den grauhaarigen Chef, bei der Frau bin ich richtig!«

Die Erstberatung dauert statt der ausgemachten Stunde satte zweieinhalb, zwischendurch verschwindet Frau Anwältin mal für kleine Mädchen und ich starre ihr erstaunt auf den Arsch, der mir bisher entgangen ist. Nach ihrer Rückkehr frage ich doch nach ihrem Alter. Die Antwort, nämlich 30, löst zwiespältige Gefühle in mir aus. Wie alt sind Juristen nach Studium und zwei Examen? 28 Jahre? 29 Jahre? Ich lege mein Schicksal gerade in die Hände einer blutigen Anfängerin, andererseits lese ich in ihrem Gesicht ehrliche Anteilnahme, Verständnis und vielleicht sogar ein bisschen Mitleid, und wenn der Kleine sich im Moment nach irgendetwas sehnt, dann ist es das, da kann ihn auch keine Hornbrille schrecken. Zudem versichert sie mir eilig, dass sie – wann immer schwierige Fragen auftauchen sollten – jederzeit auf den Seniorpartner der Kanzlei zurückgreifen könne, der obendrein ihr Vater sei. Und wenn mir das lieber wäre, würde Papa auch die Gerichtsverhandlung führen. Mir scheint, ich bin einer ihrer ersten Klienten und sie will mich auf keinen Fall verlieren, ich nehme an, dass sie sich schon reinknien wird in meinen Fall. Also unterschreibe ich ihr Mandat und wir verabreden uns für übernächsten Montag, weil ich noch Unterlagen nachreichen muss. Ich verlasse die Kanzlei seltsam froh gestimmt, denn während mir Hannah zum Abschied freundlich die Hand reicht, komme ich mir ein bisschen weniger allein vor.

Irgendwie interessiert sie mich, meine junge Frau Anwältin, doch ich bin mit Mandy und Luisa ausgelastet, und so unterlasse ich bei unseren regelmäßigen Sitzungen jeden Versuch, sie anzubaggern. Obwohl da etwas ist, das ich nicht definieren kann. Hannah strahlt, wenn sie die Hornbrille abnimmt und sich die Geschichte mit Elke, Laura und den Kindern anhört, eine Wärme aus, die sich in mir zu einem wohligen Gefühl verdichtet, und mehr als einmal sehe ich ihr versonnen zu, wenn sie in ihren Gesetzbüchern blättert oder auf dem Taschenrechner tippt. Dann stelle ich mir vor, wie es wäre, ihren Haarknoten zu lösen und sie aus dem mausgrauen Kostüm zu schälen.

Ich glaube, das wäre ziemlich schön.

Mein so erfreuliches Arrangement mit Luisa endet nach zwei Monaten mit erschreckender Plötzlichkeit, als ihr Mann eine SMS von mir in ihrem Handy entdeckt. Ich bin sehr betrübt und sie offenbar auch, aber ich bin nicht bereit, an unserem letzten gemeinsamen Donnerstag auf die Signale zu reagieren, die ich empfange. »Was denkst denn du darüber?«, fragt Luisa, doch das sage ich besser nicht. Denn ich argwöhne, dass ich diesen Satz zunächst auf verdeckte weibliche Nebenwirkungen überprüfen sollte und dass das Ganze im Klartext ungefähr so heißen wird: »Würdest du mich wollen, so richtig wollen? Wirst du mich lieben und mir ein schönes Leben garantieren, wenn ich meinen Mann verlasse?«

Aber bei allem Arschgeweih und trotz des geilen Fahrradschlauchvögelns ist Luisa eine kapriziöse Person, und ich habe die Worte meines Vaters im Ohr, die er mal meiner großen Schwester Birgitta gesagt hat, als diese eine Affäre mit einem verheirateten Mann begann: »Mach dich nicht unglücklich, Mädchen, wer fremd kommt, geht fremd, und das ist immer so, es gibt keine Ausnahmen.«

Zudem studiert Luisa noch. Und wie soll das gehen? Eine Frau ohne Geld und ein Kerl, der so restlos pleite ist wie ich, das endet spätestens dann im Desaster, wenn wir beide abwechselnd kalte Tomatenspaghetti aus der Dose löffeln. Und so trennen sich unsere Wege. Zunächst zu meinem allerhöchsten Bedauern, doch als ich etwa ein Jahr später noch einmal auf ihr Profil in dem Studentinnennetzwerk stolpere, bin ich heilfroh, denn dort entdecke ich sie unzweifelhaft glücklich und mit einem Versöhnungsbabybauch, und diese Umstände hätten möglicherweise auch mir gedroht. »Ende 20 ist bei den Mädels halt ein schwieriges Alter«, denke ich, auch Elke hatte damals ohne mein Wissen die Pille abgesetzt.

**Luisa**
Dienstag
10:25

Mir ist langweilig. Mit Tom wieder alles im grünen Bereich. Er glaubt mir, dass wir nur geflirtet haben. Aber ich kann nur noch einmal die Woche.

Mittwoch
9:08

Du kannst ruhig wieder per SMS antworten, ich bin lernfähig und lösche jetzt nach dem Lesen.

Mittwoch
12:57

Wenn Du nicht antwortest, kann ich Deine SMS nicht löschen!!!

Samstag
15:09

Ganz, ganz falsch, was ich hier mache. Aber das war von Anfang an so. Als Du in der ersten Nachricht geschrieben hast, dass Du keine Lust hast, war's um mich geschehen. Ist immer so!

Samstag
20.45

Du Vollidiot. Ich biete Dir die Wiederaufnahme einer äußerst befriedigenden Affäre an und Du spielst toter Mann.

Freitag
02:09

Es ist zwei Uhr nachts, ich bin betrunken. Darf ich bittebittebitte in Deine Kiste? Undzwarjetztgleichsofortverdammt!

Freitag
08:59

Luisa, die Lernfähige. Finger weg von Typen, die nicht mein Mann sind. Eh alles Ärsche.

**Leif**
Samstag
11:23

Himmel, Luisa. Hatte mein Tel. beim Sport verlegt und hab mit dem Diensthandy telefoniert. Wann? Wo?

Samstag
13:01

Zu wenig, zu spät. Die Dinge haben sich geändert. Es ist vorbei. Nein. Es ist nie geschehen. Lebe wohl.

Samstag
13:04

Fuck, Luisa, was ist denn los?

Samstag
13:21

Luisa?

Dienstag
20:51

Okay, letzter Versuch. Luisa, melde Dich bitte.

# Ein Luder

Luisa ist weg. Blöderweise zeigt sich auch Mandy zunehmend unzufrieden, ihr Dachdecker will nicht mehr glauben, dass wirklich jeder in ihrer Verwandtschaft schwer erkrankt ist und alle nacheinander an den Wochenenden gepflegt werden müssen. An unserem letzten Sonntag fragt sie mich klipp und klar, was Sache ist. Sie will Schluss machen, entweder mit dem Dachdecker, und dann nach Hamburg kommen, oder mit mir, und ich wehre mich nicht gegen die zweite Variante.

Ja, Jungs, ich bin ein herzloses Schwein, aber ich kann mir nicht vorstellen, Mandy beim anstehenden Sommerempfang mit in die Agentur zu nehmen, auf dass sie unsere Kunden mit Anekdoten aus der Autoersatzteilbranche erfreue, oder sie am Ende gar noch meiner Mutter vorzustellen. Mandy ist so jung und so niedlich und so unendlich süß, aber sie wird immer die Sekretärin aus Cottbus bleiben. Am Bahnhof kullern ihr zwei Tränen über die Wange, auch ich bin ein bisschen angefasst, aber ich bin ein Mann, ich bin Single, ich stehe das durch, wobei ich es ein wenig ungerecht finde, dass gleich beide Frauen weg sind und ich wieder komplett ungevögelt leben muss. Das sollte sich irgendwie besser managen lassen, das nächste Mal.

Ich überlege, ob es ein Fehler war, Simone so vorschnell den Laufpass zu geben, sogar bei Katja melde ich mich wieder, beseelt von der vagen Hoffnung, dass ich vielleicht jetzt ihren sorgsam gehüteten Schlüpfer erstürmen kann. Doch Katja ist irgendwann in den letzten Wochen über einen Typen mit echt seriösem Boyfriend-Potenzial gestolpert und ich lerne eine der Grundregeln des digitalen Datings: Wer Single ist und trotzdem halbwegs regelmäßig poppen will, der braucht eine große Ersatzbank. Und er muss mannhaft der Versuchung widerstehen, diese zu vernachlässigen, nur weil er gerade eine erfreuliche Affäre begonnen hat oder gar die ersten Anzeichen einer leichten Verliebtheit bei sich entdeckt. Ich bin mir nicht sicher, ob diese Erkenntnis tatsächlich zur Stärkung monogamer Charakterzüge beiträgt, aber letztlich habe ich keine große Wahl, wenn ich nicht wieder für Wochen auf meine rechte Hand zurückgreifen will.

Weil ich in Sachen Frauen mal wieder komplett blank bin, sehe ich mich gezwungen, die Schlinge meines Lassos noch etwas weiter zu knüpfen und auch auf Mädels auszuwerfen, die nun so gar nicht meinem Beuteschema entsprechen oder gar ohne Foto im Profil operieren.

Nach kurzer Zeit stoße ich auf Tanja, eine 36 Jahre alte Doppelmama aus Lübeck, in deren prosaischem Nicknamen sowohl die Begriffe »Maus«, »süß« und »Schnuckel« vereinigt sind, was ich bereits für ein intellektuelles Killerkriterium halte, doch der Cowboy lässt sich nach vier zweizeiligen Mails ein Foto schicken, das sich als – nun ja – im weitesten Sinne annehmbar erweist, wenn auch nur wegen des bereitwillig ins Objektiv gehaltenen Dekolletés. Nach weiteren drei Mails erfragt der Cowboy in höflichen Worten ihre Bereitschaft zu einem kurzfristig arrangierten Beischlaf. Dieses, Jungs, solltet ihr übrigens auf keinen Fall probieren, wenn euch die Antwort nicht scheißegal ist, und zudem seid euch gewiss, dass ihr auf 50 Versuche mindestens 49 entrüstete Absagen fangt, so jedenfalls werden später die Ergebnisse meiner statistischen Erhebungen lauten.

Doch bei Tanja renne ich offene Schlafzimmertüren ein, zunächst tippe ich auf akute Untervögelung, erst nach und nach stelle ich fest, dass ich auf mein erstes echtes Luder gestoßen bin. Ihre Kinder sind in den Ferien, am nächsten Abend parkt ihr Opel Corsa vor meiner Pension und ich erspare mir den Umweg über ein nettes Candle-Light-Dinner und führe sie ohne weiteres Kennenlernen in mein Bett, wo sie sich zwar nicht als cellulitefrei, dafür aber als recht hemmungslos erweist.

Eine Frau auszuziehen, von der ich nicht einmal den Nachnamen weiß, ist fürs Erste eine saugeile Aktion, es hat etwas wirklich Verruchtes an sich, allerdings ist die Narbe vom Kaiserschnitt kein optisches Highlight und Arsch und Busen wollen seltsamerweise auch nicht recht zusammenpassen. Ersterer hängt schon ziemlich, dafür stehen die Möpse wie eine Eins, und das sogar dann, wenn Tanja auf dem Rücken liegt. Es sind die ersten Tuningtitten, die mir in die Finger geraten, und ich schraube interessiert daran herum. Ehrlicherweise törnen sie mich nicht wirklich an, sie fühlen sich an wie zu fest aufgeblasene Luftballons auf dem Kindergeburtstag, der einzige Unterschied scheint mir zu sein, dass sie weder quietschen noch sich elektrisch aufladen, wenn man die Hände daran reibt. Alles in allem finde ich das sehr suspekt, und das wird auch später so bleiben, als ich im Laufe der Jahre auf immer mehr Frauen mit expandierter Oberweite stoße, bei Aufblastitten muss ich seit Tanja stets an Kindergeburtstage denken, und dies führt nicht immer zur Steigerung meiner Libido.

Der Sex mit Tanja ist so, wie Sex ohne jede Faszination eben ist: Im Moment der diversen Aktionen nicht ungeil, aber spätestens bei der Zigarette danach bemerkst du einen faden Beigeschmack. Was den Cowboy nicht weiter stört, aber den kleinen Romantiker in mir leise meckern lässt. Er will halt lieber zärtlich erobern, und eine Frau, die ihm die Hacken in die Nieren rammt, noch ehe ihm ein einziger poetischer Satz über die wahrhaftige Schönheit ihrer Seele eingefallen ist, die erfüllt den Kleinen mit Schuldgefühlen, die er in sich trägt, seit Mama ihn damals vor liederlichen Frauenzimmern und den Gefahren der männlichen Lüsternheit warnte.

Durchsetzen kann sich der Kleine jedoch nicht, denn der Cowboy erinnert mich an meine leere Ersatzbank und ich ermuntere Tanja auch in den folgenden Wochen, mich hin und wieder zu besuchen. Mit der Zeit stellt sich sogar eine gewisse Herzlichkeit ein, die sich meinerseits noch vertieft, als ich bei ihr exhibitionistische Tendenzen entdecke. Am dritten Abend steht Tanja nämlich nach einer Weile nackt am offenen Fenster und schaut sich das schmutzige St. Pauli an, es ergibt sich, dass ich sie kurze Zeit später in ebendieser Pose und im Stehen von hinten vögele. Als meine Zimmerwirtin auf der Straße vorbeigeht, blicke ich urplötzlich in die entrüsteten Augen von Frau Weidemann, die offenbar vom Einkaufen kommt. Das trägt mir zwar später eine Rüge ebenderselben ein, die – wie ich vernehme – ein ehrbares Haus führen will, macht mich aber geil genug, um Tanja die nächsten zwei Wochen noch mitlaufen zu lassen, während ich lohnenswertere Kandidatinnen für meine Ersatzbank sammele.

Die Romanze mit Tanja endet jäh, als sie durchblicken lässt, dass ich von den Typen, mit denen sie derzeit Sex hat, durchaus nicht der Schlechteste im Bett sei. Ich bin ehrlich erstaunt und erkundige mich nach der aktuellen Besetzung ihrer Liebhaberliste. Ihre offenherzige Antwort, dass sich dort neben meinem Schwanz auch noch drei weitere um die Meisterschaft bewerben, finde ich dann aber doch verdrießlich. Ich fühle mich tatsächlich ein wenig ausgenutzt, ich hätte ja rein theoretisch auch ehrliche Absichten gehabt haben können, und so vögele ich sie zum Abschied noch einmal auf dem dunklen Parkplatz vor der Pension, wobei ich sie bäuchlings auf die Motorhaube meines Benz lege, ihren Rock hoch und den Slip zur Seite schiebe, ihre Haare mit festem Griff packe, ihr Gesicht aufs Blech drücke und sie ein verkommenes Luder nenne. Das scheint ihr mächtig zu gefallen, danach kneift sie mich in die Wange und sagt: »Hey, das war ja geil, ich dachte, du kommst gar nicht mehr richtig aus dir raus! Das machen wir mal wieder, ja?«

Doch genau das habe ich nicht vor! Und so verschafft mir die Mail, in der ich am gleichen Abend noch mit ihr Schluss mache, eine gewisse Befriedigung, ich betrachte die grobe Kränkung meines männlichen Egos nun als angemessen geahndet.

Allerdings währt diese Hochstimmung nicht lange. Denn Tanjas lakonische Antwort lautet: »Auch gut, Bussi!«

Seither weiß ich, dass wir willenlos herumvögelnden Typen doch nicht ganz allein sind auf dieser Welt.

Von: **Suesse_Sumse_Bine**
Betreff: **Haste Zeit?**

Hey, lange nichts mehr gehört, wollen wir uns mal wieder treffen? Die Kinder sind bei ihrem Vater und ich bin Samstag in Kiel. Küsschen, Tanja

........................................................

Von: **LeiLa_A**
Betreff: Re: **Haste Zeit?**

Liebe Tanja, wir haben vor sechs Wochen Schluss gemacht. Und ich wohne nicht in Kiel.

.....................................................

Von: **Suesse_Sumse_Bine**
Betreff: Re: Re: **Haste Zeit?**

Uuuuups. Sorry, verwechselt, nicht böse sein.

.....................................................

Von: **Suesse_Sumse_Bine**
Betreff: Re: Re: **Haste Zeit?**

Noch mal ich. Welcher bist du denn?

.....................................................

Von: **LeiLa_A**
Betreff: Re: Re: Re: **Haste Zeit?**

Leif. Hamburg. Reeperbahn. Sex auf der Motorhaube. Du auf dem Bauch.

.....................................................

Von: **Suesse_Sumse_Bine**
Betreff: Re: Re: Re: Re: **Haste Zeit?**

Oh. Stimmt. Das war ja ganz schön. Warum hattest du noch mal Schluss gemacht?

.....................................................

Von: **LeiLa_A**
Betreff: Re: Re: Re: Re: Re: **Haste Zeit?**

Weil Du zu viele Männer vögelst! Unter anderem welche in Kiel.

.....................................................

Von: **Suesse_Sumse_Bine**
Betreff: Re: Re: Re: Re: Re: Re: **Haste Zeit?**

So war das. Sorry.

.....................................................

Von: **Suesse_Sumse_Bine**
Betreff: **Mal neues Betreff spendier**

Hey, ich bin's noch mal. Was ist jetzt mit Samstag? Hast Du Zeit?

.....................................................

Von: **LeiLa_A**
Betreff: **OMG!**

Nein, verdammt!

.....................................................

Von: **Suesse_Sumse_Bine**
Betreff: Re: **OMG!**

Alles klar. Kein Problem. Melde dich, wenn Du wieder mehr Zeit hast.
Bussi, Tanja

.....................................................

# Standesregeln

Mit den Frauen in der Firma ist es eine seltsame Sache. Als ich noch der Jungstar auf dem unaufhaltsamen Weg in die oberste Etage war, konnte ich die Blicke der Frauen auf meinem Rücken spüren. Keine Fahrstuhlfahrt verging, in der nicht mindestens ein Augenpaar eine kleine Winzigkeit zu lange auf mir ruhte, und wenn die Damen ausstiegen, dann lächelte ich angesichts ihrer demonstrativ schwingenden Hüften versonnen und wartete auf den unweigerlich kommenden Moment, in dem sie kurz noch einmal den Kopf zu mir drehten, um einen Blick aus meinen Augen zu erhaschen.

Inzwischen scheint sich allerdings herumgesprochen zu haben, dass der große LeiLa Andersson auf Abschuss steht. Wenn ich jetzt einen Fahrstuhl betrete, verstummen alle Gespräche, und wenn mir menschliches Interesse entgegengebracht wird, dann ausschließlich von den älteren Sekretärinnen, die einen Hauch von mütterlichem Kummer verstrahlen, wenn sie mir einen Aktenordner oder einen Kaffee bringen.

Zudem scheint auch die Trennung von Elke wirklich jedermann in der Firma bekannt zu sein, ich höre mehr als eine gemurmelte Bemerkung, die auf meine offensichtliche Verwahrlosung abzielt, und das, obwohl ich mich darum bemühe, trotz Pensionszimmer mit Bad auf dem Flur nicht allzu verlottert auszusehen. In der Tat haben vorerst nur drei Anzüge den schnellen Umzug nach St. Pauli mitgemacht, und dass ich diese im Wechsel trage, scheint den aufmerksamen Beobachtern der Szenerie einige Freude zu bereiten.

Tatsächlich scheine ich jegliche Anziehungskraft auf das weibliche Geschlecht verloren zu haben, ich flüchte mich in teilnahmslose Brummigkeit, mit der ich all den Scheißweibern zu verstehen gebe, dass mir ihr Interesse ohnehin piepegal wäre.

Dabei sehne ich mich gerade jetzt nach Zuwendung, aber dafür bleibt mir nur das Internet, denn da weiß niemand etwas über meine missliche Lage. In analytischen Momenten ertappe ich mich bei der Erkenntnis, dass ich zwar nach Sex suche, aber Liebe weit dringender bedürfte, doch mir ist irgendwie unklar, wie man so etwas finden kann.

Da mir das Ludererlebnis mit Tanja noch in den Knochen steckt, setze ich meine Recherchen zunächst bei den Neuzugängen der diversen Singlebörsen fort, die müssten noch ein bisschen unverdorbener sein. Erstaunt bleibe ich auf einer Seite hängen, auf der ein Foto bei mir ein vages Gefühl von »Kenn ich die?« auslöst.

Es zeigt eine junge, schlanke Frau, ihre offenen Haare wehen irgendwo am Strand im Wind und verdecken große Teile ihres Gesichtes. Unter einer riesigen Sonnenbrille leuchtet ein knallgeil geschminkter Mund. Irgendwo in den Tiefen dieses Profils steht der Satz: »Manchmal komme ich sehr müde aus der Kanzlei und sehne mich nach einer Schulter.«

Na so was, das ist Hannah, meine Anwältin!

Ich schreibe sie an, sehr sittsam formuliert natürlich, und ich frage, ob es etwas Neues von Elkes Anwältin gibt.

Die Antwort lautet: »Herr Andersson?«

Als ich in meiner zweiten Mail bejahe, schreibt sie, dass das nun leider gar nicht ginge, sie dürfe Berufliches und Privates nicht vermischen, da gebe es glasklare Standesregeln. In meiner dritten und vorläufig letzten Nachricht entschuldige ich mich aufrichtig: Das habe ich natürlich nicht gewusst.

Doch irgendwie reizt mich die Sache, also erschaffe ich einen Tag später ein neues, anonymes Profil und versende im vierten Versuch folgende Frage: »Verehrte Mitsuchende, Ihren Worten entnehme ich, dass Sie Anwältin sind. Kurioserweise zerbreche ich mir den Kopf gerade über ein juristisches Problem: Ich bin Mandant, fühle mich kompetent betreut und frage mich, ob ich meiner Anwältin sagen darf, dass ich sie für äußerst warmherzig und darüber hinaus für eine sehr, sehr schöne Frau halte?«

Immerhin, ich bekomme eine Antwort, allerdings besteht die nur aus vier Buchstaben und einem Ausrufezeichen, obendrein noch in Versalien getippt. Sie lautet: »NEIN!«

Beim nächsten Termin in der Kanzlei liest mir Hannah richtig die Leviten, und ich muss sagen, mit vor Entrüstung roten Wangen und funkelnden Augen sieht sie gar nicht mehr farblos, sondern ausgesprochen attraktiv aus. Sie erläutert mir noch einmal die Standesregeln, nestelt dabei pausenlos an ihrer Brille herum, was mich ablenkt und neuerlich träumen lässt. Ein Satz rüttelt mich wieder auf: »Wenn Sie mich noch einmal im Internet anschreiben, Herr Andersson, muss ich das Mandat niederlegen.«

Ich antworte: »Es tut mir wirklich leid, dass ich Ihnen diese drei Mails geschrieben habe, aber ich habe mich bereits entschuldigt!«

Sie stutzt und sieht mich mit hochgezogenen Augenbrauen an: »Waren das nicht eher vier Mails?«

Ich lächele sie an und sage: »Ich finde dieses Internetdating ja auch spannend, aber sollten wir uns jetzt nicht doch wieder mit meinem Fall beschäftigen?«

Sie nimmt die Akte und wir machen komplizierte Zugewinnausgleichs-Berechnungen, Versorgungsausgleichs-Berechnungen und setzen das Schreiben zur Kündigung der Unterhaltsvereinbarung auf. Es gibt im Scheidungsfall Andersson gegen Andersson wirklich eine Menge zu tun.

Nach ein paar Tagen schreibe ich ihr wieder und firmiere diesmal unter dem schönen Nicknamen Lasse_das, was ja nicht ganz und gar gelogen ist.

Die misstrauische Antwort heißt: »Herr Andersson?«

Ich antworte: »Der mit den Märchen?«

Hannah scheint verwirrt, aber neugierig. Es beginnt ein zurückhaltender, von ihrer Seite zunächst recht knapp und kühl geführter Dialog, der in den nächsten Tagen an Fahrt und Wärme gewinnt, schließlich bin ich gerade schriftlich durchaus in der Lage, mich als faszinierender Mann zu geben. Sie fragt mich wiederholt nach meinem Namen, ein jedes Mal antworte ich: »Du bekommst zu viel Post von zu vielen Männern, das ist nicht gut für dich, guck mal da oben, das ist mein Nick, und in meinem Personalausweis steht der Vorname Lasse, ganz, ganz großes Indianerehrenwort.«

Es ergibt sich eine wahrhaft hochinteressante Konstellation: Wenn wir in der Kanzlei über die Scheidung reden, lasse ich mir nichts, aber auch wirklich nichts anmerken, ich gebe mich kühl und geschäftlich. Wenn sie Andeutungen macht, reagiere ich erstaunt.

Im Internet entwickelt sich ein spannender Flirt zwischen Lasse und Hannah, denn ohne die Graue-Maus-Verkleidung ist Hannah eine herzliche, witzige, intelligente und überaus feinsinnige Flirtpartnerin.

Wenn ich morgens im Büro die Kiste hochfahre, ist das Erste, was ich prüfe, ob ich nachts noch eine Nachricht von Hannah bekommen habe. Es kribbelt wie verrückt, scheiß auf alle Vorsätze und die Ersatzbank, außer mit ihr schreibe ich mit keiner anderen Frau. Und diesmal ist es ja kein Internetblödsinn, schließlich weiß ich, wie sie aussieht, spricht, sich die Brille zurechtrückt, den Rock sittsam nach unten streicht, und sogar, wie sie riecht, denn wenn wir ihren kleinen Konferenzraum verlassen, halte ich ihr stets die Tür auf und richte es so ein, dass ich den Raum nur Zentimeter nach ihr verlasse und mich frage, was für ein Parfüm sie da wohl trägt.

Ich denke hin, ich denke her, am Ende steht die Erkenntnis, dass ich zwar eine Anwältin brauche, aber noch weit dringender die Zuneigung einer Frau. Also entschließe ich mich zum Outing. Und so schreibt ihr Lasse nach etwa zwei Wochen hocherfreulicher Flirterei: »Liebe Hannah, ich brauche erneut einen anwaltlichen Rat. Angenommen, du müsstest ein Mandat niederlegen, weil du gegen die Standesregeln verstößt, könnte dann dein Papa den Fall übernehmen und würdest du sehr viel Geld verlieren, oder hielte sich das in überschaubaren Grenzen?«

Als Antwort bekomme ich zwei Tage später ein förmliches anwaltliches Schreiben. »Sehr geehrter Herr Andersson, es gibt Gründe, die es ratsam erscheinen lassen, mein Mandat in Ihrer Sache niederzulegen. Weil mir Ihr Fall jedoch wichtig ist, habe ich mit unserem Seniorpartner gesprochen und ihm geschildert, welche persönlichen Gründe vorliegen, er würde Ihren Fall übernehmen, falls Sie ihm das Mandat antragen.«

In meinem Nachrichteneingang auf der Singlebörse finde ich vier kurze Botschaften:

»Du Lump!«

»Weißt du eigentlich, dass du mein erster Mandant in Familienrecht warst?«

»Freitagabend, 20 Uhr, Portugiesenviertel, das ›Lissabon‹, und ich weiß auch, wer bezahlt!«

»Und setz besser einen Helm auf, ich bin sooooo sauer auf dich!«

Ich erwarte Hannah im »Lissabon«, allerdings muss sie mich erst finden, denn ich sitze hinter einem gewaltigen Strauß Rosen. Hannah sieht unendlich geil aus, die Haare trägt sie offen, die Brille ist verschwunden und zur Begrüßung sage ich hinter der Deckung meiner Rosen: »Frau Anwältin, jetzt darf ich es ja endlich sagen: Ich halte dich für eine sehr warmherzige Frau, und ich finde dich wunderschön.«

Hannah hat gelogen, sie ist kein bisschen sauer, sie lächelt mich an. »Das weiß ich«, sagt sie nach einer Weile. »Glaubst du, ich hätte sonst 3000 Euro Honorar in den Wind geschossen?«

Wir sind beide ein bisschen verschüchtert, es gibt lange Gesprächspausen, in denen wir uns schweigend ansehen, ohne dass die Stille zwischen uns lasten würde. Es gibt wenige Frauen, mit denen man glücklich schweigen kann, Hannah gehört definitiv dazu, und ich denke still an Laura, bei der das ebenso war.

Beim zweiten Date halten wir zum ersten Mal Händchen, nur ganz kurz, dann zieht sie ihre wieder weg, aber mein Herz klopft wie wild und der Kleine juchzt in meinem Bauch.

Beim dritten Date bekomme ich an ihrer Tür einen Gutenachtkuss auf die Wange.

Nach dem fünften Date, bei dem ich darum gebeten habe, dass sie mit Haarknoten und Brille kommt, verwirkliche ich meine erste Fantasie, löse Hannah beim Alsterspaziergang die Haare, nehme ihr die Brille ab und küsse sie zärtlich.

Nach dem sechsten Date nimmt sie mich mit nach Hause, und der Sex ist kein Sex, sondern ein zärtliches, scheues und sanftes Versteckspiel zweier schüchterner Seelen.

Als Hannah wenig später mein Pensionszimmer sieht, sagt sie: »Ach, herrjeh! Pack die paar Sachen ein, wir fahren zu mir.« Ich werde die Höhle für eine Weile nur noch an den Kinderwochenenden sehen.

Hannah wohnt in einer 3-Zimmer-Altbauwohnung in der Nähe der Uni. Die Wohnung sieht nach Frau aus, sie riecht nach Frau, sie fühlt sich freundlich an, sobald man die Tür auch nur einen Spalt weit geöffnet hat. Überall stehen Kerzen, liegen Muscheln, kleben Postkarten, dies hier ist ein Zuhause, und ich fühle mich vom ersten Augenblick an wohl und geborgen.

Wenn wir nach dem Sex auf dem Bett liegen, rollt sich Hannah zusammen, während ich ihr stundenlang den Rücken kraule und sie entzückende, wohlig klingende Seufzer von sich gibt. Wir schlafen eng aneinandergekuschelt, und morgens, wenn ich Hannah wach küsse, sieht sie zauberhaft aus, schlingt die Arme um mich, weil sie nicht will, dass ich das Bett verlasse.

Es ist schön mit Hannah. Wenn ich die Bude verlasse, während sie noch einmal eingeschlafen ist, male ich mit ihrem Lippenstift Herzchen auf den Spiegel oder klebe ihre Wände mit kleinen Notizzetteln zu, auf denen ich mich dafür bedanke, dass es sie gibt. Wenn ich von der Arbeit komme, springt Hannah vom Sofa auf und hüpft durch den Flur, bevor sie mir um den Hals fällt und mich minutenlang abküsst. Es gibt mir einen kleinen Stich, wenn sie das tut. Denn genau dieses Hüpfen und Küssen liegt im Speicher meiner Erinnerungen tief begraben unter L wie Laura.

Ja, es stimmt, all das ist genauso wie bei Laura, und von Woche zu Woche wächst meine Zuneigung. Und meine Angst.

Nach acht Wochen treffen wir uns auf einem Spielplatz, sie hat zur Tarnung ihre Nichte Katharina mitgebracht, ich habe Lisa und Lars dabei, und ich merke, dass Hannah genauso wachsam ist wie ich und dass sie gerade dabei ist zu prüfen, ob ihre Gefühle das aushalten.

Am Ende klettert sie mit Lars und Katharina auf der Rutsche herum, während Lisa mich kritisch fragt: »Wer is 'n die?« Ich zucke mit den Achseln und sage: »Och, die ist nett, so 'ne Art Bekannte«, was Lisa mit einem nachdenklichen Stirnrunzeln quittiert, während sie an ihrer Eistüte nagt. »Papas dürfen nicht lügen«, sagt sie schließlich, meiner Tochter werde ich im Leben nichts vormachen können, sie hat sich zu einem ausgesprochen misstrauischen jungen Fräulein gemausert.

»Die sind ja süß, deine Kinder«, sagt Hannah abends zu mir und ich entgegne: »Und schlau und hübsch und intelligent. Ich mache nur solche Kinder«, wofür mich Hannah mit einem verliebten Lächeln belohnt, während ich mir wie ein Betrüger vorkomme. Denn da ist noch etwas, und ich will es ums Verrecken nicht wahrhaben. Seit ich Hannah kenne, träume ich nachts wieder von Laura, und wenn ich aufwache, dann fühle ich mich beschissen.

Wenn ich mit Hannah schlafe, habe ich das Gefühl, Laura zu verraten, obwohl das Blödsinn ist, denn wenn mir jemand Absolution für eine neue Liebe erteilen würde, dann wäre sie es. Wenn ich aber an Laura denke, fühlt es sich an, als ob ich Hannah betrüge, und das hat sie nicht verdient.

Ich bin glücklich mit Hannah, aber ich bin unglücklich ohne Laura, und diese beiden Dinge wollen in meinem Kopf einfach nicht zusammengehen.

Mit Joachim kann ich über so etwas nicht reden. Darüber kann ich mit niemandem reden. Außer mit einem einzigen Menschen, und der heißt definitiv nicht Hannah.

Ich quäle mich mit der Frage herum, ob ich es tun soll. Dann rufe ich Laura an, zum ersten Mal seit 19 Monaten.

Wir treffen uns in der Mittagspause im Park, auf der Bank von früher.

Laura sieht entzückend aus mit ihrem Babybauch, und sie weiß über fast alles Bescheid, die Probleme im Projekt, meinen Rauswurf bei Elke, mein Pensionszimmer, der Bürotratsch erreicht sie noch immer, nur von Hannah hat sie nichts gehört.

Ich erzähle zaghaft, ansonsten reden wir wenig, aber wir sind uns so nah wie jemals zuvor. »Bist du sehr unglücklich?«, fragt Laura, und ich nicke. »Ich auch«, sagt sie, »aber ich muss jetzt an meine kleine Familie denken.«

Wir sitzen fast drei Stunden hier, bis Laura schließlich aufsteht. »Du sollst Hannah lieben, und wenn du es schaffst, dann gibt es niemanden, den das glücklicher machen wird als mich.«

Zum Abschied küsst mich Laura auf die Stirn. »Im nächsten Leben«, sagt sie, »da passiert uns diese Scheiße nicht noch mal, da finde ich dich eher, und dann lass ich dich nie wieder weg.«

Laura geht, sie hat beide Hände über ihren Bauch gelegt und ich vermute, dass sie weint. Sie dreht sich nicht mehr um, ich sehe ihr kummervoll nach, bis sie zwischen den Bäumen verschwunden ist.

Ich weiß nicht, wie ich Hannah unter die Augen treten soll.

Im Büro setze ich mich mit dem Kleinen hin und mache eine Bestandsaufnahme.

*Hannah +*

- Hammergeile Frau (und das in echt)
- Schöner Sex (aber das ist es nicht)
- Geiler Arsch (na ja, ich steh halt drauf)
- Endlich wieder zu Hause (was für ein Gefühl)
- Verdient genauso viel wie ich, will never ever nur meine Kohle (gute Sache!)
- Intelligente Frau (und wie)
- Warmherzige Frau (wie sie Lisa und Lars angesehen hat)
- Frau fürs Leben (absolut und ohne jede Einschränkung)

*Hannah –*

- Sie ist nicht Laura

Ich quäle mich mit dieser Erkenntnis herum.

Aber Hannah hat Antennen, sie ist ein sehr vernünftiges Mädchen und sie ist ähnlich analytisch veranlagt wie ich. Nach einer Weile fragt sie mich: »Du vermisst Laura, oder?«

Ich nicke stumm, und sie streichelt mein Gesicht. Aber ich will bei ihr bleiben, ums Verrecken, ich will nicht wieder raus aus Hannahs Leben und schon gar nicht wieder raus in diese elendige, kalte Welt voller dämlicher Singleweiber, aber ich habe keine Ahnung, wie ich es formulieren soll, denn ich weiß genau, dass es die falschen Motive sind. Also schweige ich, und Hannah fragt nicht mehr, und zum ersten Mal fängt die Stille an, zwischen uns zu lasten.

Nach zwei weiteren Wochen zu dritt macht Hannah Schluss.

»In deinem Herzen«, sagt sie, »ist zu wenig Platz für Laura und mich.« Hannah weint ein bisschen, und ich fühle mich beschissen.

An der Tür frage ich: »Krieg ich eine zweite Chance, in einem halben Jahr oder so?«

Doch jetzt schüttelt Hannah stumm den Kopf.

Ihrem Papa kann ich nicht mehr unter die Augen treten, Hannah erst recht nicht, und so suche ich gerade wieder nach einem Anwalt, aber diesmal möchte ich einen Mann. Und von Frauen, in die ich mich verlieben könnte, halte ich mich fern. Herzschmerz habe ich in den letzten Jahren genug gehabt.

## Hannah – 2 Monate später

Hallo, Leif,

seltsam, wie lange man über die richtige Anrede nachdenken kann. Natürlich wollte ich zuerst »Lieber« schreiben, aber ich bin mir nicht mehr so sicher, wie lieb Du wirklich bist. Ich bin mir überhaupt ganz vieler Dinge nicht mehr sicher, zum Beispiel frage ich mich, ob es tatsächlich Liebe gibt oder ob all diese Gefühle, die ich gespürt habe, einer traurig machenden Scheinwelt entstammen.

Du bekommst in den nächsten Tagen Post von meinem Vater, auch er wird das Mandat in Deinem Fall niederlegen. Er wollte es Dir persönlich sagen, aber Du hast wochenlang alle Termine platzen lassen. Papa ist ziemlich sauer und hält Dich für einen Kindskopf, weil Du Angst vor einem ehrlichen Gespräch von Mann zu Mann hast.

Ich bin nicht sauer, ich bin traurig, auch wenn mein Verstand mir sagt, dass es gut ist, so wie es ist. Ich möchte Dir noch eine Sache sagen, bevor Du es von anderer Seite hörst. Ich habe wieder gegen die Standesregeln verstoßen, nicht sehr, aber immerhin. Sei Dir aber sicher: Wir haben Deinen Scheidungsfall mit keinem Wort besprochen, das hatte ich mir vorher ausbedungen.

Ich habe mich mit Elke getroffen. Ich musste mit jemandem sprechen, der Dich kennt, denn ich hatte das Gefühl, dass Du immer fremder geworden bist, von Woche zu Woche, und dass ich zum Schluss mit einem schweigenden, traurigen Unbekannten zusammengewohnt habe. Du, der Mann, in den ich mich verliebt habe, warst einfach weg, schon zwei, drei Wochen bevor Du ausgezogen bist, und ich hatte keine Ahnung, warum oder wohin. Ehrlicherweise habe ich immer noch keine Ahnung, was passiert ist. Natürlich war mir klar, dass es mit Laura zu tun hat. Aber Laura gab es schon, als wir uns kennenlernten, und ich wollte wissen, was mit Dir passiert ist und was alles verändert hat.

Elke sagt, du bist ein kleiner, neunjähriger Junge, der nie wirklich erwachsen geworden und der hoffnungslos in seinen Träumen gefangen ist, ohne sie je in die Tat umsetzen zu können.

Elke sagt, es gibt Dich zweimal: einmal Leif, den Macher, der die ganze Zeit so tut, als ob er ein erwachsener Mann wäre, und der doch nur alle Frauen blendet. Und einmal Lasse, den völlig unberechenbaren Kindskopf, dessen Universum sich einzig und allein um die Befriedigung seiner Sehnsüchte von

Sex und Liebe dreht. Sei ihr nicht böse, Elke hat nicht wirklich schlecht über dich gesprochen, ich glaube, sie mag Dich noch immer, aber sie ist davon überzeugt, dass keine Frau der Welt mit Dir glücklich werden kann, auch Laura nicht.

Elke war ganz anders, als ich sie mir vorgestellt habe, wenn auch - verständlicherweise - ein wenig verbittert. Unter anderen Umständen hätte ich sie sehr nett gefunden, aber das hattest Du mir erzählt: dass Elke ein Mensch ist, der sehr freundlich ist und der schnell die Herzen gewinnt.

Elke hat einen wichtigen Satz gesagt, der mir geholfen hat, ein kleines bisschen besser mit unserer Trennung umzugehen. Sie sagte, Dein Problem sei, dass Du Dich nach der liebenden Mutter sehnst, die Du nie gehabt hast, aber dass diese Mutter Konfektionsgröße 32 haben müsste und nie älter werden dürfte als 25 und dass es zu Deinem Leidwesen solche Frauen nicht gibt und dass Du deshalb alle anderen unglücklich machst.

Ich fühle mich nicht besonders gut nach allem, was ich in den letzten Jahren mit meinen Beziehungen erlebt habe, nicht zuletzt mit Dir. Aber ich bin froh, dass es vorbei ist. Besser jetzt als später. Schließlich bin ich längst keine 25 mehr. Und ich glaube auch nicht, dass ich zum Muttterersatz tauge.

Ich wünsche Dir alles Gute, und vor allem wünsche ich Dir, dass Du irgendwann wieder glücklich wirst. Denn das ist alles, was ich jetzt noch von Dir weiß: Glücklich bist Du nicht.

Hannah

# Cowboy

Ja, Jungs, langsam fürchte ich doch, dass ich die Sache mit Laura erklären muss. Aber Laura kann ich nicht erklären, wenn ich nicht erzähle, wie es mit Elke war. Und Elke kann ich nicht erklären, ohne über den kleinen Leif zu schreiben und über seinen großen Bruder Holger, der ihm den Cowboy schickte, damit der kleine Bursche überleben konnte, als seine Welt eine einsame und feindliche wurde.

Und während ich darüber nachdenke, wächst in mir die Befürchtung, dass ich am Ende noch meine ganze verschissene Lebensgeschichte aufschreiben muss, insofern warne ich euch jetzt ganz offiziell: Wenn's euch nur um die Fickgeschichten geht, packt das Buch lieber weg, denn in den nächsten Kapiteln wird wenig gevögelt. Mir macht das nichts, bezahlt habt ihr ja eh schon.

Um zu Leif und dem Cowboy zu kommen, müssen wir gut 30 Jahre zurückgehen, und das ist auch für mein Gedächtnis eine verdammt lange Zeit. Manchmal weiß ich nicht mehr ganz genau, was Erinnerung ist und was der empfindsame Knabe noch hinzugeträumt haben mag, aber wenn ich zweifle, dann sehe ich meinen alten, winzig wirkenden Kinderbaseballschläger an, der in meinem Kleiderschrank wohnt, und dieser legt ein stummes Zeugnis ab, genau wie die alten Fotos, auf denen ein blondes Kerlchen bewundernd zu einem großen, lachenden Soldaten in Fallschirmjägeruniform aufschaut, während dieser mit seiner Hand liebevoll durch das weißblonde Haar des Kleinen wuschelt.

Stellt euch Leif als schmächtigen Jungen vor, der es nicht einfach hat in seinem Leben, aber dafür seinen großen Bruder Holger anbetet. Anbetet, ja. Es gibt kein anderes Wort dafür.

Papa Andersson ist Papa Andersson, den findet Leif auch gut, aber der ist nie da. Er ist Prokurist bei einem Holzimporteur im Hamburger Hafen, ein schweigsamer, verschlossener, großer, blonder Schwede, der immer noch Heimweh hat und eine Frau, die ihn seit Jahren nicht mehr liebt.

Am Wochenende packt Papa Andersson seine Kinder ein und macht Kanutouren über den Alsterlauf. Ich glaube, dass er dabei von den Wäldern Smålands träumt, denn wenn er Leif manchmal, ganz manchmal, Geschichten erzählt, dann handeln die vom weißlich grün schimmernden Licht in Birkenwäldern, von scheuen Elchen und zutraulichen Mücken, es sind die Momente, in denen Leif seinen Papa fast so doll liebt wie seinen Bruder Holger. Manchmal mieten die drei Männer der Familie auch ein Segelboot an der Elbe, und das sind die schönsten Erinnerungen aus Leifs Kindheit, das Boot legt sich hart am Wind auf die Seite, Papa Andersson steht wie ein Wikinger an der Pinne, Holger teilt sich mit ihm das Dosenbier und mit Leif die Brote, der wiederum kann kaum aus seiner zu großen Schwimmweste gucken und hat als Ausguck das Vorschiff besetzt, von wo aus er stolz jeden am Horizont aufziehenden Dampfer meldet.

Mit Mama verbinden Leif keine so schönen Erinnerungen. Er ist der Jüngste der riesigen Familie und mit acht Jahren Abstand das Nesthäkchen, und wenn er heute zurückdenkt, dann erinnert er sich vor allem, dass Mama stets ein klitzekleines bisschen böse wirkte, das Leben mit fünf Kindern an der Seite eines unzugänglichen Skandinaviers hat sie zu einer verbitterten Frau gemacht. Wenn Mama nicht meckert, versucht sie, Leif auf ihren Schoß zu ziehen und zu küssen, was dieser verabscheut. Strampelnd versucht er dann, sich zu befreien, doch Mama ist stärker, so wie eigentlich alle Menschen, die er bisher kennt. Und weil er sich nicht befreien kann, fühlt Leif sich dabei gedemütigt so wie auch sonst oft in seinem Leben.

Holger dagegen ist 21 und der verdammt größte und stärkste große Bruder, den sich Leif vorstellen kann. Ein unglaublicher Typ von einem Sportler, dazu Offiziersanwärter bei den Fallschirmjägern, der ständig irgendwelche Mädchen anschleppt.

Weil das kunterbunte Haus der Anderssons für fünf Kinder viel zu klein ist, schläft Leif, seit er denken kann, bei Holger im Zimmer, denn zu Birgitta, Victoria oder Merle, die allesamt schon junge Frauen sind, soll Leif nicht, da ist Papa Andersson sehr sittenstreng, auch wenn Leif die weichen Arme seiner Schwestern schätzt, in denen kleine Jungs großen Trost finden können.

Leif liebt Holger, weil der ihn trotz seiner neun Jahre immer noch mit einem Arm in die Luft stemmen kann. Weil er 20 Pfennig für zwei Kugeln Eis bekommt, wenn Holger sein Zimmer am Wochenende mal für sich und ein Mädchen braucht. Weil Holger der weit und breit beste Basketballer ist, vermutlich sogar auf der ganzen Welt. Weil er auf einfach jede Frage eine Antwort weiß. Aber vor allem weil Holger nachts aufsteht, wenn Leif böse Träume hat, sich an sein Bett setzt und ihm den blonden Haarschopf streichelt. »Ssscht, Kleiner«, sagt Holger, wenn Leif leise wimmert, »wenn der Traum noch mal wiederkommt, schick ich dir einen Cowboy, der beschützt dich.«

Holger guckt so ziemlich jeden Western, den er im Fernsehen finden kann, und weil es heute keinen Wilden Westen mehr gibt, ist er zu den Fallschirmjägern gegangen, die haben schließlich auch Gewehre. Wenn Mama und Papa unterwegs sind, darf Leif auf seinem Schoß sitzen und mitgucken. Aus den Filmen lernt Leif, dass es wichtig ist, schneller zu ziehen als die anderen. Und dass man niemandem mit langen Haaren trauen darf, er könnte ein Indianer sein oder, schlimmer noch, eine Frau, und wenn die auftauchen, werden sogar Western langweilig. Holgers Lieblingswestern ist *Spiel mir das Lied vom Tod*, einmal nimmt er Leif mit ins Kino, wo dieser stundenlang, von Entsetzen gebannt, auf Holgers Schoß kauert und in seinen Armen der Filmmusik lauscht, denn das ist wirklich ein hammerharter Streifen. Nicht, dass Leif besonders viel von der Handlung versteht, aber das ist egal, zu Weihnachten wünscht er sich eine Mundharmonika, und sobald er weiß, wie die funktioniert, wird er Holger die klagenden Weisen eines Charles Bronson vorspielen. Holger wird dann mächtig stolz auf ihn sein und ihn noch doller lieb haben, denn es gibt nichts, wonach Leif sich mehr sehnt in seinem kleinen Herzen als nach Zuneigung.

In der Schule mag ihn keiner besonders gern. Leif ist gerade neun Jahre alt und trotzdem schon aufs Gymnasium gekommen. Er gilt als hochbegabt, mit vier konnte er lesen, mit fünf schreiben und rechnen, die erste und die dritte Klasse hat er übersprungen, in der vierten hat er trotzdem lauter Einsen. Außer in Sport, da hat Leif eine Fünf, denn er kann mit seinen dünnen Armen nicht einmal eine Turnhallenbank anheben, und das verdrießt den dunkelbärtigen Sportlehrer Herrn Brückner.

Doch Holger, den kennt Herr Brückner noch, den kennt hier in Pinneberg jeder, und als Holger mit Leif an der Hand in der Sporthalle steht und Herrn Brückner die Meinung sagt, sieht Herr Brückner ein, dass ein knapp neun Jahre alter Junge noch nicht so weit springen, schnell laufen oder hart schießen kann wie ein elf oder zwölf Jahre alter Bursche. Herr Brückner korrigiert die Fünf auf eine Vier und Leif lernt früh, dass im Leben eigentlich immer alles Verhandlungssache ist. Später, wenn er groß ist, wird er ebenfalls Basketballstar werden und allen Leuten sagen, was sie tun sollen.

Auch im nächsten Jahr kommt Holger ein paarmal mit, damit Leif im Gymnasium nicht von den Größeren herumgeschubst wird. Die finden nämlich, dass Leif mit seinen vielen Einsen ein kleiner Streber ist, sie lachen über ihn, wenn er im Unterricht vor Eifer mit den Fingern schnippt, weil er so aufgeregt ist, dass er schon wieder eine Antwort weiß. Und sie finden, dass Leif ab und zu auch mal ein paar Tritte braucht.

Besonders Uwe, der dicke, kräftige Uwe mit den fettigen Haaren und den schlechten Noten, mag Leif nicht leiden. Er nennt ihn Lehrerliebling, und er gewöhnt sich an, ihn auf dem Nachhauseweg abzufangen, seinen Ranzen auf einen Baum zu werfen oder ihn über den Zaun hinweg auszukippen. Leif fürchtet sich sehr vor Uwe, und Holger ist zu weit weg, um ihn zu beschützen.

Doch am Wochenende bringt Holger eine von den Figuren mit, an denen er in der Ausbildung Nahkampf übt. Und einen Juniorenbaseballschläger, den Leif zu Anfang kaum halten kann. »Ich kann nicht immer auf dich aufpassen, Kleiner!«, sagt er und zeigt Leif, wie man der Stoffpuppe den Baseballschläger in den Rücken haut, selbst wenn man so dünne Arme hat wie Leif. »Kraft ist Masse mal Beschleunigung«, meint Holger. »Ausholen, rumdrehen, so!« Dann üben sie zielen. »Du musst die Nieren treffen«, erklärt Holger, »das macht den anderen kampfunfähig. Oder den Hals, aber das lass mal lieber. Nieren sind genau richtig. Und falls du mit dem Fuß hoch genug kommst, tut's auch ein Tritt in die Eier.«

Leif weiß nicht, was er davon halten soll, aber Holger kann alles erklären. »Wenn du nicht davonlaufen kannst, dann kämpfe nach deinen eigenen Regeln, dann hast du wenigstens eine Chance zu gewinnen.«

Die Regeln für Montag lauten so: Leif wird es Uwe zeigen und Holger, der einen Tag Ausgang hat, wird hinter dem nächsten Baum stehen und aufpassen, dass die Sache nicht böse endet. Also steht der kleine Leif zitternd neben seinem Ranzen vor der Schule und wartet auf Uwe. Schreit ihn an: »Los, schmeiß meinen Ranzen übern Zaun, mir doch egal.« Als Uwe sich nach dem Ranzen bückt, spürt Leif etwas völlig Unbekanntes durch seine Adern rauschen, er fühlt sich plötzlich stark und mutig, und er greift nach dem Baseballschläger, der neben ihm am Zaun lehnt. Leif schlägt das Ding so hart in Uwes gebückten Rücken, dass er glaubt, ihm brechen die Handgelenke. Als Uwe den Ranzen fallen lässt und ungläubig in die Knie sinkt, wirft Leif den Baseballschläger weg, nimmt Anlauf und tritt Uwe, so doll er kann, zwischen die Beine. Dann springt er zurück, Holger hat ihm eingeschärft, dies sei Partisanentaktik, immer nur zum Angriff in die Reichweite des stärkeren Gegners kommen, danach Rückzug in die vorbereitete Stellung.

Uwe kippt nach hinten und röchelt. Leif nimmt den Schläger wieder in die Hand, geht vorsichtig zu Uwe und tickt ihm mit dem Baseballschläger gegen den Kopf. »Steh auf und trag meinen Ranzen nach Hause!« Warum er das machen soll, weiß er nicht, aber Holger hat gesagt, dass es gut wäre. Uwe rappelt sich hoch und hält sich die Eier. Leif holt mit dem Baseballschläger aus. Da nimmt Uwe Leifs Ranzen, und das ist die formale Kapitulationserklärung.

Das Rauschen in den Adern ist weg. Leif fühlt sich entsetzlich und schwach, er hat Angst, dass ihm die Knie einknicken. Aber hinter seinem Baum tritt Holger hervor und packt Uwe an der Jacke: »Leg dich nicht noch mal mit meinem Bruder an.«

Uwe stöhnt und Holger droht: »Mit dir wird Leif allein fertig, das siehst du ja. Aber wenn ihm in der Schule ein paar Typen dumm kommen, dann hilfst du ihm. Und wehe, du baust Mist. Dann komme ich und mach dich fertig!«

Doch die Lektion ist noch nicht zu Ende. Zu Hause, auf Holgers Schoß, auf dem Leif verstohlen die Tränen wegwischt, lernt er den Unterschied zwischen Taktik und Strategie. »Mit Überraschung und Taktik«, erklärt Holger, »kannst du mit der schwächeren Armee eine Schlacht gewinnen. Aber ohne Strategie verlierst du den Krieg.«

Also geht Leif in der großen Pause zu Uwe und fragt. »Hast du die Mathehausaufgaben?« Uwe sieht Leif misstrauisch an. »Hier, kannste abschreiben.« Uwe schnappt sich Leifs Heft und fragt: »Warum machst du das?« Leif sagt: »Ich will, dass wir Freunde werden.«

Fortan bessern sich Uwes Noten und zu seinem verwunderten Respekt vor Leifs Baseballschläger gesellt sich zögerlich auch Dankbarkeit. Leif und Uwe geben für die nächsten acht Jahre ein seltsames Paar ab. Leif kommandiert Uwe auf dem Schulhof gern ein bisschen herum, das steigert sein Ansehen bei den anderen. Uwe nimmt es gutmütig hin. Rumgeschubst wird Leif nie wieder, darauf passt jetzt Uwe auf. Im Gegenzug schafft auch Uwe das Abi, wenn auch nur knapp.

Doch sieben Monate nach der Baseballattacke ist Holger tot.

Er stirbt in seinem VW-Käfer, die Lenksäule hat sich beim Aufprall auf einen Baum in seinen Brustkorb gebohrt, sein Kopf ist in grotesker Verrenkung auf dem Armaturenbrett liegen geblieben. Holger war nicht angeschnallt und auch Fallschirmjäger sind nicht unsterblich, selbst dann nicht, wenn ihre kleinen Brüder sie für Götter halten.

Als die Polizisten mit der Nachricht klingeln, begreift Leif nicht, was das bedeuten soll. Er begreift nur, dass es schlimm sein muss. Mama Andersson erleidet einen Nervenzusammenbruch, der Notarzt betäubt sie mit einer Spritze, und dieser Zustand der Betäubung wird bis an ihr Lebensende anhalten, auch wenn künftig Weinbrand und Valiumtabletten dafür herhalten müssen. Papa Andersson sitzt im Kreis der heulenden Mädchen und hat das Gesicht in den Händen vergraben. Auf Leif achtet niemand. Er schleicht sich raus und geht in sein und Holgers Zimmer. Dann nimmt er sich *Winnetou*, Band III, die Stelle, an der der edelste aller Indianer stirbt. Einmal hat er es bisher probiert, aber heulend das Buch zugeschlagen. Jetzt liest er tapfer weiter, weil er wissen will, ob auch Fallschirmjäger in die ewigen Jagdgründe kommen, aber darüber findet sich nichts. Leif liest, bis er hört, dass Papa Andersson weinend die Treppe heraufkommt. Da stellt Leif sich schlafend. Erst Holger, dann Winnetou und jetzt ein weinender Papa, das ist zu viel Kummer für seine kleine Seele.

Papa knipst seine Lampe aus. Als Leif später schreiend aufwacht, fühlt er im Dunkeln Holgers Hand auf seiner Stirn. »Ssscht, Kleiner«, sagt Holger, »ich bin da. Und ich schick dir einen Cowboy! Immer wenn du ihn brauchst. Versprochen!«

Leif braucht den Cowboy ziemlich oft.

Erst ziehen seine Schwestern Birgitta, Victoria und Merle aus, eine nach der anderen, weil sie es zu Hause nicht mehr aushalten, dann irgendwann Papa Andersson, der zurück nach Schweden will und Mama Andersson nicht mehr leiden kann.

Leif lebt den Rest seiner Jugend mit Mama Andersson und ihrem Schnaps und den Valiumtabletten. Oft muss er sie über den Boden ins Bett ziehen, wenn sie irgendwo in ihrem Erbrochenen liegen geblieben ist. Und manchmal muss er an ihrem Bett sitzen und ihr die Stirn streicheln, wenn sie leise »Mea culpa, mea maxima culpa« wimmert. Mit den Jahren begreift Leif, dass Mama Andersson vor langer Zeit Holger nicht als Baby haben wollte, weil sie Papa Andersson doch nicht so doll liebte, wie sie nach ihren Ferien in Stockholm erst gedacht hatte. Doch irgendwie klappte die Sache mit dem Holger-doch-nicht-Haben nicht, und nun glaubt Mama Andersson, dass der späte Tod ihres liebsten Sohnes die Strafe eines strengen Gottes ist. Leif findet diese These verwirrend, und er findet es schwierig, dass nicht er der liebste Sohn ist, wie er stets angenommen hat, aber wenn ihm zum Heulen zumute ist, flieht er ins Zimmer, das für Leif immer Holgers Zimmer sein wird, und wartet auf den Cowboy, der ihm Geschichten erzählt, in denen Männer die Helden sind und in denen weder Frauen noch weinende Mütter vorkommen.

Aber auf jeden Fall ist auch das eine lehrreiche Zeit für Leif, denn er lernt, dass die Liebe ein schwieriges Geschäft ist und dass man sich nie ganz sicher sein kann, ob der andere einen wirklich mag, auch wenn man noch so fest davon überzeugt sein möchte.

Nur Holger und der Cowboy, die mögen Leif immer. Und mit den Jahren verwischen ihre Gesichter, und irgendwann tragen sie ein einziges.

Der Cowboy lehrt den jungen Leif viele Dinge. Dass man sich durchbluffen muss, wenn man keine Ahnung hat, denn dann kann man trotzdem gewinnen, auch wenn man dünn und schlaksig ist. Dass man beim Basketball mit Ellenbogen spielen muss, damit einem die anderen ihre Ellenbogen nicht auf die Nase schlagen. Dass man nie, wirklich niemals zeigen darf, dass man Angst hat, denn dann geht es einem erst recht schlecht.

Nur bei der Sache mit den Mädchen, da ist der Cowboy noch nicht der Cowboy der späteren Jahre, vielleicht weiß er selbst noch nicht so viel darüber, und so bleibt Leif Jungfrau, bis er mit 16 in die erste Herrenmannschaft aufsteigt, denn die genießt in dem kleinen Städtchen in Schleswig-Holstein großen Ruhm. In dessen Nachhall beginnen sich die ersten Mädchen für den dünnen, langen Schlaks zu interessieren, der wieselflink ist und dem der Ball gehorcht, als ob dieser mit einem unsichtbaren Band mit seinen Händen verbunden wäre.

Leif und der Cowboy verlieren ihre Unschuld bei der Weihnachtsfeier der Basketballabteilung, als ihn Kathrin, eine Krankenschwester von 23 Jahren, sanft in den Geräteraum der Turnhalle zieht, wo Leif ein ausgesprochen peinliches Erlebnis hat, denn Kathrin bekommt beim Sex ihre Tage, und die ganze Bescherung landet auf Leifs weißer Trainingshose, sodass er sich eingewickelt in eine Vereinsfahne aus der Halle schleichen und zu Hause seine Hose in den Müll werfen muss. Dort wird sie prompt von Mama Andersson gefunden, was lange, vom Valium eingetrübte Monologe zur Folge hat, deren düsterer Inhalt lautet, dass man sich in Acht nehmen müsse bei der Liebe, denn die Sachen, die Männer mit Frauen und Frauen mit Männern machten, seien böse und könnten Menschen sehr unglücklich machen. Auch Holger sei nur gestorben, weil er unterwegs gewesen sei, um sich mit einem liederlichen Mädchen abzugeben, er hätte einfach zu viele schlechte Charaktermerkmale seines zügellosen Vaters geerbt, und mit Zügellosigkeit hätte alles Unglück im Hause Andersson angefangen.

Doch alles in allem übersteht Leif seine Jugend weitgehend unbeschadet, und das ist vor allem der Verdienst des Cowboys. Als bester Jungbasketballer Schleswig-Holsteins bekommt er bald Angebote von den großen Clubs, er entscheidet sich für das Jugendinternat in Bonn, weil man dort Geld fürs Basketballspielen bekommt, später in die Sportkompanie der Bundeswehr einberufen wird und nebenher studieren kann und weil er eh nichts hat, was ihn zu Hause hält.

Leif verlässt das Haus seiner Jugend mit dem Abi und einem alten Baseballschläger in der Tasche. Er ist gerade 17 Jahre alt geworden und fühlt sich einsam, aber im Zug stößt der Cowboy grinsend die Abteiltür auf und befiehlt: »Nase putzen, Sachen nehmen, mitkommen!« Zwei Abteile weiter sitzt ein blondes Mädchen und blickt kurz zu Leif auf, als dieser zu ihr geschubst wird. »Merk's dir, Kleiner«, sagt der Cowboy, »leben heißt Spaß haben. Und jetzt sag der Kleinen da erst mal Hallo …«

**Mama – zwei Tage später**

Mein lieber Sohn,

heute bist Du nach Bonn gefahren, Du bist der Letzte, der gegangen ist, und das Haus wirkt jetzt sehr groß und leer, und damit passt es recht gut zu meinem Leben.

Du hast eben beim Abschied gesagt: »Ich bin jetzt erwachsen!« und deshalb will ich zu Dir zum ersten Mal wie zu einem Erwachsenen reden, auch wenn ich Dir damit eine große Verantwortung aufbürde, aber dies ist die letzte Gelegenheit.

Du bist der, der von meinen fünf Kindern Deinem Vater am ähnlichsten ist. Holger hat mich immer an meinen Opa Helmuth erinnert, er war so fröhlich und so ausgelassen, und wenn er gelächelt hat, dann hat alles vor Wärme gestrahlt. Such Dir Menschen, wie Holger einer geworden wäre, die Dein Herz heiter stimmen und die Freude in die Welt tragen.

Birgitta, Victoria und Merle kommen wohl eher nach mir, sie sind ordentliche Mädchen geworden, aber Du bist wie Dein Vater: still und verschlossen, und niemand darf in Deine Seele sehen, auch ich habe nie recht gewusst, was in Dir vorging, damals, nach Holgers Tod, und dann, als Vater uns verlassen hat. Und auch was heute in Dir vorging, weiß ich nicht, Du hast Dich so schnell losgemacht, und Du bist gegangen, ohne Dich noch einmal umzudrehen.

Du bist ein sehr starker Junge, mein lieber Leif, ich habe Dich nach Holgers Tod nicht ein einziges Mal weinen sehen, obwohl Du ihn so geliebt hast. Ich habe mich manchmal ein wenig vor Deiner Stärke gefürchtet, so wie ich mich vor Vaters Stärke gefürchtet habe, als ich seine Frau geworden war.

Wir haben nicht viel gesprochen in den letzten Jahren, und die Schuld daran trage ich, so wie ich auch an all den vielen anderen schrecklichen Dingen eine unauslöschliche Schuld trage, die wie Schatten über unserer Familie liegen. Doch auch Dein Vater trägt Schuld, denn ich war ein behütetes Mädchen, damals in Stockholm in den großen Ferien, und wenn Vater nur ein wenig mehr Gentleman gewesen wäre, dann hätte er mir einen Heiratsantrag gemacht und mir die Gelegenheit gegeben, eine reiflich überlegte Entscheidung zu fällen, ehe er aus mir ein gefallenes Mädchen machte, das ein Kind unter dem Herzen trug - unseren Holger.

Ich habe Holger nicht haben wollen, und ich habe Deinen Vater nicht heiraten wollen, denn er war mir stets ein wenig fremd, aber das waren noch andere Zeiten damals, vor über 30 Jahren. Ein Mädchen mit einem Kind unter dem Herzen musste heiraten, wenn es nicht in Schande leben wollte.

Und dann habe ich ein zweites Mal gesündigt, zwei Tage vor der Hochzeit mit Deinem Vater. Denn ich bin damals zu einer Frau gegangen, die gefallenen Mädchen mit ihren Stricknadeln half, die Schande zu tilgen. Doch bevor sie sich an ihre Arbeit machen konnte, kam Dein Vater in ihre Wohnung gestürzt und hat mich von dort weggeholt. Dein Vater hat mir nie verziehen.

Auch Gott hat mir nie verziehen, dass ich Holger habe auslöschen wollen, damit ich Deinen Vater nicht heiraten müsste. Gott hat mir Holger zur Strafe genommen, als er zum Manne geworden war und nach Opa Helmuth kam. Ich trage die Schuld an Holgers Tod, weil ich ihn töten wollte, und es vergeht kein Tag, an dem ich seit Holgers Tod nicht davon geträumt habe, diese Schuld zu sühnen, aber da waren ja auch Deine Schwestern und Du, mein kleiner Leif, und ich musste Dich in diese Welt hineinbegleiten.

Jetzt bist Du in diese Welt hinausgegangen, mein Sohn, und ich flehe Dich an: Hüte Dich vor dem Bösen, das tief verborgen in der Liebe steckt und auch in Dir, hüte Dich vor den Gelüsten, die jeden Mann plagen, warte, bis Du so weit bist, und dann suche Dir eine Frau, die Du achtsam behandelst und voller Respekt. Bringe Euren Kindern Liebe bei und Demut und Furcht vor der Sittenlosigkeit, denn Sittenlosigkeit trägt keine Früchte, und Liebe vergeht, alles, was uns dann noch bleibt, ist Achtsamkeit, und wenn es hieran mangelt, gibt es keinen Ausweg mehr. Und hüte Dich vor Deinem Vater, denn er trägt die Saat der Versuchung in sich, so wie jeder Mann, und er hat uns alle sehr unglücklich gemacht.

Heute, mein lieber Sohn, hast Du Dich von mir losgemacht und bist in die Welt hinausgegangen. Ich bin sehr traurig darüber, aber ich fühle mich seit 30 Jahren zum ersten Mal befreit.

Verzeih mir, wenn ich Dir nun neuen Kummer bereite, und sei Dir gewiss, dass wir uns wiedersehen, irgendwann.

Deine Dich liebende Mutter

**Merle – 1 Tag später**

Telegramm

Sportinternat Bonn +++ Leif Lasse Andersson +++ Komm schnell heim +++ Victoria hat Mutter gefunden +++ Tabletten +++ Ärzte sagen, sie schafft es vielleicht nicht +++ Abschiedsbrief: »Mein armer Leif, mein armer Leif.« +++ Was heißt das? +++ Merle

# Elke

Wir sind wir. Und wir sind wer. Das Traumpaar. Die Vorzeigebeziehung. Die Leute, die es echt geschafft haben. Elke und Leif.

Elke, das ist ein Hammer von einer Frau. 28 Jahre, ein Jahr jünger als ich, Bankerin, attraktiv, charmant, fröhlich, einnehmend, eines dieser seltenen Wesen, denen auf Anhieb alle Herzen zufliegen. Dazu geselle ich mich, der Sportstar, der Überflieger. In unserem Freundeskreis sind wir die Ersten vor dem Standesamt, die Ersten mit eigenem Haus, mit zwei Autos, drei Urlauben im Jahr, Golfclubmitgliedschaft und etwas später den wundervollen Kindern und Heerscharen von Freunden, deren Herzen Elke mühelos gewinnt, während ich die Filetspieße auf dem Grill umdrehe und unsere Besucher mit Essen und Anekdoten aus meinem Leben unter Sportlern und wahnsinnigen Werbefürsten füttere.

Wir sind ein kleines Disneyland für befreundete Paare und Familiengründer, Eintritt und Getränke frei und jede Menge Spaß dazu, unsere Gartenpartys sind eine Art Seminar für alle, die auch mal so glücklich werden wollen wie wir, aber nicht wissen, wie es geht.

Wir wissen es auch nicht. Und dass wir es nicht wissen, davon habe zumindest ich keine Ahnung.

Elke gehört zu den Menschen, die einen Raum betreten und das kollektive Bedürfnis auslösen, ihr Freund zu werden, sie beherrscht die seltene Kunst, auf Männer attraktiv und auf Frauen nicht bedrohlich zu wirken, und wenn wir eine Party verlassen, sind alle, die mit ihr gesprochen haben, der festen Überzeugung, eine Freundin fürs Leben gefunden zu haben.

Noch Jahre später erstaunt es mich, Elke in Gesellschaft zu sehen. Sie legt den Frauen eine Hand auf den Unterarm, bewundert ihre neuen Kleider, lässt sich Kochrezepte geben, die sie niemals ausprobieren wird, erkennt jede minimale Änderung an jeder Frisur, bewundert, ohne zu schmeicheln, und sammelt Telefonnummern, Namen und Geburtstage, um später niemals einen zu vergessen. Den Männern schenkt sie Augenaufschläge ohne jede Koketterie, sie verteilt Aufmerksamkeit und kostenlose Anlagetipps, die fast ausnahmslos funktionieren, und lässt sich im Gegenzug mit staunenden Augen die Welt erklären, von der sie in aller Regel viel mehr versteht als der stolze Gesprächspartner.

Elke ist ein Phänomen, eine Seelensammlerin, besonders verblüffend ist ihre Eigenart, gerade diejenigen, die sie verabscheut, mit besonders freundlichen Gesten zu umhüllen, und ich glaube, niemand, der ihr unsympathisch ist, hat bis zu seinem Tod davon auch nur eine leise Ahnung. Was tatsächlich in Elke vorgeht, wird niemand je zur Gänze verstehen, vor allem ich nicht, aber das dämmert mir erst spät, in der Zeit, als unsere Liebe zerbricht und wir uns zum Aufbruch rüsten in unser erfolgreiches, leeres Leben.

Acht Jahre zuvor hatte ich mich in Elke verliebt. Es war bei einem Basketballturnier zum Saisonausklang. Sie war 20, eine umwerfend hübsche Zweitligaspielerin aus Münster, groß, schlank, tolle Beine, fantastischer Mund, aber in der Sporthalle war sie mir nicht aufgefallen, denn irgendwie gibt's beim Basketball so unendlich viele aufregende Hintern und wippende Pferdeschwänze zu begutachten, dass man schon Buch führen müsste, um den Überblick zu behalten.

Ich selbst hatte das Bonner Jugendinternat abgeschlossen, meinen Wehrdienst in der Sportkompanie absolviert und war gerade in den Bundesligakader berufen worden. Mein nagelneuer, vom Verein geleaster Golf roch noch frisch nach Leder, und in Bonn gab es außer uns und der Bundesregierung nichts recht Erwähnenswertes, sodass wir großen, gut gebauten Kerle uns, wo immer wir auftauchten, der ungeteilten Aufmerksamkeit der Mädchen gewiss sein konnten. In einem Klima rauer Männerkumpanei, in dem die Anzahl der Eroberungen fast so viel zählte wie die am Wochenende geworfenen Körbe, hatte ich gelernt, wie man Mädchen für eine Nacht klarmacht. Um das beängstigende Thema Liebe hatte ich allerdings einen großen Bogen gemacht.

Ich entdeckte Elke auf der abendlichen Players-Night, sie nuckelte an ihrer Limo und lauschte den Erzählungen eines Kerls, von dem ich nur den Rücken sah. Weil ich meinem Freund und Mitspieler Robert imponieren wollte, der Elke ebenfalls voller Wohlgefallen musterte, schritt ich mit meinem frisch zugelegten Superstarlächeln auf sie zu, tippte dem Typen neben ihr freundlich auf die Schulter und sagte: »Entschuldigst du uns einen Moment? Wir haben was zu bereden.«

Dann lächelte ich Elke an und sagte: »Da bist du ja«, ergriff ihre Hand und zog sie in die nächste ruhige Ecke. Elke wirkte eindeutig amüsiert. »Kennen wir uns?«, fragte sie mit hochgezogener Augenbraue, und bis heute ist diese halb lächelnde, halb fragende Miene mein Lieblings-Elke-Gesicht. »Bis jetzt noch nicht«, antwortete ich, »aber das wird sich ändern.« Elke lachte, es war nicht ihr reizendes Elke-Lachen der späteren Jahre, sondern das schallende, fröhliche, ansteckende Lachen eines kleinen Mädchens, das im Zirkus den Clown entdeckt hat. Erschreckt von ihrer eigenen Heiterkeit, bedeckte sie ihren Mund mit der rechten Hand, und das war der Moment, als der kleine Junge in mir Herzklopfen bekam.

»Bonn, oder?«, fragte sie, »Ich hab bei euch zugeguckt. Ihr wart gut, richtig gut.«

Ich überließ dem Cowboy die Zügel, und er erwiderte in aller ihm eigenen Bescheidenheit: »Ja, aber nicht in die Play-offs gekommen, und der Bundestrainer hat auch schon lange nicht mehr angerufen.«

Doch, doch, das sind Dinge, die er schon immer prima beherrschte, der Cowboy. Tatsachen gerade so weit verdrehen, dass sie nicht gelogen klingen, aber mich dennoch in allerbestem Licht erstrahlen lassen. Der einzige Bundestrainer, an den ich in meiner jungen Karriere jemals auf Rufweite herangekommen war, war der aus der Juniorennationalmannschaft gewesen, und der hatte mich nach nur einem Sichtungslehrgang aus dem erweiterten Kader gestrichen. »Kämpfernatur«, sagte er, »nicht untalentiert. Aber für ganz oben bist du zu klein.«

Elke mochte den Cowboy offenbar gut leiden, denn sie legte mir die Hand auf den Unterarm und dirigierte mich sachte zur Tür, damit wir uns besser unterhalten konnten. Der Cowboy witterte die Gelegenheit und der Kleine mochte Elkes Lächeln.

»Öde hier«, sagte ich. »Lass uns mal irgendwohin abhauen.«

Wir gingen essen und später tanzen, und ich bewunderte ihre Art, sich zur Musik der Neuen Deutschen Welle zu bewegen. Es gibt Frauen, deren Hüften dir schamlos die Frage »Ficken?« zuraunen, es gibt unrhythmisch auf und ab zuckende Frauen, bei denen du hoffst, niemals mit ihnen ins Bett gehen zu müssen, es sei denn, sie sehen unfassbar gut aus, und selbst dann sind sie meist Enttäuschungen. Es gibt Frauen, die ununterbrochen lachen und Faxen auf der Tanzfläche machen, und das waren mir bisher die liebsten, denn an die kommst du am leichtesten ran. Und dann gibt es Frauen, deren Seele du lächeln siehst, während sie zur Musik in sich selbst versinken, und denen siehst du zu, während um dich die Welt verschwindet, und du traust dich im Leben nicht, sie anzusprechen, und wenn sie gegangen sind, irgendwann, damit du sie nie wiedersiehst, hinterlassen sie ein kleines, trauriges Loch in deinem Leben, und so eine war Elke.

Viel später, die strenge Null-Uhr-Ausgangssperre war seit vier Stunden abgelaufen, bot ich Elke an, sie an den Rhein zu fahren, um den Sonnenaufgang zu beobachten. »Das war schön, mal wieder zu tanzen«, sagte sie mit um die Knie geschlungenen Armen. Die Sommernachtsluft war lau, aber ich bekam nicht einen einzigen lausigen Kuss, sondern Hochachtung vor ihrer Tugendhaftigkeit. Sobald ich auf das Thema Liebe, Sex oder Partnerschaft kam, wich sie geschmeidig aus, stattdessen musste ich alles ganz genau erzählen: Familie, das gerade begonnene Jurastudium, Basketball, die Zukunftspläne – aber wer tut das nicht gern als junger Mann, wenn neben ihm auf den Steinen die erste Göttin seines Lebens ruht und auf der Ostseite des Rheins die Sonne hinter den Bäumen aufgeht. Erst als ich fragte, wie denn ihr Freund so wäre, sie hätte doch bestimmt einen, sagte sie nachdenklich: »Ach, das ist fast vorbei.« Damals entzückte mich das, heute weiß ich, dass Frauen, die während des Rennens achselzuckend die Pferde wechseln, auch dich eines Tages austauschen werden.

Zum Frühstück waren wir wieder in der Sporthalle, ich bekam den Anschiss meines Lebens neben der Androhung, mich für alle Zeiten aus dem Kader zu streichen, mir den Golf abzunehmen und mich aus dem Verein zu werfen, aber zum Abschied lächelte Elke mir zu, dass mir taumelig wurde, und während mein Team unter Aufsicht des Cotrainers das Aufwärmprogramm fürs Halbfinale begann, ließ ich mich vom Trainer in den Kraftraum schleifen, um dort Gewichte zu stemmen, bis ich die Drinks der schlaflosen Nacht erbrach.

Doch all das machte mir nichts, denn meine Seele war gerade ganz woanders, und viel, viel später, als ich längst Mannschaftskapitän unserer Bundesligatruppe war, erzählte mir der Trainer, dass dies der Tag gewesen war, an dem ich einen Stammplatz in seinem Herzen erobert hatte. »Saufen«, sagte er mir beim Bier, »ist das eine, das machen alle jungen Hunde. Straftraining bis zum Kotzen ist das andere. Aber wer in sein Handtuch kotzt und mich dann lächelnd fragt: ›Wo machen wir weiter, Trainer?‹, der hat das Killergen, und so einer warst du, und solche muss man sich suchen, wenn man Erfolg haben will. Wirst es weit bringen, Junge, egal, was du nach dem Basketball anfasst.«

SMS gab es damals nicht, nicht mal Handys, das Internet war noch nicht erfunden und E-Mails lagen fern in der ungewissen Zukunft, aber Elke in Münster anzurufen, das traute ich mich nicht.

Als Elke nach dem Finale, das ich zur Strafe auf der Ersatzbank verbrachte, in ihren Teambus kletterte, hatte ich einen scheuen Kuss auf die Wange bekommen, eine Adresse und die Telefonnummer ihrer Eltern. Aber ob Elke auch nur im Mindesten an mir interessiert war, davon hatte ich keine Ahnung. Am Montag ließ ich die Uni sausen und schickte ihr Rosen, bevor ich an die Elke-Stelle des Rheinufers fuhr und von ihrem Lächeln träumte. Am Dienstag schrieb ich ihr einen langen Brief nach Münster, es war eine unbeholfene Liebeserklärung, er liegt noch heute, Jahre nach unserer Trennung, in Elkes Nachttisch, und wenigstens das ist ein schöner Gedanke.

Am Mittwoch steckte ich zwei Karten fürs Nena-Konzert an diesem Wochenende in Köln in einen Briefumschlag, dazu eine Einladung, mich zu besuchen. Am Freitag rief ich sie an, und ihre Stimme klang anders als beim Abschied, sehr mädchenhaft und, was bei Elke selten ist, ein wenig verzagt. »Nena ist echt super. Und ja, dann muss ich wohl nach Bonn kommen.«

Den Rest des Tages verbrachte ich damit, meine Studentenbude zu putzen, den Kühlschrank mit allem aufzufüllen, was eine junge Frau eventuell erwarten würde, Blumen und Kerzen zu kaufen und mir darüber klar zu werden, was los war. Ich war verliebt, der Cowboy hatte Pause, der Kleine einen Heidenschiss, und ich, der junge LeiLa Andersson, war mir sicher: Ich will Elke, für immer! Heute klingt das so dämlich, dass ich es kaum aufschreiben mag, aber zu »99 Luftballons« küssten wir uns das erste Mal, und ich spürte, dass auch mein Herz flog, und so wurde Elke meine erste große Liebe, von der ich sicher war, dass sie für immer währen würde.

Ein Jahr später zogen wir nach Köln. Es war Elke, die das organisierte, und sie tat es so, wie sie ihr Leben noch heute plant. Tüchtig, zupackend, entschieden. »Wann fährst du denn nach Hause?«, fragte ich an einem Sonntagabend, denn wir pendelten jedes Wochenende zwischen Bonn und Münster und von den Frauen, die unsere Mannschaft umschwärmten, hielt ich mich unter der Woche fern. »Erst Mittwoch«, sagte sie, »ich hab morgen einen Vorstellungstermin bei der Volksbank, und Dienstag gehen wir beide nach Wohnungen gucken!«

Ich war glücklich. Wir bezogen eine Wohnung unweit des Rheinufers, und wenn man sich ganz links ins Wohnzimmer setzte, dann konnte man zwischen den Häusern hindurch den Strom sehen. Die nagelneue Ledercouch blieb weitgehend unbenutzt, denn wenn wir nicht Basketball spielten, keine Freunde trafen und nicht auf Partys gingen, was selten vorkam, dann saßen wir aneinandergekuschelt auf dem Sessel und sahen die Binnenschiffe vorbeiziehen. Ich war am Ziel meiner Wünsche, und das glaubte ich auch von Elke, denn manchmal sagte sie, dass sie nie mehr nach Münster zurückwolle, es sei so klein dort und so eng, und ich hielt es für ein Versprechen, auch nie mehr von mir wegzugehen.

Im dritten Jahr unseres gemeinsamen Lebens sprach Elke über Kinder, mir erschien das ein wenig früh, aber wir planten, ein Reihenhaus zu kaufen, weil Elke als Banker einen fantastisch günstigen Kredit bekommen würde, und wir dachten an Hochzeit, weil der vergünstigte Kredit für Paare doppelt so hoch ausfallen würde.

Im vierten Jahr fiel ich zu meiner grenzenlosen Verblüffung durchs erste Staatsexamen, ich hatte nicht sonderlich viel getan an der Uni, denn bisher hatten in meinem Leben allein die Begabungen für die Erfolge gereicht. Aber Jura war eh nichts für mich, meine kreative LeiLa-Ader verkümmerte zwischen all den Paragrafen und Haarspaltereien, für ausreichend Geld sorgte ohnehin mein Basketball, also gab ich das Studium auf und schrieb Berichte für die Sportredaktion einer Lokalzeitung, die sich nur zu gern mit meinem Namen schmückte.

Im fünften Jahr machte Elke nach der dritten Fehlgeburt im Frühstadium der Schwangerschaft eine Therapie, denn sie war sehr verzweifelt. Ich stand ihr bei, so gut ich es konnte, und nebenbei suchte ich mir einen Job, bei dem sich die Kreativität des Kleinen und die Klappe des Großen als wertvoll erweisen könnten, denn der Sportjournalismus war lausig bezahlt und ewig würde ich nicht mehr in der Bundesliga spielen können.

Als Sportskanone stehen einem wirklich alle Wege offen. Also blieb ich nach einem erfreulich verlaufenen Praktikum bei Hermann & Friends hängen, einer kleinen Werbeagentur in Köln, acht Festangestellte, ein paar Freelancer für den Fall, dass doch mal eine Auftragswelle hereinbrechen würde, keine große Sache, aber der Laden lief und Hermann, der Boss, war schwer in Ordnung und außerdem Basketballfan, den ich gleich am ersten Tag meines Wirkens mit zwei VIP-Dauerkarten versorgt hatte, was meine Karriere entscheidend beflügelte.

Das Leben in der Werbeagentur sprach den Boheme und Freigeist in mir an: Sinnend den Kopf in den Nacken zu legen, dabei ein bisschen so auszusehen wie mein Vorbild Hermann und schräge Ideen auszubrüten, das machte Spaß und es war eine verdammt einträgliche Sache, jedenfalls wenn deine Idee als Außenseiter den Pitch gewann, nur weil du bei der Präsentation auf dicke Sportlerhose gemacht hattest.

»Ich weiß, wie sich Siege anfühlen«, so begann mein erster Auftritt vor einem Kunden, einer regionalen Baumarktkette. Hermann hatte mich mitgenommen, weil ein ordentlich gewaschener und gekämmter Local Hero am Tisch nicht schaden könne, wie er sich ausdrückte, und damit ich etwas lerne fürs Leben. Ich aber war nicht gewillt, artig am Tisch zu sitzen und die Klappe zu halten, und so ergriff ich ungebeten das Wort und hielt eine sorgfältig vorbereitete Ansprache, die ich später in Hunderten von Variationen wiederholt habe. Sie handelte vom Siegen. Und davon, dass nicht immer der Beste gewinnt, sondern oft auch der Mutige. Und am häufigsten derjenige, der bereit ist, Risiken einzugehen und zu kämpfen.

Hermann verdrehte die Augen, aber in den anderen Gesichtern sah ich, dass es klappen konnte. Ich sah sie an meine Würfe denken, bei denen sie auf der Tribüne saßen, und ich sah in ihren Augen den Willen, jetzt auch mal die Nummer eins zu werden, und so machte ich weiter, bis Hermann mir sanft das Wort entzog und sagte: »Schön. Danke, Leif. Und aus all diesen Gründen, die Ihnen mein junger Kollege genannt hat, haben wir uns für folgenden markanten, mutigen und riskanten Vorschlag entschieden.«

Noch heute habe ich meine erste Präsentationsmappe in der Schreibtischschublade, und ich wundere mich manchmal, mit wie wenig man viel verkaufen kann.

»Nur was für Männer« hieß mein Slogan, und die Bilder zeigten Sportlertypen mit Motorsägen und Bohrmaschinen, denen nicht eben üppig bekleidete Frauen derart zujubelten, dass die Maschinen vor ihren Ärschen und Titten wie große Phallen wirkten. Klingt läppisch, war läppisch und statt einfallsreich war es lediglich recht vorwitzig für die Zeit, denn wir befanden uns in den Nachwehen jener Werbeepoche, in denen Dynamik bedeutete, dass Clementine Arielpakete unter den Arm klemmte und energisch guckte.

»Wenn wir nach dem bescheuerten Auftritt den Etat kriegen, dann fresse ich einen Besen«, knurrte Hermann beim Rausgehen, doch eine Woche später saß ich vor seinem Schreibtisch, blickte auf die Nur-was-für-Männer-Unterlagen und er lächelte väterlich.

»Sie fanden dich beeindruckend«, sagte er, »sie haben Sportsgeist gewittert sozusagen, hat nur noch gefehlt, dass sie Turnschuhe angezogen hätten für die Unterschrift.«

»Unterschrift?«, echote ich und Hermann sprang auf, haute mir liebevoll auf die Schulter und sagte: »Ja, Junge, wir haben ihren ganzen verdammten Etat fürs nächste Jahr und eine Option auf eine Folgekampagne, und du setzt dich ab heute an die Entwürfe für den anderen Scheiß, Rasenmäher, Heckenscheren, Kreissägen, was weiß ich, frag sie, was sie verkaufen wollen, und sieh zu, wie du das mit Weibern drapierst. Und denk dran, dass wir auch Kinospots machen wollen, sprich mal mit Meyer, der kennt sich da aus. Und jetzt reden wir über deinen neuen Vertrag und über deine Provision für das Ding hier.«

Die Kampagne funktionierte, genau wie ihre Nachfolgerin »Nix für Frauen«. Die Serien brachten uns sechsstellige Erlöse, jede Menge Ärger mit Feministinnen und dem Werberat sowie der Baumarktkette eine Steigerung ihres Bekanntheitsgrades in der Region um 42 Prozentpunkte, was gigantisch war.

Auch später, als meine Ideen verschrobener wurden, sollten einige überraschenderweise funktionieren, und so begann mein Aufstieg bei Hermann & Friends und im Leben. Das erste, zehn Jahre alte Benz-Cabrio war das sichtbare Zeichen meines Aufstiegs, Elke schloss Freundschaft mit Hermanns Frau Doro, der Boss nahm mich zum Golfspielen mit und auf meiner Visitenkarte prangte bald der Titel »Creative

Director (Vice)«, was nicht viel hieß bei dem kleinen Laden, aber Elke und mich mit Stolz erfüllte.

Elke hatte sich wieder eingekriegt, wir versuchten uns weiterhin vergeblich im Kindermachen, ich verdiente inzwischen doppelt so viel wie sie, aber sie tat das Ihre, legte unser Geld an und organisierte neue Kontakte. Ich war glücklich, eine Zukunft voller Erfolg und Freude rollte sich gemächlich vor meinen Füßen aus, und das Leben war schön.

Nur ein Schatten, und das hatte ich damals nicht verstanden, lag auf unserer Zukunft.

Der Kleine hatte sich rettungslos in Elke verliebt. Aber Elke sich in den Cowboy.

## Rosenbubi

Die Irritationen, die sich in die Liebe zu Elke schleichen, sind so winzig, dass ich sie lange gar nicht wahrnehme.

Elke mag ihn nicht besonders, den kleinen, verspielten Jungen, der immer mal wieder aus mir raushuscht, Elke mag den Benz, ihren Golf und den gottverflucht scheißcoolsten Typen der Stadt, und sie reagiert zunehmend pikiert, wenn ich mir meine Auszeiten nehme, um mit den kleinen Nachbarjungs Basketball zu spielen oder um mir am Rheinufer die Hosen vom teuren Bossanzug zu ruinieren, bloß um im flachen Wasser nach Steinen zum Ditschen zu suchen. Das Schlimmste aber ist für sie, wenn ich streunende Hunde anschleppe oder streunende Menschen, die ich in unserer Küche abfüttere und deren Lebensgeschichten ich anhöre und denen ich, wenn es angebracht scheint, alles Geld schenke, das sich in meinen Hosentaschen finden lässt. Elke findet diese Seite an mir befremdlich und beginnt, mich sanft zu dem Mann zu erziehen, den sie an ihrer Seite haben will. Ich lasse es geschehen, denn nichts will ich mehr, als Elke zu gefallen, und ich bade in ihrem Beifall.

Nur die zärtliche Verliebtheit der ersten Jahre ist irgendwann ein wenig abgekühlt, aber das, so versichern mir Freunde, sei das Normalste von der Welt und in einfach allen Beziehungen so. Wobei Sex mit Elke für mich zwar das Größte ist, aber irgendwie auch anders als mancher Sex, den ich bis dahin hatte. Sex mit Elke ist schön, weil es Liebe ist, aber er ist konservativ, irgendwie ein bisschen ätherisch, und wenn wir fertig sind, geht sie sich waschen.

Ich glaube, das ist es, was mich am meisten stört: ein schleichendes Schuldgefühl, sie zu meinem Vergnügen ein klein wenig beschmutzt zu haben. Eintracht und Harmonie kehren zurück, wenn sie sich mit sauberem Hintern voraus in meinen Bauch einkuschelt oder wenn sie neue Projekte ins Auge fasst, die Party zu meinem Geburtstag, einen Grillabend mit Doro und Hermann, einen Satz neuer Kostüme für sie, den nächsten Urlaub, vielleicht sogar mal nach Ägypten, oder das Reihenhaus in der Vorstadt, das in endlosen Stapeln von Prospekten und Maklerexposés anfängt, Gestalt anzunehmen.

Im achten Jahr mache ich Elke einen Antrag und wir heiraten, es geht alles ziemlich schnell, wegen des Immobilienkredites, die große Feier verlegen wir auf später, wenn der Umzug gelaufen und meine letzte Saison als Basketballhalbprofi zu Ende gespielt ist, denn auf Dauer ist das nicht mehr zu machen: Job, tägliches Training, Punktspiel am Wochenende und jetzt, mit fast 29 Jahren, spüre ich nach jedem Match meine Knochen. Es ist einfach so weit, dass das Leben sich ändert, Elke nimmt meinen Antrag mit ihrem strahlendsten Lächeln an und sagt: »Na endlich«, was mich einmal mehr mit Schuldbewusstsein erfüllt, denn wie so oft habe ich zwar ihre Erwartungen erfüllt, aber nicht vollständig oder nicht rechtzeitig, und irgendwas ist eigentlich immer, was ich noch ein bisschen besser machen sollte.

Es ist März und kühl, meine Sportjungs bewerfen uns vorm Standesamt mit Bällen, die Familie mit Reis, Elkes Kollegen mit Rosen. Nur einer nicht, ein junger, blonder, hübscher Bursche, er steht unbeholfen am Ende der Reihe und drückt Elke seine Rose in die Hand, bevor er wieder abtaucht in der Menge, ohne mir zu gratulieren.

»Wer war das denn?«, frage ich. Elke lächelt ihr bezauberndes Bankerlächeln und sagt: »Ach, bloß einer von unseren Azubis.«

Wir basteln die Einladung für die kirchliche Hochzeit, mieten das Hotel, heuern eine Band an und stellen fest, dass die Einladungsliste mindestens 150 Personen umfasst, aber scheißegal, man heiratet ja nur einmal im Leben – ein Satz, den ich mit Inbrunst verkünde, zehn Jahre danach erkenne ich verbittert, dass dies die reine Wahrheit war, auch wenn das eher mit den Unerfreulichkeiten unserer Scheidung zu tun hat.

»Ich treffe mich mit Nadine«, verkündet Elke. »Wir wollen noch mal nach dem Brautkleid gucken.«

Inzwischen wohnen wir in unserem Reihenhaus. Groß genug für zwei bis drei Kinder, gute Gegend, leider keine Wasserlage mehr, dafür ein kleiner Garten, aber was soll's, wir stehen erst am Anfang. »Wie oft willst du denn noch los?«, frage ich Elke. »Meinst du nicht, dass ich wirklich mal mitkommen und aussuchen sollte?«

»Männer dürfen das frühestens vor dem Altar sehen«, sagt sie, dazu bekomme ich ein Lächeln und einen gehauchten Kuss mit spitzen Lippen. »Wir haben lange nicht mehr richtig geknutscht«, denke ich noch, als ihr nachsehe, »und Sex ist irgendwie auch nicht mehr besonders oft.« Elke ist so müde in den letzten Wochen oder sie hat ihre Regel oder sie geht früh ins Bett, bevor ich überhaupt nach dem Training zu Hause bin. »Aber so was kann man ändern«, denke ich mir, bevor ich meine Nur-was-für-Männer-Bohrmaschine hole, um weitere Regale an die Wand zu dübeln und mir so den spielfreien Samstag zu vertreiben.

Nachmittags ruft Elke an, fröhlich wie immer, sie wird mit Nadine noch was trinken gehen. Also ziehe auch ich los, mit Robert, meinem Basketballkumpel, denn kurz vor dem Karriereende darf man auch während der Saison ganz offiziell mal ein Bierchen trinken, zumal wir es auch dieses Jahr nicht mehr in die Play-offs schaffen werden.

Ich weiß noch nicht, dass das Leben ein Arschloch ist und dass man auf die kleinen Zeichen achten muss, damit es einen nicht über den Tisch legt und hinterrücks fickt. Aber in der Altstadt sehe ich Nadine, und als sie mich erblickt, dreht sie sich um und tut so, als hätte sie mich nicht bemerkt. »Hey, Nadine«, rufe ich fröhlich, »wo ist denn Elke? Habt ihr ein schönes Kleid gefunden?«

In Nadines aufgerissenen Augen sehe ich etwas, was ich erst einen Tag später als Entsetzen und Mitleid identifiziere. »Die hatte Kopfweh, die ist schon nach Hause.« Um 22 Uhr lasse ich Robert allein weiterziehen und fahre heim, vielleicht werden wir heute mal wieder kuscheln und uns lieben. Doch da ist keine Elke, sie kommt erst um ein Uhr, und als sie mich im Dunkeln in unserem Sessel sitzen sieht, fährt sie zusammen. »Ist ein bisschen später geworden, Liebling, aber Nadine und ich haben noch Katja und Miriam getroffen, und es war so lustig.«

Ich schweige. Weil ich Angst habe, die eine Frage zu stellen, die ich zu stellen habe.

»Ist was?«, fragt Elke, und ich beuge mich vor und rieche an ihren Sachen, und die duften nach frischer Dusche und Niveacreme.

»Und wo wart ihr?«

»Hier und da, einmal quer durch die Altstadt, die anderen sind alle noch unterwegs.«

»Du riechst gar nicht nach Rauch«, sage ich, weil ich mich die eine und entscheidende Frage immer noch nicht traue. Ich kenne jede Kneipe in Köln, das Rauchverbot der späteren Jahre ist noch endlos entfernt, und wer aus so einem Schuppen kommt, der stinkt, als ob er gerade in einen Großeinsatz der Feuerwehr geraten wäre.

»Wir haben meistens am Fenster gesessen!« Elke ist ganz offensichtlich beunruhigt.

»Nadine und du, ihr habt also am Fenster gesessen«, sage ich, doch ich sage es mehr zu mir selbst. Dann nehme ich den Kopf hoch. »Nadine habe ich getroffen, aber sie meinte, du hättest Kopfweh und wärest gegangen. Das war gegen zehn.«

Elke schweigt, es wird eine lange, betäubende Stille. Ich schweige auch, weil ich Bescheid weiß, aber keine Ahnung habe, was das für mein Leben bedeuten wird. Dann gehe ich in die Küche, um mir einen Wodka zu holen.

»Na dann«, sage ich nach meiner Rückkehr ins Wohnzimmer. »Es scheint, du solltest mir was erklären.«

Elke sieht elend aus.

»Ich hab's dir schon lange sagen wollen.«

»Wer?«

»Kennst du nicht.«

»Wie lange?«

»Schon länger.«

»Wie viel länger?«

Elke nimmt die Schultern zurück. Sie hat eine bewundernswerte Art, in schweren Lagen Haltung zu zeigen.

»Seit der Weihnachtsfeier«, sagt sie, und ich raste aus, was merkwürdigerweise ganz langsam passiert: Ich merke, wie sich Wut in meinem Bauch bildet, ich kann ihren Weg nach oben verfolgen, wie sie sich im Hals zu einem Kloß staut, bevor ich an den Seiten das Blut pochen fühle. Sekunden später kommt das Adrenalin vor meinen Augen an und macht das Bild von Elke unscharf, ehe sich die Wut in einem wilden Brüllen Luft macht, das erst nach ein paar Sekunden anfängt, sich in menschliche Laute zu verwandeln.

»Seit der Weihnachtsfeier?«, brülle ich. »Bist du bescheuert? Und drei Monate später heiratest du mich dann?«

Elke verstummt wieder, doch sie wirkt nicht eingeschüchtert, und das ist der Moment, in dem ich für alle Zeit lernen werde, ihre kühle, beherrschte Stille zu fürchten.

»Der Scheißtyp mit der Rose? Der blonde Bubi vorm Standesamt?«

Ich schreie immer lauter und spüre den überwältigenden Impuls, sie zu schlagen, immer wieder, sodass ihr Gesicht unter meinen Schlägen hin- und herfliegen möge, aber ich werfe nur mein Glas an die Wand, und selbst diese Geste meines rasenden Zorns misslingt, denn es prallt in zwei scharfkantigen Stücken ab und trifft mich an der Stirn, wo es mir einen tiefen Schnitt zufügt. Der Schmerz holt mich in die Realität zurück, und in der sehe ich Elke vor mir sitzen und mein tropfendes Blut betrachten. »Nicht«, sagt Elke, »bitte nicht, die Tapete, und pass auf den Teppich auf.«

»Ich scheiß auf deine Tapete, ich scheiß auf deinen Teppich«, brülle ich und wische das Blut erst mit den Händen, dann auf dem Sofa ab.

»Dann scheiß auf dich selbst«, sagt Elke, steht auf und geht ihre Sachen packen.

Und da bin ich wieder, Leif Lasse Andersson, der kleine Junge, der geglaubt hat, das Leben wäre vielleicht doch ein schöner Ort. Wieder allein, wie immer, wenn ich ohne Hilfe durchs Leben irre. Bis ich den

Cowboy höre, der draußen sein Pferd anpflockt. Seit Jahren habe ich ihn nicht mehr vernommen, jetzt kehrt er zurück in meinen Kopf und ruft nach Rache an allen Frauen.

Nach elf Tagen voller Alkohol, voller verzweifelter Ausflüge in die Kölner Altstadt, voller vergeblicher Versuche, mit dem Verlust meiner großen Liebe und der Demütigung klarzukommen, kehrt Elke in mein Leben zurück. Erst kommt ihr Anruf, ob sie mal vorbeikommen dürfe. Dann sie selbst. Blass, verheult und nervös.

Ich habe gedacht, sie will bloß ihre restlichen Klamotten holen. Doch Elke umarmt mich und sagt, dass sie nicht alles aufgeben will, was wir gemeinsam haben, bloß wegen einer dummen Verliebtheit. Dass das jedem mal passieren könne. Und dass sie einen Neuanfang möchte. Nicht, dass ich Zustimmung äußere oder dass Elke gar um Verzeihung bittet, aber irgendwann setzt sie sich auf meinen Schoß, streichelt meine Wange und küsst mich. »Warum bist du denn unrasiert?« fragt sie, und damit ist die Rückkehr meines alten Lebens besiegelt. Ich weine vor Erleichterung. Erst später begreife ich, dass dies der Moment war, in dem ich nach Elkes Liebe auch ihren Respekt verlor, denn für Schwächlinge hat sie nie viele Sympathien gezeigt.

Nach dem Versöhnungssex, als Elke sich gewaschen hat, kurz vor dem Einschlafen, vernehme ich die altbekannte Stimme.

»Wofür hat sie zwei Wochen gebraucht?«, fragt der Cowboy.

»Was hat sie die ganze Zeit gemacht?«

Und dann raunt er: »Du weißt schon, weshalb sie zurückgekommen ist, die verdammte Schlampe? Der Rosenbubi hat sie rausgeworfen.«

# Revanchefoul

Es ist eine merkwürdige Sache, eine einmal gescheiterte Ehe neu zu beleben, zumal meine Nachforschungen im Freundeskreis ergeben, dass der Cowboy recht hat, das jedenfalls bestätigen mir die Männer von Elkes besten Freundinnen peinlich berührt und unter der Hand.

Der Rosenbubi war zwar äußerst erfreut, seine stellvertretende Filialleiterin für ein paar Monate vögeln zu können, doch als Elke mich für ihre elf wilden Tage verließ, bekam er es offenbar mit der Angst zu tun. Schließlich war er nicht nur Bankazubi, sondern ein angehender Rockstar, Bassist in irgendeiner Kölner Underground-Band. Wahrscheinlich konnte er sich einfach nicht vorstellen, was er mit der schicken Elke anfangen sollte, wenn ein halbes Dutzend 17-jähriger Groupies vor seiner Bühne stand und bereit war, die Schlüpfer als Pfand für ihre Unschuld nach oben zu schleudern.

Elke leidet sichtlich, weil ihr Ausbruch ins Leben so kurz und erfolglos verlaufen ist. Ich leide, weil Elke bereit gewesen ist, mich für einen 21-Jährigen zu verlassen. Wir beide leiden, weil es nichts zu sagen gibt, außer, dass wir uns eigentlich trennen müssten. Aber dann ist da auch wieder unsere heile Welt aus Reihenhaus, Karriere und riesigem Freundeskreis. Ich verstehe selbst nicht, warum ich den Absprung nicht schaffe, denn mein Stolz ist zutiefst verletzt. Aber vielleicht bin ich auch einfach noch nicht gut darin, Menschen zu verlassen, und mein Ausweg heißt Revanchefoul.

Noch heute ist Saskia die einzige Frau, vor der ich mich immer noch schäme. Es ist meine erste Saison ohne Basketball, es ist drei, vier Monate nach dem Rosenbubi, mein zuvor prall gefülltes Leben ist leer und ich lasse mich von einem Bekannten überreden, in seiner Freizeittruppe aufzulaufen und als Exprofi die Bezirksliga zu rocken, was eine Schwachsinnsidee ist, aber Spaß macht.

Die Heldenverehrung der Mitspieler tut mir gut, schließlich gewinne ich unsere Spiele im Alleingang und drei per Dunking abgeschlossene Tempogegenstöße in Folge kriegen die Jungs sonst eher selten zu sehen.

Der Kasten Bier nach dem Training tut mir gut. Die simple, raue Kumpanei von verschwitzten Männern hat mir gefehlt, auch wenn das, was wir dort auf dem Spielfeld machen, wenig mit Basketball zu tun hat.

Aber am besten ist das Gefühl, von Elke weg zu sein, zweimal in der Woche, und nach dem Training im Clubhaus zu sitzen. Dort albern wir mit den Mädchen vom Frauenteam herum, die in der Nachbarhalle identische Trainingszeiten haben.

Ich frage mich jeden Tag, warum ich mich nicht von Elke trenne, es wäre die einzig richtige Entscheidung. Doch nicht einmal Jahre später, nach Laura und in meinem schäbigen Pensionszimmer, mag ich davon reden, dass es der größte Fehler meines Lebens gewesen sei. Hätte ich mich damals getrennt, hätte ich meine Kinder Lisa und Lars verpasst, und das sind die beiden Menschen, die mich glücklicher machen als irgendein anderer Mensch jemals zuvor.

Saskia ist 18, Reservespielerin in der Damenmannschaft, hat dunkle, große Augen, kastanienbraune Haare, sie sitzt jedes Mal mit im Clubhaus, wo sich die Basketball-Freizeit-Gang nach dem Training trifft. Und sie sieht mich Abend für Abend mit ihren kullerbraunen Augen an. Erst bin ich irritiert, vielleicht auch nur aus der Übung. Dann fange ich an, vorsichtig mit ihr zu flirten. Mit ihrem Lächeln vor Augen fährt es sich leichter nach Hause, wo eine kühle Stille eingezogen ist. Und mit dem Gedanken an ihren schmalen Mädchenkörper schläft es sich besser ein, wenn Elke sich neben mir auf die Seite dreht und wir beide uns schlafend stellen.

Nach einem Monat fahre ich Saskia das erste Mal nach Hause. Ich, der Basketballstar, der Exprofi im Benz-Cabrio, ein erwachsener Mann, sie eine Oberstufenschülerin ein Jahr vor dem Abi – das Resultat ist vorhersehbar und verheerend. Saskia verliebt sich in mich, und ich sehe ihr dabei zu. Klar, ich genieße das Gefühl, wieder begehrt zu werden, wenn auch nur von einem halben Kind. Doch mein Gewissen meldet sich bei jedem zarten Kuss auf die Wange und später erst recht.

Saskia ist Jungfrau, schämt sich deswegen, und um es wiedergutzumachen, schenkt sie mir ihren Körper mit einer neugierigen, forschenden Leidenschaft, die von Mal zu Mal zuzunehmen scheint, sodass ich mich mehr als einmal frage: Ist das nicht mehr als alles, was ich jemals bei Elke finden kann?

Das erste Mal tun wir es auf einem Parkplatz am Rheinufer, ich komme mir vor wie ein Schwein, weil ich mir nehme, was ich brauche, ihre Zuneigung, ihre Zärtlichkeit, ihren Körper, ohne geben zu können, was sie ersehnt. Nämlich Liebe. Und wenigstens den Funken einer Hoffnung auf eine Zukunft.

18 und 29, das geht nicht, Saskia passt weder in mein Leben noch in meinen Freundeskreis. Saskias Verliebtheit ist Balsam für meine Wunden, ihre glänzenden Augen Morphium für meine Selbstzweifel, ihre uneingeschränkte Bewunderung für die erste, große Liebe ihres Mädchenlebens ein mächtiger Kick für mein verletztes Ego. Aber allein der Gedanke, sie zum Geschäftsessen mit Hermann mitzunehmen, ist einfach zu absurd, um ihn auch nur im Ansatz zu erwägen. Saskia fragt nicht ein einziges Mal, ob ich mich von Elke trennen werde, sie liebt einfach drauflos, und das ist weit mehr, als ich verdiene.

Ein ums andere Mal streichele ich versonnen ihren Körper, wenn sie sich in meinen Armen zusammengerollt hat. Ein ums andere Mal erheitert mich ihre erotische Wissbegier, und ich beruhige mein Gewissen mit der Entschuldigung, dass ein Mann unmöglich fragen kann, ob es recht ist, wenn ein nacktes junges Mädchen sich aufmacht, seinen Körper zu entdecken.

Natürlich ist es neu für mich und kompliziert, eine Affäre zu haben und zum ersten Mal meine Frau zu betrügen. Aber wofür hat man Freunde. Sie wissen alle Bescheid, über den Rosenbubi sowieso, schließlich haben wir seinetwegen sogar die kirchliche Trauung abgesagt. Jetzt teilen sie in verschwörerischer Rache mein nächstes Geheimnis. Sie leihen mir ihre Wohnungen, sie geben mir Alibis, vor allem Robert, er ruft abends bei Elke an und erzählt ihr, ich sei zu betrunken, um noch zu fahren, und müsse daher auf seinem Sofa übernachten.

Ich glaube, dass Elke die Gefahr riecht. Sie wird wachsamer. Elke beginnt, wieder Sex haben zu wollen, und auch das gefällt mir gut. Ich nehme ihren untreuen Körper erneut in Besitz und schlafe nebenher mit Saskia, ich vergleiche ihre Küsse, ihre Titten, ihre Ärsche, ihre Leidenschaft, ihre Liebe, und Saskia gewinnt um Längen. Doch während ich noch halbherzig über einen aussichtslosen Neuanfang sinniere, wird Elke schwanger, ohne dass wir auch nur einmal darüber gesprochen haben, ob sie ein weiteres Mal die Pille absetzen soll, die sie seit dem Rosenbubi wieder nimmt.

Saskia weint bitterlich, als ich Schluss mache, und ich schäme mich wie noch nie in meinem Leben. Aber ich freue mich so auf mein Baby. Und irgendwie denke ich, dass vielleicht doch alles gut werden wird, wenn es endlich da ist. Bald werde ich einen Menschen haben, den ich lieben kann, uneingeschränkt lieben, und der mich lieben wird, für alle Zeit.

Ich höre nie wieder etwas von Saskia. Sie verlässt unseren Basketballverein, und außer mir kann sich das niemand erklären.

Viel wünsche ich mir nicht vom Universum. Aber wenn Lisa, meine kleine Tochter, einmal eine junge Frau sein wird, dann hoffe ich, dass das Schicksal sie vor Arschlöchern verschonen wird, wie ich eines bin!

**Abizeitung**

**Fünf Fragen an Saskia Schneider**

*Abi mit 1,2 – was kommt jetzt?*

Ich habe ein Stipendium in Boston bekommen und werde dort Jura studieren. In einer Woche geht es los, weil ich vorher noch drei Monate in einer Gastfamilie leben will, um meine Sprachkenntnisse zu perfektionieren.

*So weit und vor allem so lange weg von zu Hause?*

Wenn ich kann, werde ich für immer in den Staaten bleiben.

*Das schönste Erlebnis der Schulzeit?*

Hat nichts mit der Schule zu tun und gehört auch nicht wirklich hierher.

*Das mieseste Erlebnis der Schulzeit?*

Dasselbe, wie das Schönste.

*Froh, das Abi in der Tasche zu haben?*

Ja, sehr. Vor allem bin ich froh, hier wegzukommen.

---

## Lisa und Lars

Wir haben uns arrangiert, Stück für Stück, ich denke, dieser Satz trifft es am besten. Wir leben zu viert, manchmal zu fünft oder zu sechst, je nachdem, ich denke, das kommt auf das Hintergrundwissen des Betrachters an.

Elke, ich und die Kinder.

Elke, ich und der Rosenbubi und die Kinder.

Elke, ich und der Rosenbubi und die Kinder und der Cowboy, der mich fragt, ob ich eigentlich noch alle beisammenhabe. Aber irgendwie schaffe ich den Absprung nicht.

Elke ist in Sachen Rosenbubi sehr diskret, manchmal vergesse ich ihn monatelang. Natürlich haben wir uns ausgesprochen, so wie man es unter erwachsenen Leuten tut. Dass er ihre Seele berührt habe, hat sie erzählt, weil er so jung war und weil er für die Musik lebt, die er macht, und nicht für die Arbeit in der Bank. Und dass Musik ihr Herz berührt und sie deshalb vielleicht anfällig war.

Eine Weile gehe ich wieder mit ihr in Konzerte oder tanzen, aber es ist nicht das Gleiche. Ich spiele in keiner Band den Bass, und wenn sie bei der Musik die Augen schließt und lächelt, weiß ich, an wen sie denkt. Zum Geburtstag schreibt er ihr Postkarten, eine fische ich zuerst aus dem Briefkasten, und so kenne ich fortan auch seinen Namen, den ich voller Grimm verfluche. Und manchmal zieht Elke das Telefon aus der Dose und verschwindet ins Schlafzimmer, eine Freundin anrufen, während ich verbiestert auf dem Sofa hocke, in den Fernseher starre und mir ihr verliebtes Geflüster ausmale.

Außerdem fährt Elke inzwischen gerne allein in den Mädelsurlaub. Mit einer Freundin, Michaela, die eine mordsmäßige Schlampe ist, ich hasse sie voll glühender Verbitterung. Meistens geht es nach Gran Canaria, die Kinder sind dann bei Oma und Opa in Münster, und ich sitze in meinem leeren Haus und meinem leeren Leben und leide Qualen.

Als ich beim ersten Urlaub durchaus nicht zufällig in ihrer alten Bank anrufe, hat der Rosenbubi ebenfalls Urlaub. Ich sage: »Das ist ja Mist, der war mit mir zum Essen verabredet.« Die Antwort zerstäubt die Reste des Fundamentes, auf dem ich mein Leben gegründet wähnte. »Das hat er bestimmt vergessen, der ist jetzt auf Gran Canaria.«

100 Mal hat sie mir geschworen, dass es vorbei ist, 100 Mal habe ich gezweifelt.

Als Lisa gut ein Jahr nach dem Rosenbubi auf die Welt kommt, schicke ich heimlich eine Windel von ihr zum Vaterschaftstest. Das Ergebnis beschämt mich: Lisa ist meine Tochter, die Enkelin meines Vaters, der kurz darauf einsam in Stockholm stirbt, und wenn sie, am Schnuller saugend, auf meinen Armen schläft, bin ich glücklich. Lisa hat es nicht verdient, dass ich an ihr zweifle, genauso wenig wie kurz darauf Lars. Bei ihm werfe ich den Brief vom Labor, auf den ich zwei Wochen ängstlich gewartet habe, ungeöffnet weg. Ich liebe Lars zu sehr, als dass ich die Konsequenzen ertragen könnte. Wenn er mir abends glucksend in die Arme krabbelt, fühle ich mich eins mit meinem neuen Leben. Als er sich zum ersten Mal wackelnd auf seine Beinchen stellt, mit der einen Hand das Laufgitter umklammert und mit der anderen einen Ball zu mir wirft, packt mich heilloser Stolz auf dieses Kind. In seiner Leidenschaft für bunte Plastikbälle, die er beim Einschlafen umklammert und in jeder wachen Minute in Papierkörbe wirft, glaube ich, schon jetzt einen künftigen Nationalspieler zu erkennen. Und mal ganz ehrlich, was würde es schon ändern, wenn meine schlimmsten Ängste wahr wären, denn so, wie er ist, ist Lars der unfassbar geilste kleine Mann dieser Welt, er betrachtet mich als seinen Papa, und diese Wahl ist so absolut, dass ich mich zwinge, alle Zweifel aus meinem Kopf zu verbannen.

Mehr Liebe als die, die ich von Lisa und Lars bekomme, kann ein Mann nicht verlangen, denke ich, während ich Elke dabei beobachte, wie sie von Karrierefrau auf perfekte Mutter umschwenkt. Auch das macht sie auf unnachahmliche Elke-Weise, und ich habe außer ihrem eklatanten Mangel an Zuneigung wenig Grund zur Klage. Unser Haushalt ist perfekt organisiert, unser Leben sowieso, unser Freundeskreis wächst stetig, mit meiner Karriere geht es voran und nur abends, wenn ich wach liege, dann denke ich daran, wie schön es wäre, die Liebe einer Frau zu spüren. Manchmal träume ich einen Traum: Ich liege am Strand, und eine Frau, die mich liebt, einfach nur mich, den kleinen Jungen, und nicht meinen Job, nicht mein Geld, nicht die Sicherheit, die ich biete, nimmt meine Hand und wandert mit mir irgendwohin ins Universum.

»Wer braucht schon eine liebende Frau?«, sagt dann der Cowboy. »Guck dich mal um, so was hat keiner. Sind alle gleich, wollen Kinder, wollen ein Haus, haben keinen Bock zu arbeiten, vögeln fremd, und der einzige Idiot weit und breit bist du, weil du es nicht auch tust.«

Manchmal haben Elke und ich auch Sex, alle fünf Monate oder so, vielleicht auch ein wenig seltener. Ätherisch, sauber, so wie immer eben, der einzige Unterschied ist der, dass wir beide dabei an den Rosenbubi denken. Sie geht dann duschen, aber ihren frisch gewaschenen Arsch, den kuschelt sie mir zum Einschlafen nicht mehr in den Bauch. Und danach, wenn ich einsam darüber nachdenke, ob das wirklich Sex ist oder bloß eine Art von sporadisch auftauchendem schlechten Elke-Gewissen, wird mir klar, dass ich zum erotischen Sozialhilfeempfänger abgestiegen bin.

## Roberto

Ich bin ein sexloses Wesen.

Meine Frau hat mich entmannt.

Ich leide unter jeder Morgenlatte, die ich unter der Dusche entferne, so selbstverständlich, wie Elke sich die Haare an den Beinen rasiert.

Mein männliches Selbstwertgefühl tendiert gegen null.

Der Cowboy lacht mich aus, wenn ich mir beim Wichsen ausmale, wie Elke sich schreiend unter mir windet, während ich es ihr richtig besorge.

Ich muss etwas tun, aber ich weiß nicht, was!

Ich bin noch nicht der große Aufreißer der späteren Jahre. Und ich habe eine lange Lehrzeit zu absolvieren.

Zunächst gehe ich wieder mit meinem Basketballkumpel Robert aus, der eigentlich Roberto heißt. Robert ist ob seiner blonden Lockenpracht bereits in jungen Jahren das finale »o« aus dem Rufnamen abhandengekommen, den Halbitaliener in ihm erkennt man bloß an seinen geschmeidigen Bewegungen und den haselnussbraunen Schmachtaugen. Unglücklicherweise hat Robert nicht nur eine umwerfende Wirkung auf Frauen, sondern auch sonst fatale italienische Gene: Weil Letztere einfach nicht mehr als kümmerliche 1,83 Meter Körpergröße hergeben wollten, war Robert im Basketballinternat zwar stets der Begabteste, doch als wir anderen allesamt in Richtung der Zwei-Meter-Marke wuchsen und es um die Bundesligaverträge ging, war er zu seinem Kummer zum ewigen Ersatzspieler verdammt.

Heute spielt Robert für ein Taschengeld in der dritten Liga, hilft ab und zu im Restaurant seines Vaters aus und macht die Mädels aller Alters- und Gewichtsklassen verrückt. Robert sagt, das reicht ihm. Ich glaube nicht, dass ich so leben könnte, aber wenn ich sein und mein Dasein vergleiche, brauche ich nicht lange darüber nachzudenken, wer definitiv mehr Spaß an seinem hat.

Damals im Internat haben wir das Zimmer geteilt, und ich habe manche Nacht im Sessel vor dem rauschenden Fernseher des Aufenthaltsraumes verbracht, weil Robert wieder ein Mädchen ins Zimmer geschmuggelt hatte, denn für ihn hätte ich alles getan.

Ich weiß nicht, warum wir so aufeinander flogen, vielleicht weil der stille, einsame Halbschwede und der vor Witz und Energie sprühende Halbitaliener sich zusammen überraschend ganz fühlten, und als es einmal eng wurde, auf dem dunklen Parkplatz vor dem Internat, und ich zur Verteidigung gegen die drei böse wirkenden Typen vor mir weit und breit keinen Baseballschläger in Reichweite hatte, da stand plötzlich Robert neben mir, und in seiner Hand machte es glänzend klick, obwohl ich noch nie ein Messer bei seinen Sachen gesehen hatte. Als die Typen eilig verschwanden, schlang Robert zärtlich die Arme um mich, und noch heute ist er der einzige Mann, den ich zur Begrüßung umarme und von dem ich mich auch küssen lasse.

Ja, Jungs, ihr werdet es längst wissen, Robert ist der einzige Mensch auf der Welt, der die ganze traurige Geschichte meines Lebens kennt. Denn einen Freund muss man haben als Mann, und das Leben wird einsam, wenn man ihn aus den Augen verliert, und ein paar Jahre später wird die Trennung von ihm genauso schlimm sein wie die Trennung von irgendeiner Frau, als Robert zurück nach Ligurien geht und es mich in den heimatlichen Norden zieht. Doch bis dahin vergehen noch ein paar Jahre, und die sind bitter nötig, damit ich an Roberts Seite lerne, wieder ein Mann zu sein.

Erst ziehe ich nur mit ihm los, wenn Elke im Urlaub den Rosenbubi vögelt, was etwa zwei bis drei Mal im Jahr der Fall ist, später auch regelmäßig, jeden Mittwoch und jeden Freitag. Robert und ich gehen dann in eine hauptsächlich von Studenten bevölkerte Disco in der Unimensa.

Doch sogar Robert gewinnt nicht immer in der Liebe, gerade ist er Single geworden, seine Freundin Maria hat ihn verarscht, nur ist er wesentlich tougher als ich. Robert hat nicht gejammert, er hat nicht geklagt, er hat gebrüllt, dass sie eine Schlampe ist, dann hat er ihr eine gescheuert und sie aus der Wohnung geworfen. Die seelischen Kratzer ignoriert er erfolgreich, indem er wahllos fickend durch Kölns Weiberwelt zieht, und ich folge ihm als staunender Schatten und bewundere seine Technik. Robert hat mehrere Thesen entwickelt:

Vögeln ist schön, viel vögeln ist viel schöner.

Wenn du nicht willst, dass dich eine Frau verarscht, wache nie zwei Mal neben derselben auf.

Frauen aufreißen ist keine Kunst und keine Arbeit, sondern beides!

Kurz und gut: Robert spricht am Abend so lange Frauen an, bis er eine für die Nacht gefunden hat. Nach maximal zehn Minuten Small Talk mit einer Frau legt Robert seine Stirn in sorgenvolle Falten und sagt: »Darf ich dich etwas fragen? Etwas, was mir peinlich ist, ich meine, total peinlich?« Nach dieser Eröffnung stottert er ein bisschen, dann baut er voller grandioser Schüchternheit ein bisschen italienischen Akzent in den Vortrag ein: »Würdest du, ich meine, porco dio, ich weiß nicht, was mit mir los ist … würdest du heute Abend … Würdest du mit mir schlafen, also … vielleicht?«

Ohne Scheiß, ich hab ein paarmal daneben gestanden, und das erste Mal ist mir fast mein Bier aus der Hand gefallen. Erst später entdeckte ich, dass besonders dieses »vielleicht?« am Ende ein Meisterwerk für sich ist. Es zieht die Unverschämtheit des Italo-Mackers ins Ungewisse und nimmt der Attacke wenigstens einen Teil ihrer Ungeheuerlichkeit. Manche Frau scheint sogar das spontane Bedürfnis zu entwickeln, Robert ob seiner offenkundigen Verlegenheit tröstend in den Arm zu nehmen und ihm seine Locken zu tätscheln. Zumeist aber kriegt Robert einen Korb, der sich gewaschen hat. Die Reaktionen reichen von ungläubigem Entsetzen über blanke Empörung bis hin zu pikierter Fassungslosigkeit. Seine statistische Quote bei zehn Anmachen liegt bei neun Körben, was zunächst zwar deprimierend klingt, im Umkehrschluss aber auch bedeutet: Bei maximal zehn Minuten Small Talk pro Frau hat Robert nach spätestens eineinhalb Stunden eine Uschi für die Nacht am Wickel!

Ich allerdings würde das niemals bringen. Erstens traue ich mich nicht, zweitens sehe ich Minimum zwei Klassen weniger hübsch aus als er. Wenn ich mit meiner Wikingernase diese Nummer jemals versuchen würde, hätte ich außer ein paar Ohrfeigen nichts zu erwarten.

Das Unglaublichste aber ist: Von den neun Frauen, die Robert entrüstet einen Vogel zeigen, kommen in den folgenden Wochen ein oder zwei verlegen auf ihn zu und haben es sich anders überlegt. Wenn ich an solchen Abenden Pech habe, ist Robert nach 20 Minuten mit der ersten Braut verschwunden.

Heute habe ich Pech, Robert hat nicht einmal die Jacke ausgezogen, als er mit einem brünetten Wuschelkopf in den Nahkampf geht, der sich seit vorletzter Woche über sein voreiliges »Nein« gegrämt hat. Ich nuckele einsam an meinem Bier und schaue mir die tanzenden Mädels an. Die Frau, auf die mein Blick fällt, bewegt sich, wie ich es mag. Klein, vielleicht 1,65 Meter groß, ein dunkler Bubikopf über einem schmächtigen, fast jungenhaften Körper. Sie ist möglicherweise nicht die Hübscheste, aber die Intensivste unter all den Frauen, und ich verfolge stumm, wie sie losgelöst in irgendeinem Universum um die eigene Seele kreist. Aber irgendwann wacht sie auf und schaut mir voll in die Augen. Zur Sicherheit gehe ich ein paar Meter weiter, nicht dass sie denkt, ich will was von ihr.

Drei Minuten später haben wir wieder Augenkontakt.

Eine Menge Typen schauen ihr zu, aber jetzt bleibt sie in meiner Nähe. Ich lehne an einem Pfeiler, sehe sie tanzen, sich einen Drink holen, in meiner Nähe herumstehen, wieder tanzen gehen, wieder gucken, sie ist allein hier so wie ich, und mein Puls ist so hoch wie beim Freiwurf, während es kurz vor der Schlusssirene 87:87 steht.

Aber ich trau mich nicht.

Früher, ja echt, ganz früher, vor Elke, im Sportinternat, da war das eine andere Nummer. Da haben die Mädchen uns beim Basketball angefeuert, und weil ich von allen der Beste war, musste ich nach den Spielen in unserer Stammkneipe nichts machen, außer abzuwarten, irgendwann freundlich zu flirten und nach ein bisschen Rumgeknutsche in ihre Bude zu fahren. Das hier ist komplizierter, und ich bin mir nicht sicher, ob ich für die freie Wildbahn tauge.

Der dunkle Bubikopf macht mich nervös, und ich frage mich, warum ich blöd in der Gegend herumstehe, ich krieg das ja eh nicht gebacken. Also laufe ich los, gehe meine Jacke holen, aber plötzlich steht sie zwei Meter neben mir und kramt ebenfalls in ihren Sachen. In meinem Kopf verquirlen sich Roberts Thesen mit meinen hektischen Versuchen, einen halbwegs klaren Satz zu denken.

Sie lächelt.

So weit, so ermutigend. Bloß das Reden hätte ich mir verkneifen sollen. »Sorry«, sage ich, und mein Stottern ist unglücklicherweise nicht gespielt, »ich meine, also, echt jetzt, tut mir leid, du willst ja los. Schläfst du mit mir?« Sie sieht mich mit großen Augen an und ich schiebe errötend ein entsetztes »Vielleicht?« hinterher und noch ein »Also vielleicht nächste Woche?«, aber anders als bei Robert scheint dies die Lage nicht zu retten. Sie wirft den Kopf in den Nacken, dass ihre Ohrringe klingeln, und verschwindet in die Nacht.

Ich lasse mich auf die Fensterbank sinken, sehe ihr nach und presse meine glühenden Wangen abwechselnd an die kalte Scheibe. Das war ich nicht, versuche ich mir einzureden, das habe ich nicht gesagt. Nach ein paar Metern überquert sie die Straße, dreht sich halb um und ich sehe, dass sie lacht.

»Scheiße!«, denke ich. »Hier kann ich nie wieder herkommen.«

Am nächsten Mittwoch hole ich Robert ab und versuche, ihm noch in seiner Wohnung zu erklären, warum ich nicht mehr in diesen Laden will: »Sind eh keine guten Frauen da.«

Robert erkundigt sich erstaunt: »Ist der feine schwedische Herr Andersson plötzlich erblindet?«

Ich versuche es mit einem zaghaften: »Und die Musik ist Kacke.«

»Und sein Gehör hat der arme LeiLa ebenfalls verloren? Neulich sagte er noch, das wäre der einzige Laden, der seine Mucke spielt …«

Ich verlege mich aufs Betteln: »Aber ich will da nicht mehr hin, lass uns ins ›Apple‹ gehen, echt.«

Robert macht zwei Bier auf und sagt: »Okay, Alter, erzähl, was ist los?«

Ich beichte, und er kriegt einen Lachkrampf.

»Duuuu hast zu einer Alten gesagt, dass du sie vögeln willst? Mein kleiner schüchterner Schwedenprinz? Mamma mia, da wäre ich gerne dabei gewesen!«

Ich packe ihn an der Schulter und schüttele ihn. »Scheiß-Itaker, hör auf zu gackern!«

Doch Robert ist unbeeindruckt: »Was hat sie gesagt?«

»Nix. Hat bloß gefeixt, als sie gegangen ist.«

Robert springt auf und zieht seine Jacke an.

»Gutes Zeichen. Wenn sie lachen, wollen sie vögeln. Nix wie los. Heute Abend machst du sie klar.«

Also gehe ich mit.

Während sich Robert nach Beute umsieht, verdrücke ich mich unauffällig hinten rechts neben die Bar und schwöre mir, diesen gut geschützten Platz erst dann zu verlassen, wenn ich mich in etwa einer Minute heimlich nach Hause schleiche. Plötzlich sehe ich sie. Sie drängelt durch die Menge, es sieht aus, als ob sie etwas sucht.

Sie sucht mich.

Sie kommt auf mich zu. Ich versuche, so intensiv auf die Holzmaserung des Tresens zu starren, als hätte ich dort die Formel für den ewigen Weltfrieden gefunden.

Sie baut sich vor mir auf und stemmt die Hände in die Hüften.

Aus meinem Brustkorb entweicht mit einem lauten Seufzen jegliche Luft und ich flüstere: »Scotty, beam me up!«

Sie bohrt mir einen Finger gegen die Brust. »Letzte Woche warst du mutiger, wie?«

Ich sage: »Das willst du nicht, dass ich dir das jetzt erkläre, ganz bestimmt nicht.«

Sie aber sagt: »Oh doch, und ob ich das will!«

Etwa zehn Minuten später habe ich ihr den Hergang meines verbalen Waterloos in stockenden Sätzen geschildert. Sie sieht mich an, ganz keck, so von unten und der Seite. »Du siehst nicht aus, als ob du heute noch mit jemandem schlafen willst!« Ich schüttele den gesenkten Kopf. Plötzlich streckt sie die Hand aus, schüttelt die meine, eine seltsame Geste in einer Disco, aber irgendwie richtig. »Hi, ich bin Sarah.«

Zum Quatschen ist es hier zu laut, wir landen beim Italiener zwei Straßen weiter. Sarah hat Robert und mich schon ein paarmal beobachtet. »Dein hübscher Freund schleppt jedes Mal eine andere ab«, diagnostiziert sie, »und du gehst immer allein nach Haus. Deswegen war ich ganz schön überrascht, als du den großen Aufreißer versucht hast.«

»Das war peinlich«, murmele ich betreten. Aber sie lächelt mich über ihr Weinglas an. »Ich fand es eigentlich recht niedlich«, sagt sie. »Und ich habe mich eine Woche lang gefragt, was du wohl für eine schräge Type bist.«

Ich erzähle es ihr.

Ich erzähle ihr meine ganze lange, traurige Geschichte. Vom Rosenbubi. Von den Kindern. Von Elke. Von meiner Unfähigkeit, die drei zu verlassen. Sie streichelt meinen Handrücken, nur einmal, aber es ist das schönste Gefühl, das ich seit Monaten gespürt habe.

Dann erzählt sie ihre Geschichte. Als Mädchen ein Jahr im Austausch in die USA gegangen. Sich in Sean verliebt. Mit Sean geschlafen. Bis zum Abi eine Fernbeziehung geführt. Dann kam er nach Deutschland. Heirat. Kinder, das ganze Programm.

»Und dann?«, frage ich.

»Das willst jetzt du nicht wissen«, sagt sie.

Aber ich will.

Sarah sieht mich lange an. Dann holt sie tief Luft. »Aber sag hinterher nicht, ich hätte dich nicht gewarnt.«

Ihre Geschichte ist eine Ohrfeige für mein sanftes Gemüt. Ehe eingeschlafen. Immer weniger Liebe. Immer weniger Sex. Irgendwann gar kein Sex mehr. Bis zu dem Karnevalssamstag, als Sarah als Polizist und er als Gretchen auf die Party gingen. Kamen betrunken nach Hause, die Kinder waren bei Oma. Sie war geil, er war geil. Er fiel über sie her, zog ihr die Hose runter und vögelte sie in Polizeiuniform. Und zwar ungefragt in den Arsch.

Seit diesem verstörenden Abend haben Sarah und Sean nur noch Sex, wenn sie sich als Mann verkleidet und ihm ihren Hintern hinhält. Sarah liebt ihn noch immer, und in einem verzweifelten Versuch, die Lage in den Griff zu bekommen, hat sie sogar ihre langen, dunklen Haare abgeschnitten. Denn Sean hat entdeckt, dass er eigentlich lieber mit Männern schläft. So grotesk die Situation ist, sie leben weiterhin zusammen. Wegen der Kinder. Und weil er sich keine eigene Wohnung leisten kann. Er geht aus, wo man in Köln eben ausgeht, wenn man schwul oder bi ist, sie bringt die Kleinen zur Oma und geht allein und verzweifelt tanzen.

Ich streichele unbeholfen Sarahs Hand und sage: »Oh Gott, oh Gott, du Ärmste, und ich hab gedacht, meine Ehe wäre scheiße.«

Sie heult ein bisschen, dann putzt sie sich die Nase und fragt: »Gilt dein Angebot von letzter Woche noch?«

Wir fahren ans Rheinufer. Sarah kuschelt sich zu mir auf den Fahrersitz, ich streichele ihr Gesicht und ihren Nacken, wir schweigen eine ganze lange Weile und ich rieche ihr Parfüm, und ihre kurzen Haare fühlen sich ganz anders an als die von Elke. Nach einer Weile klingeln wieder ihre Ohrringe, das tun sie immer, wenn Sarah einen Entschluss gefasst hat und den Kopf in den Nacken wirft. Dann knöpft sie erst mein Hemd und unter einigen Mühen meine Hose auf. Sie hebt ihren Rock hoch, schiebt den Slip zur Seite und ich fühle mich in sie gleiten. Sarah keucht, Sarah weint, Sarah küsst mich, und es ist der bis dahin seltsamste Sex meines Lebens. Als ich komme, beißt sie mir in die Unterlippe und später sagt sie: »Danke.«

Ich frage: »Wofür?«

»Dass ich eine Frau sein durfte.«

Die Affäre mit Sarah läuft ein halbes Jahr. Wir treffen uns einmal in der Woche beim Tanzen, wir hauen ab, irgendwohin, auf die Toilette, in ein dunkles Treppenhaus, in einen Park oder in Roberts Wohnung, und wir machen Sarah zur Frau. Darüber, dass ich mich von Elke trennen könnte und sie sich von Sean, reden wir nie. Schon der Gedanke daran verstört mich. Elke würde die Kinder behalten, und ich würde Sarahs Kinder bekommen, er will nicht rein in meinen Kopf, dieser Familientausch, er erscheint mir obszön und undenkbar.

Als Sarah sich von Sean trennt, macht sie auch mit mir Schluss. Zum Abschied küsst sie mich und sagt: »Du warst genau der Richtige im richtigen Moment. Aber nun möchte ich immer Frau sein und nicht nur mittwochs.«

Darüber, dass es in Wahrheit genau andersherum war, haben wir nicht mehr gesprochen. Denn eigentlich glaube ich, dass Sarah die richtige Frau war, im richtigen Moment. Um mich wieder zu dem zu machen, was ich sein will: ein Mann!

## Sarah – 2 Jahre später

Lieber Leif,

wir haben uns lange nicht gesehen, ich hoffe, Dein Leben ist so schön wie meines geworden. Am Ende hast Du Dich sogar mit Deiner Frau versöhnt? Ich würde es Dir so sehr wünschen, denn Du bist ein herzensguter Mensch, und ich denke gerne an unsere Zeit zurück, auch wenn es für mich schwierige Monate waren.

Sean und ich haben uns scheiden lassen. Er ist zurück in die USA gegangen, und ich lebe glücklich liiert in einer neuen Partnerschaft und in einem ganz neuen Leben.

Setz Dich lieber hin, bevor Du das jetzt liest.

Ich lebe mit einer Frau zusammen. Sie heißt Dörte, möglicherweise erinnerst Du Dich an sie, ich habe sie auf einer Uni-Mensa-Party kennengelernt, sie ist eine sehr auffällige Erscheinung, weil sie rote Locken hat (echte, wohlgemerkt!), und auf der Tanzfläche ist sie die wahrscheinlich extravaganteste Erscheinung aller Zeiten. Frag mal Robert, an den erinnert sie sich nämlich, er ist zwei- oder dreimal bei ihr abgeblitzt, der Ärmste. Lustig, oder?

Ungefähr vier Wochen nachdem Du und ich uns getrennt haben, haben wir uns angefreundet. Erst war sie nur eine gute Freundin für mich, dann wuchs in mir ganz langsam die Erkenntnis, dass ich mich in sie verliebe. Sie ist ein wundervoller Mensch, und ich habe überrascht festgestellt, dass ich mich in Menschen verliebe und nicht in Männer oder in Frauen. In Dörtes lustiger Lesbensprache bin ich eine »Freie Hete«, sie hat sich damit abgefunden, dass ich sexuell wohl nicht so eindeutig orientiert bin, aber es ist ihr egal, und sie sagt, das ist gar nicht mal so selten, vor allem hier in Köln.

Dann kamen noch einmal schwierige Zeiten, weil es für meine beiden Kleinen schwer war zu verstehen, dass Papa nach Amerika geht und dafür nun Dörte bei uns lebt. Sie haben kaum noch Kontakt zu Sean, zuletzt haben wir Weihnachten von ihm gehört, da hat er eine Karte aus San Francisco geschrieben.

Ich bin gespannt, was Du zu all dem sagst, vielleicht sehen wir uns ja wieder und berichten uns, wie unsere Leben verlaufen sind. Ich mag Dich nämlich sehr gern, und ich bin Dir immer noch dankbar, weil Du mir damals geholfen hast, aus dieser Sackgasse herauszufinden, in der mein Leben gesteckt hat. Du bist ein feiner Kerl und vielleicht der einfühlsamste und emotionalste Mann, der mir bisher begegnet ist, und Du hast es verdient, glücklich zu sein.

Ich drücke Dir die Daumen für alles, was Du tust, und ich hoffe, dass auch Du den Weg zu Deinem Glück findest.

Alles, alles Liebe

Sarah

## After-Sex-Sex

Es ist kaum zu glauben, wie kalt eine erloschene Liebe sein kann. Und wie warm sich dennoch Familie anfühlt.

Lisa geht jetzt in die Schule, jeden Morgen schultert sie voller Ernsthaftigkeit ihren Ranzen, umklammert meinen kleinen Finger, um an meiner Seite mutig in die Wagnisse dieser Welt hinauszuschreiten.

Lisa ist ein sehr sensibles Kind, und seit ihr kleiner Bruder Lars auf der Welt ist, hat sie mich zum Zentrum ihres Universums erkoren. Nicht, dass sie Mama weniger lieben würde, aber wenn sie Angst hat oder sich das Knie gestoßen, dann kommt sie zu mir auf den Arm, und in die Schule darf Mama sie auch nicht bringen. »Papa soll das«, sagt sie dann trotzig, und manchmal denke ich, dass Lisa eine große Bürde geschultert hat und dabei ist, mir all die Liebe und Zuneigung zu schenken, die zwischen Elke und mir abhandengekommen ist.

Außerdem hält sie unsere Ehe zusammen. Wenn Elke und ich streiten, erscheinen oben Lisas schreckgeweitete Augen zwischen den Stäben des Treppengeländers, und dann endet die Auseinandersetzung, ich nehme Lisa auf den Arm und wiege sie in den Schlaf. Praktischerweise führt das dazu, dass Elke und ich das Streiten weitgehend aufgeben. Aber vielleicht ist es auch bloß die Einsicht, dass wir nichts mehr miteinander anfangen können und trotzdem beide bei den Kindern bleiben wollen.

Am Zustand unserer Ehe gemessen, kommen Elke und ich sogar recht gut miteinander aus. Wöchentlich planen wir neue Projekte, und als Team sind wir nach wie vor eine glatte Eins. Mein Gehalt und Elkes Organisationstalent ergänzen sich einfach perfekt, das Ergebnis sind neue Partys, neue Möbel, neue Freunde, ein neues Haus in Köln, diesmal etwas richtig Schickes und ohne Reihenhausnachbarn, ein neues Auto für Elke, alles lässt sich realisieren, kurzfristig taucht sogar eine Ferienwohnung am Horizont auf, doch der Plan wird verschoben: Unter Sylt wollen wir es nicht machen, aber leisten können wir es uns noch nicht.

Inzwischen haben wir das gemeinsame Schlafzimmer aufgegeben, vorgeblich weil ich einen Hang zum leichten Schnarchen entwickele, die innere Wahrheit ist eine andere: Wir beide sind es leid, abends wach nebeneinander im Bett zu liegen und so zu tun, als ob wir schlafen, bloß damit wir nicht reden müssen oder, schlimmer gar, einer auf die Idee käme, Sex haben zu wollen. Die getrennten Schlafzimmer halten wir geheim. Wenn Besuch durchs neue Haus geführt wird, wird mein Zimmer zum Gästezimmer deklariert, irgendwie klingt getrennte Schlafzimmer zu sehr nach dem, was es ist: eine gescheiterte Ehe.

Meine Affären häufen sich, und auch bei der Anbahnung werde ich routinierter. Ich hole jetzt nach, was ich zu Beginn der Beziehung zu Elke vor lauter Verliebtheit verpasst habe.

Auf Dienstreise zu einem Kongress nach Frankfurt begegne ich meiner sexuellen Revolution. Corinna heißt sie, ist eine recht attraktive Blondine Mitte 30 auf der Suche nach beruflicher Verbesserung, sie hat strahlend blaue Augen, ein Gesicht, das ein wenig der Schiffer ähnelt: weit auseinanderstehende Augen und ein riesiger Mund mit tiefrot geschminkten Lippen.

Corinna ist zumindest oberhalb der schlanken Taille etwas üppiger gebaut und fälschlicherweise ist sie dem Eindruck erlegen, ich wäre wer in der Branche, daran ist vermutlich meine Visitenkarte mit dem »Creative Director« schuld, auf der seit einiger Zeit das »Vice« verschwunden ist, nicht, dass ich wirklich viel zu sagen hätte, aber Hermann mag mich halt gut leiden und gerade in unserer Branche darf man beim Bedrucken von Visitenkarten nicht kleinlich sein. Corinna hat mich nicht gefragt, ob ich für eine seit Jahren stagnierende Acht-Mann-Klitsche arbeite, die sich von Auftrag zu Auftrag hangelt, oder für eine richtige Agentur, und ich habe es ihr nicht auf die Nase gebunden, man kann auch schweigend die Unwahrheit befördern.

Also schiele ich Corinna ein Abendessen lang auf die beeindruckenden Brüste, die jedes Mal in verheißungsvollen kleinen Wellen durch ihr Dekolleté wackeln, wenn sie lacht. Ich gebe überwiegend Unverbindliches von mir und höre interessiert zu, als sie von der Notwendigkeit, eine neue Stelle zu finden, erzählt. Irgendwann gebe ich mir einen Ruck und signalisiere ihr, dass sich da schon etwas machen ließe, schließlich kenne ich genügend Leute in der Branche. Einige Drinks später nestele ich im Hotelzimmer ungeschickt an ihrem BH herum, die Pracht ihrer D-Körbchen überwältigt mich, so etwas bin ich von zu

Hause nicht gewöhnt. Zudem bemüht sich Corinna wirklich engagiert um ihre Karrierefortschritte.

Nach dem ersten, noch recht konservativen Durchgang im quietschenden Hotelbett rauchen wir eine Zigarette, ich ordere vergnügt eine Flasche Champagner, doch noch bevor der gekommen ist, verschwindet Corinna unter der Bettdecke und bläst mir einen, dass ich glaube, gleich fliegt meine Schädeldecke weg. Sex nach dem Sex, so etwas war mir bisher weitgehend unbekannt, und ich stelle überrascht fest, welche Reserven in meinen Lenden stecken.

Blasen war nie so recht Elkes Ding, sie tat es, so jedenfalls fühlte es sich an, eher aus Pflichtgefühl, und als sie einmal nicht schnell genug auf finalen Handbetrieb umgestellt hatte, rannte sie spuckend und würgend ins Bad, wo sie sich erst die Zähne putzte und dann mit Mundwasser gurgelte. Im Gegenzug lässt Elke sich auch nicht lecken, sie bekommt keinen Orgasmus dabei, und nach einigen Versuchen in den frühen Jahren habe ich es aufgegeben, obwohl ich dieses Betätigungsfeld äußerst aufregend finde.

Corinna ist da anders veranlagt. Sie seufzt und schmatzt, krault meine Eier, schabt mit ihren Fingernägeln an der Naht meines Hodensacks herum, bis sie schließlich sogar mein Arschloch streichelt, was mich zunächst mit gelindem Unbehagen erfüllt, sich später aber als nicht ungeil erweist. Nicht einmal gewaschen hat sie meinen Schwanz nach der ersten Nummer, und das empfinde ich im Vergleich zu meinen bisherigen Erfahrungen als ungeheuerlich. Nach einer Weile wechselt sie die Stellung, hockt sich über mein Gesicht, sodass ich nichts anderes mehr sehe als ihre feuchtweichen Schamlippen, die sich gegen meinen Mund und gegen meine Zunge drücken. Sie leckt und saugt immer weiter, legt schlimme Pausen ein, in denen sie darüber redet, was ich für einen saugeilen Schwanz hätte, sie treibt mich an den Rand des Wahnsinns, und als ich halb ohnmächtig bin, darf ich endlich kommen und sie saugt jeden einzelnen Tropfen auf, schluckt ihn herunter und leckt sich die Lippen. Ich bin total erledigt, aber Corinna lässt sich mit gespreizten Beinen auf den Rücken fallen und sagt: »Du bist dran, Chérie.«

»Himmel, was für eine geile Sau«, denke ich, »kann ich so etwas jetzt bitte immer haben?« Währenddessen versuche ich, ihr unter Zuhilfenahme meiner Zunge und diverser Finger in etwa das Gleiche anzutun, was sie mir eben zugemutet hat. Gegen Ende muss ich an Woody Allen denken und die schöne Fragestellung aus *Was Sie schon immer über Sex wissen wollten*: »Ist Sex eigentlich eine schmutzige Sache?« Antwort: »Wenn man es richtig macht, schon!«

Nachdem wir den wenig später erschienenen Champagner geleert haben, finde ich mich erneut in der Horizontalen wieder, diesmal auf dem Rücken und mit meinem Schwanz zwischen ihren Brüsten, die sie mit den Händen zu einem warmen Tunnel zusammendrückt. Ich lerne die höchst interessante Optik eines Tittenficks mit Mundeinsatz kennen, besonders entzückt mich das Detail, dass Corinna sich vorher extra noch den Lippenstift nachgezogen hat, keine Frage, diese Frau weiß im Bett, was sie tut. Doch noch bevor ich die finalen Freuden dieses Intermezzos genossen habe, zieht mich Corinna ins Bad, holt eine Tube Gleitcreme aus ihrer Handtasche, verteilt das Zeug sorgsam auf meinem Juniorpartner, dreht sich um und umfasst im Stehen ihre Knöchel, sodass ich außer Beinen und Arsch gar nichts mehr sehe. Erst bin ich unschlüssig, doch Corinna, der das offenbar zu lange dauert, greift nach hinten und führt meinen Schwanz ohne größere Umwege direkt in ihren Popo. Dabei ruft sie Sachen wie: »Du geiles Schwein, fickst du alle Frauen am ersten Abend in den Arsch?«, was mir zunächst äußerst ungerecht vorkommt, denn ich habe dergleichen noch nie getan. Die Stellung allerdings ist nicht unkompliziert, denn weil ich zu ungestüm zur Sache gehe, kippt sie ein paarmal nach vorn und bumst mit dem Kopf gegen die gekachelte Wand, was ihr aber nichts auszumachen scheint, ganz im Gegenteil, die Laute, die sie ausstößt, klingen wie eine Mischung aus Sprachfehler und Wolfsgeheul. Immerhin kann ich dem entnehmen, dass sie es gerne mag, auf so schändliche Weise benutzt zu werden. Ich mag das auch, und obwohl ich es kaum glauben kann, komme ich zum dritten Mal an diesem Abend. Allerdings relativiert sich mein Vergnügen, als ich meinen Schwanz nach dem Finale aus ihrem Allerwertesten ziehe und auf ihm die nicht wirklich appetitlichen Überreste unseres Candle-Light-Dinners entdecke. Jetzt begreife ich, warum Corinna sich für den rektalen Part dieser Nummer ins Badezimmer begeben wollte, sie zieht mich unter die Dusche, wo sie erst mich, dann sich fein säuberlich abseift, ehe sie mich zu einer weiteren Nachbereitung zurück ins Hotelbett lotst. »Corinna, Liebes, ganz im Ernst, ich kann nicht noch mal«, sage ich ermattet, denn sie macht Anstalten, sich mit ihrem Mund erneut meinem emotionalen Zentrum zu nähern. Doch Corinna ficht das nicht an, sie schaut mir von unten in die Augen und sagt: »Entspann dich einfach, das wird schön, versprochen.« Wird es auch, denn immerhin lerne ich, dass auch ein weicher Schwanz bei genüsslichem Saugen und einer Massage zwischen Zunge und Gaumen höchst erfreuliche Gefühle produziert, und seien es nur die von totaler Geborgenheit.

Nicht, dass sich zwischen Corinna und mir etwas Langfristiges ergeben hätte, wir treffen uns noch ein paarmal im Hotel und ich lerne, dass sich auch Tiefgaragen, leere Hotelflure und sogar Restauranttische mit langen Tischdecken für diverse Variationen des immer gleichen Themas nutzen lassen. Doch als sie wenig später einen Job in München findet, schläft der zunächst noch sporadische Kontakt langsam ein.

Gut drei Jahre später habe ich Corinna wiedergesehen, trotz Ende 30 immer noch ein prächtiges Weib, mit ihrer Karriere hat sie abgeschlossen, denn inzwischen ist sie mit dem 69 Jahre alten Vorstand eines mittelständischen Unternehmens verheiratet. Wir unterhalten uns kurz. Als ich sie hoffnungsvoll frage, ob sie noch etwas vorhabe an diesem Abend, haucht sie einen Kuss auf ihren Zeigefinger, drückt ihn mir auf die Lippen und flüstert: »Aber, aber, du kleiner Wilder, ich bin jetzt eine anständige Frau!«

Nicht, dass ich mich verweigern würde, wenn Elke manchmal, aber wirklich nur ganz manchmal, in mein Schlafzimmer kommt und unter meine Bettdecke huscht, aber ich denke dann an richtigen Sex.

## Passauer Abendblatt

### Delikater Erbstreit um Familienvermögen

Es ist das Tuschelthema der feinen Passauer Gesellschaft. Nach dem Herztod des bekannten Geschäftsmannes und Kunstmäzens Hubert B. ist ein delikater Erbstreit um das mehrere Millionen Euro schwere Familienvermögen entbrannt.

Wie das »Passauer Abendblatt« erfuhr, haben die erwachsenen Söhne Hans B. und Horst B. Klage gegen die junge Witwe Corinna B. erhoben. Sie fechten das Testament an, mit dem Hubert B. seine Gattin nach nur sechs Monaten Ehe zur Alleinerbin gemacht hat.

Ein Gutachter soll Zweifel an der Echtheit des Dokumentes geäußert haben. Zudem ließ Familie B. offenbar Nachforschungen über Corinna B. anstellen, die äußerst pikante Details zutage gefördert haben sollen. Wie es heißt, habe die attraktive blonde Frau eine Vergangenheit im Frankfurter Rotlichtmilieu und Hubert B. sei ihr sexuell hörig gewesen.

Auch die Todesumstände von Hubert B. werfen Fragen auf, nach dem Polizeiprotokoll, das dem »Passauer Abendblatt« vorliegt, starb er bei extravaganten Spielen mit seiner Gattin in einem Swingerclub.

## Bürobeischlaf

Wir leben neuerdings in der Nähe von Hamburg, ganz nahe meiner alten Heimat.

Hermann hat sich zur Ruhe gesetzt und Hermann & Friends samt Kunden und meiner Wenigkeit an eine große, deutschlandweit tätige Agentur verkauft, die auf Expansionskurs ist. Eine von den Top 100, die irgendwann eine von den großen Zehn sein will. War kein schlechter Deal, weder für Hermann noch für mich. Klar, es ist anders in dieser Medienhauptstadt, und mein Autokennzeichen am nagelneuen Dienstbenz steht nach meinen ersten Erkenntnissen ausschließlich für Haifischbecken Hamburg. Im Job hat sich eine Menge geändert. Ich bin nicht mehr der einzige junge Star, und ich stelle fest, dass man hier mindestens so viel Ellenbogen einsetzen muss wie beim Basketball. Doch davor hab ich noch nie Angst gehabt.

Elke liebt Hamburg. Sie hat uns in kürzester Zeit einen neuen Freundeskreis zugelegt und sie genießt es, das viele neue Geld mit vollen Händen auszugeben. Sie wirkt glücklich, geradezu unverschämt glücklich, wenn man alle herrschenden Umstände bedenkt, und sie fährt auch nicht mehr so oft allein in den Urlaub, sie richtet unser neues Haus im kleinen Vorort nordwestlich der Stadt mit absolut sicherem Instinkt für Stil und Wohlstand ein. Der Kredit, den wir fürs Erste noch aufnehmen müssen, schmilzt angesichts der erfreulichen Bonuszahlungen der Firma wie der letzte Klacks Schnee neben den Maiglöckchen. Auch die Kinder haben den Umzug gut weggesteckt, sie blühen auf, tollen mit den Nachbarsjungs durch den Garten, wahrscheinlich genießen sie, dass Mama plötzlich ausgeglichener ist.

Ich bin ebenfalls recht zufrieden. Denn neben den wechselnden außerehelichen Leibesübungen tut sich neuerdings wieder etwas im heimischen Bett. Dies merkwürdigerweise, gleich nachdem zum ersten Mal eine meiner Affären aufgeflogen ist. Inzwischen haben Handys Einzug in unsere Leben gehalten und ich bin mit diesen zunächst revolutionären Dingern namens SMS ein wenig unvorsichtig gewesen, die Lektüre ließ Elke keinen Zweifel, dass LeiLa durchaus in der Lage ist, für seinen Spaß selbst zu sorgen. Zumal die junge Dame, die mir auf einem Empfang im Hamburger Rathaus für kurze Zeit zugelaufen ist, diverse sexuelle Handlungen der vergangenen und künftigen Tage unangenehm genau beschrieben hat, was mir einige ungemütliche Abende bereitet.

Doch letztlich muss man sagen: Elke macht kein großes Drama daraus. Am Bettchen unseres schlafenden Sohnes nimmt sie meine Hand und sagt: »Dagegen ist doch alles andere unwichtig, oder?«

Noch am gleichen Abend kehrt der Sex in unser Eheleben zurück, was ich sehr begrüße, doch irgendwie misstraue ich dem neu gewonnenen erotischen Reichtum, und so praktizierte ich nach einer kurzen Auszeit auch weiterhin außerehelich. Nur SMS lösche ich seitdem, sobald ich sie gelesen oder versendet habe, und auch die Freisprechanlage bleibt aus, wenn Elke mit im Wagen sitzt. Schließlich gibt es nichts Peinlicheres als eine lauschende Gattin, wenn gerade so ein Hase anruft und über Lautsprecher fragt: »Was machst du heute Abend, Schätzchen?«

Mein aktueller Hase heißt Susanna, sie ist meine Assistentin. Nach etwa vier Wochen vögele ich sie das erste Mal, und ich glaube, dies wird auch von mir erwartet, die anderen machen es auch nicht anders. Susanna ist groß, hübsch, schlank, schlau, 31 Jahre alt, blonde Haare, grüne Augen, die sie zur Tarnung hinter einer Brille versteckt, vor allem ist sie über alle Maßen pragmatisch. Als ich beschließe, sie ins Bett kriegen zu wollen, kommt sie diesem Ansinnen ohne längeres Zögern nach. Eigentlich wäre ich lieber davon überzeugt, dass sie in mich verknallt ist, aber sie hat offenbar auch schon mit meinem Stellvertreter geschlafen, und wenn ich hier mal rausfliege, wird es sicher nicht lange dauern, bis sie sich auch mit meinem Nachfolger arrangiert.

Eingestellt in dieser schönen alten Agentur hat mich Vorstandsmitglied Müller-Mannhagen, von dem ich inzwischen weiß, dass ihn vor allem die jüngeren Sekretärinnen nur »M&M« rufen und dabei an seine Körpermitte sowie die Werbung »Schmilzt im Mund und nicht in der Hand« denken müssen. Müller-Mannhagen ist höchstens 45 Jahre alt, dennoch schon Teilhaber und in vielerlei Hinsicht wird er mein neues Vorbild. Er hat den Deal mit Hermann & Friends eingefädelt, er ist ein knochenharter Hund, was er mit betont hanseatischem Auftreten zu verbergen sucht. M&M erhebt einfach nie die Stimme, ist selbst dann noch höflich, wenn er jemandem den Brieföffner in die Kehle rammt, und pflegt dazu noch die seltsame Angewohnheit vieler Hanseaten, in leisen Sätzen zu sprechen, die im Nachhall den Verdacht erwecken, in ihnen könnte möglicherweise ein wichtiger Hinweis auf etwas versteckt sein, was aus Höflichkeit unbedingt ungesagt bleiben sollte.

M&M hat mir die Entwicklungsabteilung der Agentur mit den Worten »Wir denken darüber nach, ob es nicht gut wäre, einige ganz andere Ideen zu entwickeln« übertragen. Als ich fragend die Augenbrauen hebe, erfahre ich, dass mich Hermann als kreativsten Querdenker aller Zeiten angepriesen hat, und meine Kampagnen haben sie in dieser verwegenen Annahme offenbar bestärkt, jedenfalls äußert sich M&M sehr lobend über das, was er in unserem Kölner Archiv gefunden hat.

Müller-Mannhagen sagt: »Wir sind ein wenig beunruhigt über die neuen Märkte und dass wir noch keinen Zugang gefunden haben. Unsere Entwicklungsabteilung ist sehr technisch, wissen Sie, gute Köpfe, solide in der Umsetzung, aber uns fehlt ein Schuss von revolutionärem Geist. Wenn Sie gute Ergebnisse bringen, ich meine richtig gute, dann ist auch der Weg zum Partner nicht weit. Wenn Sie bloß Geld verbrennen, wird Ihre Zukunft natürlich irgendwo anders liegen müssen. Denken Sie über die neuen Medien nach, da liegt das Geld der nächsten Jahre.«

Ich bin mir nicht sicher, ob diese Personalentscheidung wirklich eine gute Idee ist, denn von den neuen Medien habe ich schlicht überhaupt keine Ahnung, doch ich habe mich schon durch andere Sachen im Leben durchgeblufft, und irgendwie hat es ja immer funktioniert.

Außerdem hat M&M ja gar nicht unrecht. Wir stehen vor dem ersten Boom der New Economy, und als Erstes habe ich mich mit Aktien von etwa einem Dutzend Start-up-Unternehmen eingedeckt, die mir mit ihren Ideen die Bude einrennen. War natürlich Elkes Idee. Kommen für ein paar Piepen auf den Markt, die Dinger, verzehnfachen ihren Wert in ein paar Wochen, 90 von 100 sterben innerhalb des ersten Jahres wieder, aber die, die überleben, werden Goldgruben. Wirtschaftlich gesehen, der helle Wahnsinn, ich las darüber eine lange Reportage im *Handelsblatt*. Allein die Läden im Silicon Valley haben Ende der 90er einen Aktienwert, der dem der gesamten amerikanischen Stahlindustrie entspricht, dabei haben sie bloß ein paar Computer und einen Haufen ungewaschener Kreativer in ihren kleinen Büros sitzen, aber die Märkte sind völlig vernarrt in sie, und wer versteht schon die Märkte?

Und jetzt geht das auch in Deutschland los. Streng genommen könnte man bei meinen Aktivitäten an der Börse auch an hässliche Straftatbestände denken, aber mein Steuerberater meint, beim Insiderhandel müsse man sich schon wirklich dämlich anstellen, bevor es unangenehm wird, und schließlich würde ja nicht ich persönlich die Aufträge an die kleinen Internetklitschen vergeben, das könne ja nur der Vorstand. Und so macht mir dieses neue Betätigungsfeld viel Freude, und was kann ich denn schon dafür, dass ich ausgerechnet vier Wochen vor der entsprechenden Pressemitteilung über die Kooperation zwischen Internetklitsche und uns, dem kräftigen Bullen am Werbemarkt, beschlossen habe, mir die richtigen Aktien zuzulegen, schließlich achte ich aus strafrechtlichen Gründen immer darauf, dass ich streue und zur Hälfte auch frei nach Schnauze kaufe, was mir einige Blindgänger in meinem Aktienportfolio beschert, aber so kann ich im Falle eines Falles jederzeit nachweisen, dass ich gezockt habe und einfach Glück hatte in diesen Goldgräberzeiten.

Also schwappt bald die erste Viertelmillion auf mein Konto, ein halbes Jahr später sind es schon 500 000 Euro, Tendenz rapide steigend, und wenn das so weitergeht, ist auch das Haus im feinen Othmarschen nicht mehr weit. Aber weil ich im Herzen doch ein Bausparer bin, nehme ich stets die Hälfte der schnellen Gewinne, stoße die heißen Investments ab und investiere in konservative DAX-Werte. Man muss ja auch an die Zukunft denken, und für die hat Elke definitiv so etwas wie Elblick eingeplant.

Susanna entzückt mich derweil mit unkompliziertem Sex an den unmöglichsten Orten, nicht zuletzt auf der für mich reservierten Herrentoilette gleich neben meinem Büro. Zu denken, sie wäre lediglich ein karrieregeiles Büroluder beim Versuch, sich nach oben zu vögeln, wäre dennoch ungerecht. Manchmal, wenn ich gegen 23 Uhr nach einem anstrengenden Meeting ihre kleine Wohnung verlasse, wirkt sie aufrichtig betrübt, und sie wächst mir zusehends ans Herz.

Als ich Susanna ein paar Monate vorher kennenlernte, saß sie mir aufmerksam und ängstlich gegenüber, sie war die Assistentin meines Vorgängers und fürchtete nun, in den Sachbearbeiterpool gesteckt zu werden, falls ich mir eine Neue wünschte. Ich fragte sie: »Kann irgendwer hier irgendetwas besser als du?« Sie senkte den Blick und schüttelte den hübschen Schopf. »Fein«, sagte ich, »dann reserviere uns heute Abend mal einen Tisch mit Elbblick.«

Bei Scampi und Weißwein entdeckte ich, dass Susanna nicht nur eine reizende junge Frau ist, sondern auch ein ausgesprochen helles Köpfchen. Wir gingen jeden einzelnen meiner 22 neuen Mitarbeiter durch, seine Stärken, seine Schwächen, seine Kreativität und seinen Leistungswillen, und nur bei Lehmann, meinem Stellvertreter, scheute sie ein bisschen vor der Beurteilung zurück. »Schläfst du mit ihm?«, wollte ich wissen, sie wurde rot und verstummte. »Wenn schon in der eigenen Firma«, fügte ich hinzu, »dann such dir lieber die richtigen Leute.« Susanna verzog keine Miene, aber in ihren forschenden Blicken las ich, dass sie die Einladung verstanden hatte.

Und Susanna ist wirklich ein hübsches Mädchen! Von Tag zu Tag registrierte ich erfreuter, dass sie mich einen Tick länger anschaute, als es sein musste, dass sie auch mit Fragen zu mir ins Büro kam, die sie gut und gerne selbst entscheiden konnte, und immer öfter folgte auf das dienstliche Gespräch ein Miniflirt, an dessen Ende sie lachend aus der Tür schwebte und mir von dort noch einen letzten Blick zuwarf. Zielsicher beauftragte ich sie damit, uns einen Kongress in München zu buchen, in dessen Verlauf sie meine Geliebte wurde, ich musste gar nichts machen, nach dem Abendessen nahm ich einfach ihre Hand, suchte mein Hotelzimmer auf und die Natur nahm ihren Lauf.

Als ich ihr Gehalt zwei Monate später um 50 Prozent erhöhte, wurde sie rot und sagte verschämt: »Aber nicht deshalb, oder?«

»Natürlich nicht«, antwortete ich. »Du bist einfach gut, die Einzige, die diesen irren Laden hier im Griff hat. Ohne dich wäre ich aufgeschmissen, wirklich.«

Es ist so einfach, wirklich schrecklich einfach, wenn man nur weit genug oben in der Hierarchie sitzt, und ich überlasse dem Cowboy das Feld, denn ganz ehrlich: Mein Kumpel Robert, der jetzt über 1000 Kilometer entfernt in Italien lebt, hat recht gehabt. Vögeln bringt Spaß, viel vögeln bringt viel Spaß, und mir scheint, dass jetzt obendrein ein Lebensabschnitt beginnt, in dem ich auch noch viele Frauen abwechselnd vögeln kann. Weshalb mir nach ein paar Monaten sogar Susanna ein klein wenig lästig wird, obwohl ich an ihrer Performance im Bett nicht das Geringste auszusetzen habe. Ich spiele mit dem Gedanken, sie als Assistentin in die Vorstandsetage zu befördern, denn Müller-Mannhagen lässt seine Blicke bisweilen voller Wohlgefallen auf ihr ruhen. Und mal ganz ehrlich: Die eigene Assistentin zu vögeln, die einen zweimal am Tag am Telefon mit der Ehefrau verbindet, riecht nach Komplikationen. Aber auch noch die Geliebte zu betrügen, die sowohl meinen privaten wie auch beruflichen Terminkalender führt, wird irgendwann richtig Ärger geben, und das ist so sicher wie die Morgenlatte.

Manchmal, aber wirklich nur ganz manchmal, denke ich darüber nach, dass ich schon ein ziemliches Arschloch geworden bin. Aber zwischen Susannas kleinen, festen Brüsten haben solche Gedanken keine lange Halbwertszeit, und ich stürze mich in meine neuen Aufgaben im Büro.

Für heute steht auf meinem Terminkalender eine kleine Internetklitsche. Trägt den verschrobenen Namen Digital Pixelpunk, soweit ich Lehmann verstanden habe. Lehmann ist Internetfreak, eine Nervensäge und ein guter Kopf. Ich nehme an, dass Lehmann mich verabscheut. Wollte meinen Job haben oder Susanna behalten oder beides, ich weiß es nicht, und ehrlicherweise ist es mir egal. Aber er ist ein Kämpfer, erinnert mich vage an den jungen LeiLa auf dem Basketballfeld. Gibt einfach nicht auf, auch wenn er zehn Punkte hinten liegt, was in seinem Fall heißt, dass er mir die Sachen fünfmal erklären muss. Redet von Datenbanken, Zugriffszahlen, interaktiven Elementen, der Print-Online-Schere der Werbeerlöse, die sich im zweiten Jahrzehnt des neuen Jahrtausends schließen wird. Das nervt mich manchmal. Aber was soll's, allein bin ich auf meinem schönen Chefsessel aufgeschmissen. Also betrete ich den Konferenzraum, um mir die Leute von Pixelpunk anzusehen. Lehmann meint, die seien auf etwas gestoßen.

Zum Meeting komme ich ein kleines bisschen zu spät, das ist natürlich Ehrensache, außerdem habe ich Susanna von ihrer Aussicht auf baldige Beförderung erzählt, was sie mit staunenden Augen und der Frage aufnahm: »Und was wird aus uns?«

Eine Frage, die ich nicht direkt beantwortet habe, aber ich bin mir sicher, M&M wird ihr die Antwort auf seine unnachahmliche Art und Weise schon näherbringen, er war entzückt, als ich ihm Susanna gestern für seinen Assistentinnenpool empfahl, und hat mir väterlich auf die Schulter geklopft. Bei dem habe ich einen gut, Susanna ist versorgt und kluge Männer können ihre Karrieren einfach nicht präzise genug planen.

Von: **Susanna**
Betreff: **Wie geht's denn Dir?**

Lieber Leif,
ich bin ein bisschen verunsichert. Wir sehen uns nicht mehr, wir treffen uns nicht mehr, es ist, als ob das, was uns verbunden hat, wie mit

einer Schere durchtrennt wurde, und ich würde gerne mit Dir darüber reden. Natürlich weiß ich, dass Du viel zu tun hast, aber ich frage mich die ganze Zeit, was passiert ist, ob ich Dich verletzt habe, als ich Dein Angebot, zum Vorstand zu wechseln, so bedenkenlos angenommen habe? Vielleicht wolltest Du gar nicht, dass ich gehe?
Aber dann denke ich, dass vielleicht auch Du es bist, der das zwischen uns beenden will.
Ich habe gemerkt, wie sehr Du an Deiner Familie hängst. Und Du weißt, dass ich ein sehr pragmatischer Mensch bin, ich glaube, Du weißt auch, dass ich Dir keine Szene machen werde, wenn Du mir sagst, dass Du Dich lieber mit Deiner Frau versöhnen möchtest. Aber hören würde ich es schon gerne von Dir, und zwar von Angesicht zu Angesicht.
Ich bin Dir natürlich sehr, sehr dankbar für die Chance, die Du mir verschafft hast. Das Leben als Assistentin von Müller-Mannhagen ist aufregend, die vielen Einblicke, die ich in alle Bereiche der Firma erhalte, die Vorstandssitzungen, in denen ich Protokoll führe, das alles ist unglaublich spannend. Müller-Mannhagen hält übrigens große Stücke auf Dich, gerade gestern hat er Nottbohm gesagt, Du wärest der klügste Kopf, den die Firma jemals eingestellt hat.
Ich muss jetzt Schluss machen, in zwei Stunden geht der Flieger, Müller-Mannhagen hat Termine bei Neukunden in London und New York, und stell Dir vor, er nimmt mich mit und keine von den anderen. Ich werde 5 Sterne wohnen und mir die Welt ansehen, ist das nicht wundervoll? Die gucken jetzt allerdings alle ein bisschen schief hier bei uns im Team, ich hoffe, die kommen nicht auf falsche Gedanken. Ich freue mich sehr auf die Reise und denke, sie wird wahnsinnig aufregend werden.
Wollen wir uns treffen, wenn ich wieder da bin? Bitte sag nicht Nein.

Ein Kuss
von Deiner Susanna

..................................................

Von: **Susanna**
Betreff: **Back in town!**

Lieber Leif,
Ich bin wieder da, ich habe Jetlag, und ich bin traurig. Du hast mir auf die letzte Mail nicht geantwortet, und ich fürchte, ich weiß, was das heißt. Wenn Du mir auf diese Mail auch nicht antwortest, werde ich es nicht noch einmal versuchen.
Auch mir ist auf dieser Reise klar geworden, dass das mit uns keine Zukunft hat. Aber wir können uns ja weiter mögen, oder?

Alles Liebe
Susanna

PS: Martin ist wirklich ein faszinierender Kerl. Irgendwie seid ihr alle so in dieser seltsamen Branche.

.............................................................

Von: **M. Müller-Mannhagen**
Betreff: **Personal**

Leif, mein Freund!
Ich möchte mich bedanken, dass Sie mir Ihre fantastische Susanna empfohlen haben, ich habe gar nicht gewusst, was für Talente in ihr stecken. Sollten Sie mal Sorgen im Projekt haben, scheuen Sie sich nicht, mich anzusprechen, auf meine Unterstützung können Sie zählen.

Beste Grüße
Martin Müller-Mannhagen

.............................................................

# Raupen retten

Der Pixelpunk ist gar nicht uninteressant. Nicht direkt die Präsentation, von der ich wenig verstehe. Was mich einfach umhaut, ist die Frau, die der jeansbehoste Chef dieser Klitsche mitgebracht hat. Laura Anders, so heißt sie, vielleicht werde ich deshalb im voll besetzten Konferenzraum auf sie aufmerksam, denn zu meinem Namen fehlen ja bloß drei Buchstaben. Der Pixelpunk erklärt, dass sie eine junge, hoffnungsvolle Mitarbeiterin ist, die ein bisschen Erfahrung im Umgang mit Kunden sammeln soll. Danach sehe ich bloß noch, wie sie immer weiter im Kragen ihres Pullovers verschwindet und anfängt, auf ihrer Halskette zu kauen. Lange, dunkelbraune Haare, ein irgendwie unregelmäßiges, aber unfassbar schönes Gesicht. Braune Augen, die unverwandt auf den Block vor ihrer Nase geheftet sind und in denen man vermutlich tauchen könnte. »Ein Reh«, denke ich, »ein verdammtes, scheues Reh, und das fühlt sich gar nicht wohl hier unter all den Mackern. Würde jetzt lieber barfuß über eine Blumenwiese laufen«, vermute ich und sehe dabei das Rheinufer vor mir, an dem ich einst sorgenfrei herumgetollt bin.

Die Präsentation rauscht ein wenig an mir vorbei, schließlich gebe ich mir einen Ruck. »Können wir mal kurz anhalten?«, frage ich den Pixelpunk. Er sagt eifrig: »Aber klar, ich würde Ihnen nur noch gerne kurz …«

»Anhalten!«, beharre ich. »Präsentation liegen lassen, mitkommen, falls Sie mir wirklich was verkaufen wollen.«

Lehmann rollt genervt mit den Augen, meine Leute grinsen unsicher. Ich lotse die gesamte Schar in den Fahrstuhl. Es ist einer der ersten richtig schönen Frühlingstage und ich führe sie aus dem Haus und zu den nahen Alsterwiesen. »Ich kann besser denken, wenn ich etwas fühle«, erkläre ich dem Pixelpunk, ziehe Schuhe und Socken aus und laufe auf den Rasen. »Wenn's geht, fangen Sie noch mal von vorn an, aber diesmal ohne Ihre bunten Bilder.«

Wir geben ein wirklich bescheuertes Bild ab, ich barfuß, die ganze Schar hinter mir her, Lehmann verzweifelte Grimassen schneidend, der Pixelpunk eifrig redend, aber es ist mir egal. Später wird diese Episode zu den kleinen Legenden rund um meinen Aufstieg gehören, sie wird meinen Ruf festigen als der genialste, irrsinnigste, unberechenbarste Querkopf, den diese Firma je in ihren Reihen hatte, ein Mann, dem wirklich alles zuzutrauen ist. Und noch viel später wird sie meinen Fall begleiten, denn man habe spätestens nach dem barfüßigen Beginn der abenteuerlichen Internetreise gewusst, dass ich nicht in diese Agentur, sondern in die Klapse gehöre.

Doch selbst wenn ich das alles jetzt schon wüsste, wäre es mir egal. Denn auch Laura hat ihre Schuhe abgestreift und lächelt. Sie ist zurückgeblieben, hat sich am Weg hingehockt und lässt eine Raupe auf ihren rechten Zeigefinger klettern. Ich gehe zu ihr und hocke mich neben sie, der Rest hält ratlos Abstand. Laura steht auf, trägt das grüne Viech behutsam zum nächsten Busch und setzt es auf einem Blatt ab. Ich sehe ihr schweigend zu. Laura blickt mich an und lächelt. »Auf dem Weg wäre jemand draufgetreten.«

Sie beobachtet die Raupe, ich beobachte Laura und ich kann ihre Liebe zu diesem Tierchen spüren: ohne Vorbehalte, ohne Berechnung, ohne andere Gedanken als an das Hier und Jetzt, das aus einem kleinen, grünen Borstenviech besteht, welches sich langsam und undankbar in das Blattwerk des Busches verkrümelt. Während ich am Wegesrand hocke, überkommt mich ein überwältigendes Gefühl von Zuneigung, gleichzeitig weiß ich, dass ich, wenn ich hier noch länger in der Hocke bleibe, bald gar kein Blut mehr in den Oberschenkeln haben und umkippen werde, also rappele ich mich auf. Dann sage ich mit belegter Stimme: »Danke!«, und sie scheint sich nicht zu wundern, warum ich das tue, sondern quittiert es mit einem zufriedenen Lächeln, so als wären wir beiden schon ewig auf diesem Planeten unterwegs und würden jeden Tag dessen Geschöpfe retten.

Die Konferenz ist bis auf Lehmann jetzt zur Gänze barfüßig und endet unter vergnügtem Geschnatter aller Anwesenden auf einem Anleger des Alsterufers, wo ich Lehmann auf Kosten der Agentur die Drinks bezahlen lasse. In einem kleinen Winkel meines Gehirns frage ich mich, was passieren würde, wenn ich beim nächsten Mal die Hosen herunterlasse, ob es dann alle meine jungen Mitarbeiter nachtun würden, und dieser Gedanke irritiert mich so sehr, dass ich den Pixelpunk und Laura freundlich verabschiede, die Versammlung in der Obhut des verzweifelten Lehmann lasse und mir ein Ruderboot ausleihe, mit dem ich die Konferenz auf dem Wasserweg verlasse.

Auf der Mitte der Alster halte ich inne, betrachte die Segelboote und frage mich, was mit mir los ist. Doch kein Cowboy antwortet, er hat vorhin auf der Wiese ein verbiestertes »Und jetzt retten wir auch noch beschissene Raupenviecher« gemurrt, ist in den Sattel gestiegen und hat sich, wie ich bald feststellen werde, für lange Zeit vom Acker gemacht.

## Eine Dreiviertelmillion

Am nächsten Tag lasse ich mir von Lehmann das Konzept der Pixelpunker erklären. Klingt irgendwie gut. Ein großes Portal, scheißegal, was, beispielsweise der Internetauftritt einer Zeitung oder eines Fernsehsenders, hat Millionen User, die durch die Auswahl der Artikel oder Filme verraten, was sie wollen, was sie mögen, was sie interessiert, und nicht zuletzt, wer sie sind. Das Portal haut den Leuten im Gegenzug etwas auf die Festplatte, was sich Cookie nennt. Dieser kleine Kuchen verrät beim nächsten Mal, was der Typ bei uns wollte, und wir bespielen ihn aus unseren Datenbanken mit passender Werbung. Hat sich der geneigte Kunde einen Artikel über Kinderkrankheiten angeschaut, knallen wir ihm die Werbung von Toys«R"Us rein, hat er den Fahrbericht vom neuen Benz gelesen, kriegt er Leasingangebote, hat er sich die Titten von Pamela Anderson angeguckt, drehen wir ihm ein *Playboy*-Abo oder Schlimmeres an. Und selbst wenn er sich die Bilder von der Berliner Gay-Pride-Parade anschaut, könnten wir ihn noch versorgen, weil wir dann einfach mal annehmen, dass er bisweilen Verwendung für Gleitcreme oder praktische Intimrasierer hat. Qualifizierte Werbung wird sich das wenige Jahre später nennen und ein Konzern wie Google damit Milliarden verdienen, wenn auch mit einem wesentlich ausgefeilteren Konzept. Aber Google residiert noch weit in der Zukunft, und zunächst liegt diese irgendwie einleuchtende Idee neben meinen Füßen und zwischen Lehmann und mir auf dem Tisch des Konferenzraumes.

»Lehmann, mal ganz im Ernst, das ist so einfach, da ist doch ein Haken dran?«, frage ich.

Lehmann verliert sich in einer undurchschaubaren Erklärung über datenbankbasierten Content, datenbankbasierte Werbung, unerklärliche Schnittstellen und gigantische Datenmengen, für die kein Mensch bezahlbare Serverkapazitäten habe und die die Übertragungsgeschwindigkeiten des Internets um Längen überfordern würden. Da ich das nur im Ansatz begreife, bohre ich an anderer Stelle nach. »Ist das legal mit diesem Cookie oder wie das heißt?«

Lehmann nickt.

»Aber warum macht das noch keiner?«

»Machen alle, um die Reload-Prozesse zu optimieren, die Inhalte werden dann nicht aus dem Internet, sondern dem lokalen Arbeitsspeicher abgerufen. Benutzt aber noch keiner für Werbung, soweit ich weiß!«

»Aha«, denke ich mir, »das werde ich in 100 Jahren nicht begreifen.«

Lehmann fängt an, Zahlen auf seinem Notizblock zu kritzeln, und ich frage: »Teuer?«

Er kaut nickend auf seinem Kuli und gibt zu bedenken: »Wir sind kein Internetprovider, kein Nachrichtenportal und kein Fernsehsender, das können wir doch gar nicht, vielleicht ist das auch nichts als eine gute

Idee beim falschen Kunden. Vielleicht müssen die sich einfach jemand anderen suchen.«

Ich grübele ein wenig herum und sage: »Aber Werbung verkaufen, das können wir, oder? Werbekonzepte verkaufen vermutlich auch.«

Lehmann sieht mich fragend an und es ist an der Zeit, ein wenig Führungsstärke zu demonstrieren.

»Wie viel?«, will ich wissen. »Was kostet das, mit all diesem Datenbankscheiß und so? Könnten wir so was stemmen? In einer Woche will ich einen Entwurf, in vier Wochen ein Konzept, in zwei Monaten die Leute, die so was bauen können. Und ich will diesen Pixelpunk hier haben. Gleich morgen.«

Lehmann trollt sich zweifelnd. Aber am nächsten Morgen kommt der Pixelpunk und bringt Laura mit.

Wenn ich ganz ehrlich bin, war das zunächst alles, was ich wollte. Diesmal lasse ich die Schuhe an und rede mit dem Pixelpunk über das Kaufmännische, davon habe ich wenigstens Ahnung. Er offenbar nicht. Er hat gerade sein Diplom in Informatik gebaut, und für ihn sind Summen mit fünf Nullen bereits eine unvorstellbare Menge Geld. Ich ahne: Für 100 Riesen und eine kleine Beteiligung kann ich seinen Laden kaufen, wenn ich will.

Laura verkriecht sich nicht mehr ganz so tief in ihren Pullover, es ist der gleiche wie vorgestern, etwas anderes scheint sie nicht zu tragen. Sie mustert mich verstohlen, zum Abschied lächelt sie mir schüchtern zu, und als Lehmann, der Pixelpunk und die anderen schon zur Tür eilen, schiebe ich ihr einen Zettel über den Tisch, auf dem ich herumgekritzelt habe. Ich habe eine Raupe daraufgemalt, sonst nichts. Sie läuft rot an, aber den Zettel, den faltet sie und verstaut ihn sorgfältig in der hinteren Jeanstasche, und ihr Arsch ist fantastisch, aber irgendwie registriere ich das kaum.

Nach vier Wochen sitze ich bei den Partnern und stelle ihnen das Konzept des neben mir zappelnden Lehmann vor. Er hat rund 16 Stunden pro Tag daran gearbeitet, ich habe es von etwa 100 komplett unverständlichen Seiten auf fünf Seiten gekürzt, die sich dafür aber fantastisch lesen und mit »Weil wir wissen, was sie kaufen wollen!« überschrieben sind. Müller-Mannhagen habe ich seit Tagen bearbeitet, er müsste eigentlich auf meiner Seite sein. Hedegard, der Finanzvorstand, zeigt eine grimmige Miene, aber dazu ist er da. Paulsen, der Techniker, beschwert sich, dass ich ohne einen Funken Ahnung in seinen Gewässern fische, aber der ist egal, der gehört nicht mal zum Vorstand. Eigentlich sind die Jungs sowieso nicht wichtig. Wenn der ergraute Vorstandschef Nottbohm nickt, steigt die Sache, und mit dem war ich letztes Wochenende Golf spielen, wobei ich jeden seiner krummen Schläge gelobt und hinterher seine Bälle im Gebüsch aufgespürt habe. Er weiß, dass ich ein großer Sportler war, denn bei Wein und Zigarre danach habe ich versucht, ihm meine Nichts-ist-mutiger-als-Mut-Thesen nahezubringen. Er lächelte und brummte: »Ihr Kölner, immer laut und immer drauflos.« Er war überrascht, als ich ihm meine Abstammung aus der Hamburger Randgemeinde Pinneberg beichtete, denn da kommt auch er her und vor ihm sein Vater, und eigentlich gehört der Familie Nottbohm das halbe Nest, und er meinte sogar, sich an meinen Papa erinnern zu können, Gott hab ihn selig, der ein ordentlicher Kaufmann war.

Zum Abschied schlug mir Nottbohm auf die Schulter und brummte, dass der Laden wirklich mal frisches Blut gebrauchen könne, man würde seit Jahren im eigenen Saft schwimmen und dennoch nicht vom Fleck kommen.

Jetzt spricht Nottbohm leise und bedrohlich. »Schön und gut, wir sind hier eine Werbeagentur. Wir sind nicht die *Bild*-Zeitung und nicht das ZDF und auch nicht die Telekom. Wie stellen Sie sich das vor mit Ihren Portalen?«

Doch M&M springt mir bei, in Gedanken preise ich meinen genialen Einfall, ihm Susanna abgetreten zu haben. »Wir haben ihn eingestellt, damit er auch mal querdenkt, da sollten wir nicht gleich alles abbügeln, was er entwickelt.«

»Entwickelt, dass ich nicht lache!« Dieser berechtigte Einwand kommt von Paulsen, aber niemand nimmt Notiz von ihm.

Nottbohm, der als Hanseat offenbar auch maritime Neigungen hat, zeigt anklagend auf mich. »Und nur weil man dieses Hirngespinst möglicherweise, und ich betone: möglicherweise, verkaufen kann, sollen wir unter Führung eines Fähnrichs mit vollem Risiko in völlig unbekannte Fahrwasser dampfen, in dem die Anlaufinvestitionen noch nicht mal die größten Klippen sind?«

Meine Antwort habe ich mir lange zurechtgelegt, und ich habe mich dabei mehrmals gefragt, ob ich dafür gefeuert oder befördert werde.

»Lieber Herr Nottbohm«, sage ich, »verzeihen Sie bitte den Vergleich, aber wenn mir heute jemand für den Arsch von Herrn Paulsen zehn Millionen bietet, werde ich ihm das gute Stück in der Mittagspause für zwei Millionen abschwatzen und es innerhalb einer halben Stunde weiterverscherbeln. Ich persönlich bin hier, um Geld zu verdienen.«

Paulsen schnappt nach Luft, Nottbohm lacht schallend, Müller-Mannhagen stimmt ein. Hedegard wiegt bedenklich den Kopf, schließt sich dann aber der Mehrheit mit einem zaghaften Lächeln an.

In Paulsen habe ich einen Feind fürs Leben gefunden, so viel ist klar, aber ich mache weiter. »Auch wenn wir bisher eine sehr vornehme Schar von sehr konservativen Kaufleuten waren, sollten wir uns mit dem Gedanken anfreunden, dass der Werbemarkt in den nächsten Jahren vom Internet kannibalisiert werden wird. Ich halte es für klüger, dass wir uns die abwandernden Marktanteile selbst einverleiben. Es ist möglicherweise riskant, aber allemal besser, als sich von beweglicheren Konkurrenten langsam auffressen zu lassen. Ich weiß, ich sage das ein bisschen oft, aber ich denke, dass nur den Mutigen die Welt gehören wird.«

Nottbohm sieht von seinem Block auf und sagt: »Ich würde gerne mal allein mit dem jungen Kollegen reden.«

Als die anderen draußen sind, schaut Nottbohm mich an wie einen ungezogenen Sohn. »Junger Herr Kollege, wir reden hier über ein Anlaufinvestment, ich wiederhole: Anlaufinvestment, von über den Daumen gepeilt drei bis fünf Millionen Euro, wenn ich Ihren zusammengestoppelten Zahlen überhaupt glauben darf, die Folgekosten überhaupt noch nicht kalkulierbar.«

Aber ich habe mich mit der Hilfe von Müller-Mannhagen vorbereitet und erwidere: »Wenn wir Paulsens SAP-Projekt zwei Jahre nach hinten schieben, sollten wir die Mittel fürs erste Jahr freibekommen können.« Nottbohm sieht mich forschend an und brummt: »Wenn ich an unser Gespräch von neulich denke, wie mutig wären denn Sie, so ganz privat?«

Ich sehe ihn lange an.

Mein letzter Depotauszug hat dank der sich immer rasanter beschleunigenden Fahrt der neuen Märkte 751 500 Euro ausgewiesen, und ich habe meinen Entschluss getroffen.

»Sehr mutig«, sage ich und schaue Nottbohm fest in die Augen.

Gefeuert hat Nottbohm mich nicht.

Ich habe jetzt zwei Monate Zeit, mich mit Paulsen wieder zu vertragen, die Übernahme von Pixelpunk einzuleiten, einen Partner für die Technik zu finden und eine wirtschaftlich vertretbare Konzeption auszuarbeiten, die sich in groben Zügen so lesen wird: Wir kaufen Pixelpunk für möglichst kleines Geld und ein bisschen Erfolgsbeteiligung. Wir holen uns jeden verdammten Typen an Land, der Ahnung von Datenbanken hat, und bauen diesen Scheiß. Solange die technische Kapazität noch nicht für die geforderten Datenmengen reicht, verkaufen wir den Kram erst an kleine Kunden, mit dem eingenommenen Geld bauen wir aus und verkaufen an große. Wir legen ein revolutionäres, noch nie da gewesenes Verkaufsmodell auf, bei dem der Werbekunde erst mal gar nichts zahlt und dann nur nach nachweislich stattgefundenen Kundenkontakten abgerechnet wird. Wir werden drei Jahre in großem Stil draufzahlen, aber dann der verdammt noch mal größte Internetvermarkter Deutschlands sein, und wenn die Sache funzt, gehen wir an die Börse und machen Millionen.

Falls die Sache floppt, bin ich allerdings meinen Job los.

Tja, und irgendwie gibt's ja nie im Leben einen Wurm ohne Haken. Meine Dreiviertelmillion ist dann auch futsch.

Den Ausschlag für das Projekt hat gegeben, dass ich Nottbohm angeboten habe, alles Geld, das ich besitze, einzuschießen, unter der Voraussetzung, dass sie mich in der neuen Tochtergesellschaft zum Minderheitsgesellschafter und Geschäftsführer machen. Ich habe mich mit wahrhaft bescheidenen zehn Prozent am Erlös der ersten zehn Jahre zufriedengegeben, aber schon jetzt träume ich von einem Börsengang und vielen runden schwarzen Millionen, die mir dieser auf mein Konto spülen wird.

Elke ist so sauer wie noch nie.

»Du hast ihnen WAS angeboten?«, schreit sie mich an.

Ich schaue sie lange an, dann sage ich leise: »In fünf Jahren wohnst du an der Elbchaussee auf der feinen Seite. In zehn Jahren braucht keiner von uns jemals wieder zu arbeiten. Und wenn du mal alt und grau bist, kannst du dir so viele Rosenbubis kaufen, wie du willst, die halten schließlich auch nicht ewig.«

Es ist mein kühl und berechnend eingesetztes Killerargument. Elke gehört die Hälfte von meinem Geld – wenn sie sich querstellt, muss ich

Nottbohm beichten, dass ich hochgestapelt habe, und damit wäre mein Projekt im Eimer.

Elke reißt erschrocken die Augen auf und schweigt.

Ich mixe mir einen Wodka. »Ich warne dich, und zwar ganz offiziell. Wenn du mir bei dem Projekt in die Quere kommst, lasse ich mich scheiden und du kannst zu deinem Rosenbubi gehen und pro Abend 100 Tickets abreißen. Außerdem sind die Verträge eh schon unterschrieben. Und komm nicht auf falsche Gedanken, die Aktiendepots hab ich letzte Woche leer gemacht, das Geld liegt bei mir auf einem Konto, für das du keine Vollmacht hast.«

Elke ist perplex, so kennt sie mich nicht.

Elke geht packen.

Sie wird mit den Kindern zu ihren Eltern fahren. Nächste Woche beginnen ohnehin die Sommerferien und sie braucht Zeit zum Nachdenken.

Mir ist das nur recht.

In meiner Jackentasche steckt eine kleine goldene Raupe, die vergnügt auf einem Zweig sitzt. Hat ein Goldschmied nach meiner Zeichnung angefertigt, am oberen Ende befindet sich eine Öse für eine Halskette. Und sobald ich den Mut gefunden habe, werde ich sie möglicherweise sogar Laura schenken.

## Laura

Wir hatten nur ein Jahr.

Wir hatten ein eigenes Universum.

Ich habe es zerstört.

Und noch heute weiß ich nicht, wie ich es hätte bewahren können.

Laura und ich, das war Liebe in ihrer absolutesten Form.

Laura war Glück.

Laura war Verzweiflung.

Heute ist Laura für mich vor allem Demut.

Ich habe etwas gehabt, was viele Menschen wahrscheinlich nie erleben dürfen.

Eigentlich gibt es nichts, was denkbar schlechter zusammengepasst hätte als Laura und ich. Laura mit den feinsten Antennen für wahrhaftige Emotionen, die ich je bei einem Menschen gespürt habe, ich der Holzklotz, der nicht einmal seinen eigenen Gefühlen traut.

Laura, das Wesen aus dem bedingungslosen Hier und Jetzt, das keine Sekunde damit verschwendet, sich Sorgen um die Zukunft zu machen. Ich, der Mann, der jeden seiner Schritte plant, absichert, auf Rationalität untersucht und seine Erfolge vorbereitet.

Laura, ein Meer voller Liebe und Zuneigung. Ich, der in vielen Jahren emotional verkümmerte Machtmensch.

Laura, eine vollendete Anarchistin der Liebe, die keine Regeln bricht, weil es in ihrer Liebe keine Regeln gibt. Ich, der ängstliche Entdecker, der sich vor der einen, großen Liebe fürchtet, die er sein Leben lang gesucht hat.

Laura ist schwer zu beschreiben. Sie liebt, sobald sie liebt, bedingungslos, und nie verspricht sie einem Menschen Exklusivität, mag er sie noch so sehr erwarten.

Ich war, als ich Laura kennenlernte, schon weit fortgeschritten auf dem Weg, ein zweifelnder, zynischer Verächter zu werden. Und nach Laura bin ich noch ein gutes Stück weitergekommen.

Ich bin nicht religiös, um Himmels willen! Aber wenn ich es wäre, dann würde ich denken, dass mir ein strenger Gott im Moment des Zweifels gezeigt hat, was Liebe ist, um diese aus meinem Leben zu tilgen, sobald ich sie begriffen hatte.

Nein, Laura und ich haben nie zusammengepasst. Doch es gab eine Verbindung zwischen uns, einen Stecker wie zwischen zwei Computern, der die unterschiedlichen Betriebssysteme verbindet. Der Stecker war der Kleine in mir.

Wenn Elke mich jemals geliebt haben sollte, dann tat sie es, obwohl es diesen Kleinen in mir gab. Laura liebte mich, weil sie wusste, dass ich tief in mir drin immer der Kleine war, und vor dem Cowboy, den sie vom ersten Moment an in meiner Seele lauern sah, hatte sie zeit unserer Liebe Angst. Und trotzdem hätte ich sie haben können, für immer, wenn ich nur gelernt hätte, dass Liebe auch dann absolut ist, wenn man sie auf mehrere Menschen verteilt. Und wenn ich keine Angst gehabt hätte, die Liebe meiner Kinder zu verlieren, von der ich heute weiß, dass ein Mann sie nie verlieren kann.

Aber das sind Gedanken, die in einem leeren Leben und einem leeren Pensionszimmer entstehen. Als ich Laura kennenlernte, taumelte ich einfach hinein in die größte Liebe meines Lebens und in die Katastrophe, die sich anbahnte, weil ich keine Ahnung hatte, wie ich sie aufhalten sollte.

Elke ist weg, sie hat entschieden, die kompletten Sommerferien bei ihren Eltern in Münster zu verbringen und zwischendurch mit ihrer Kölner Freundin Michaela einen Abstecher ohne die Kinder zu machen, möglicherweise nach Fuerteventura.

Ich denke: »Rosenbubi«, aber es ist mir scheißegal.

Die Pixelpunker sind nach 14 Tagen zu uns in die Agentur gezogen, wir haben zwei Konferenzräume zu einem Großraumbüro zusammengelegt und ihnen einen Haufen Computer hingestellt. Ich habe dort auch einen Schreibtisch, vorgeblich um die Sache gemeinsam mit Lehmann und dem Pixelpunk voranzutreiben, tatsächlich überlasse ich den beiden die Arbeit und verbringe meine Tage damit, nach Lauras Augen zu sehen. Oft beobachte ich Laura, deren Schreibtisch etwa zehn Meter vor meinem steht, und sie sieht öfter mal zu mir herüber. Anfangs tut sie es nachdenklich, als würde sie prüfen müssen, was meine Aufmerksamkeit zu bedeuten hat. Später lächelt sie manchmal. Noch später beginnt sie, mir heimlich Grimassen zu schneiden. Als der Pixelpunk mitbekommt, dass sie mir mitten im Büro die Zunge rausstreckt, eilt er zu mir, als müsse er einen erzürnten König besänftigen, spricht von der Jugend von Frau Anders und dass er mit ihr reden werde über ungebührliches Betragen. Ich höre mir dies voller Ernsthaftigkeit an und bescheide ihn, dass ich wohl besser selbst mit ihr sprechen werde. Die nächsten Tage läuft er wie ein geprügelter Hund durch den Konferenzraum, die Verträge sind noch nicht unterschrieben, er fürchtet offenbar das Schlimmste. Doch ich rede nicht mit Laura. Kein einziges Wort. Ich fühle mich wie ein verliebter Schuljunge, und jeden Tag wird meine Angst, sie anzusprechen, größer.

Ich schwebe durch einen Film, in dem der Kleine und Laura die Hauptrollen spielen, und am Wochenende bin ich grämlich, weil ich Laura zwei Tage lang nicht sehen werde. Montags treibt mich die Sehnsucht immer früher ins Büro, erst wenn ich sehe, dass sie ihren schlabberigen Rollkragenpullover über die langen, braunen Haare zieht und neben ihren Computer knüllt, bevor sie hinter ihrem Bildschirm abtaucht, entspanne ich mich und freue mich auf die Woche.

Dass ich rettungslos verknallt bin, ahnt niemand, außer Laura, nehme ich an, und als sich zwei jüngere Mitarbeiter in meiner Hörweite über Lauras Arsch und Titten unterhalten, werden sie innerhalb von zwei Stunden aus dem Projekt herausversetzt, da kenne ich nichts.

Es ist Laura, die die Sache nach Wochen endlich auf den Point of no Return steuert.

Weil ich das Büro nicht verlasse, solange sie noch da ist, muss auch sie ihren Feierabend nur lange genug hinausschieben, damit wir zum ersten Mal allein in unserer Kommandozentrale der werblichen Internetrevolution sind. Laura kommt zu mir hinüber, setzt sich vor meinen Schreibtisch, faltet artig die Hände im Schoß und sieht mich unverwandt an. »Hallo, Herr Andersson«, sagt sie zu mir, »mein Chef meint, ich darf Ihnen nicht die Zunge rausstrecken, und das finde ich blöd.«

Über ihr Gesicht zieht ein Lächeln, das in mir eine nie gekannte Form von Frieden verbreitet. Ich halte ihren Blick nicht aus und beginne, auf meinen Block zu kritzeln. Nach ein paar Minuten dreht Laura den Block um und fragt: »Sind die für mich?« Erst da bemerke ich, dass ich ein ganzes Schmetterlingsgeschwader gemalt habe, und nicke. Laura ist kein Mädchen für Handtaschen, sie nestelt ihr Portemonnaie aus der Hosentasche, holt einen zerknitterten Zettel heraus, den ich wiedererkenne, und sagt: »Die kommen zu der Raupe.«

Dann schweigen wir wieder. Irgendwann meint Laura: »Wenn du schon nichts sagst, Herr Andersson, dann können wir jetzt eigentlich auch los.«

Ich habe keine Ahnung, ob wir jetzt essen gehen oder zu ihr, um zu vögeln, oder ob wir einfach losfahren, um irgendwo anzukommen, wenn der Sprit in meinem Auto alle ist. Sie hockt auf meinem Beifahrersitz, zündet eine Zigarette an, schiebt sie mir zwischen die Lippen und kommandiert: »Links, rechts, an der Ampel da wieder rechts.« Wir landen irgendwo im finsteren Stadtteil Altona auf dem Parkplatz eines Italieners. »Wohnst du hier?«, frage ich, und sie antwortet: »Ja, gleich gegenüber, aber mach dir keine Hoffnungen, wir gehen jetzt essen.«

Wir reden kaum ein Wort. Laura dreht mit der Gabel den Käse ihrer Pizza Margherita zu kleinen Kreisen, ohne auch nur einen Bissen zum

Mund zu führen. Auch ich rühre mein Essen nicht an, dafür sticht Laura mit ihrer Gabel in mein Fleisch und quiekt: »Aua!«

»Vegetarier?«, frage ich und Laura nickt schweigend.

Ansonsten reden unsere Körper. Weil ich verzweifelt am Tisch herumzappele, berühren sich unsere Beine. Laura legt eine Hand auf mein Knie und sagt: »Psssst!« Aber ihr Bein zieht sie nicht weg, und durch die Außenseite meines Unterschenkels jagt ein seltsames Gefühl direkt in die Wirbelsäule hinein, von wo es sich als Gänsehaut auf meinen Unterarmen ausbreitet.

Als der Kellner kommt und fragt, ob mit dem Essen etwas nicht in Ordnung sei, krame ich einen Fünfziger aus der Hosentasche und kaufe mir sein Versprechen, die nächsten zwei Stunden nicht wiederzukommen.

»Kannst du alles kaufen?«, fragt Laura.

Ich schüttele meinen Kopf und murmele: »Nichts Wichtiges, glaube ich.«

Laura legt den Kopf ein bisschen schief, die Pause dauert ewig.

»Kaufst du dann mich, irgendwann?«

»Nein«, sage ich, »ich glaube, du bist wichtig.«

Dann fällt mir die Raupe in meiner Jacke ein, die ich seit Wochen mit mir herumtrage, ich nestele sie heraus und lege sie verlegen zwischen uns auf den Tisch.

»Du meinst das ernst, wie?«, sagt Laura.

»Weiß nicht«, antworte ich. »Im Moment weiß ich nicht besonders viel.«

Laura streichelt die Raupe, ohne sie in die Hand zu nehmen. »Gold, oder?« Dann lacht sie. »Kleine Mädchen beeindrucken, hmmm?«

Ich schäme mich plötzlich.

»Wer bist du?«, fragt sie mich. »Bist du der große Herr Andersson, vor dem mein Chef auf dem Bauch kriecht, oder bist du der, der mir im Büro Schmetterlinge und Raupen malt?«

Mit irgendeinem Teil meines Verstandes stelle ich fest, dass ich über dem Anblick der Tischdecke meditiere und ganz offenbar unter partiellem Sprachverlust leide.

»Ich glaube ja, dass du in Wahrheit beides bist«, sagt Laura. »Ein irre toller Macker und ein ziemlich kleiner Junge.«

»Touché«, murmele ich. Später frage ich: »Kannst du in alle Menschen so reingucken?«

Laura lächelt mich versonnen an. »Nur wenn ich von ihnen geträumt habe.«

Unsere Gesprächspausen sind endlos, aber wunderschön, und das wird für alle Zeiten so bleiben, wenn Laura und ich zusammen sind.

Endlich frage ich sie: »Du hast von mir geträumt?«

»Ja«, meint Laura, »und es hat sich gut angefühlt.«

»Scheiße!«, sage ich. »Und was machen wir jetzt?«

»Leben«, antwortet Laura vergnügt. »Raupen suchen und zugucken, wie aus ihnen Schmetterlinge werden.«

»Ja, Schmetterlinge«, sage ich und frage mich, wo die nachts eigentlich schlafen.

»Meine flattern gerade wie blöd«, sagt Laura, beugt sich über den Tisch und gibt mir einen Kuss auf den Mund. »Und deswegen muss ich jetzt auch nach Hause, bevor ich irgendwelche Dummheiten mache.«

Als wir aufstehen, nimmt Laura die kleine Raupe vom Tisch und nestelt sie an ihre Kette. Vor der Pizzeria bleibt sie stehen. »Ich gehe jetzt«, sagt sie und ich sehe ihr schweigend nach. Nach zehn Metern dreht sie sich um. »Hast du kein Zuhause, Herr Andersson?«

Nach weiteren fünf Metern dreht sie sich wieder um, hüpft auf und nieder wie ein aufgeregtes Kind und ruft: »Hau ab, du Blödmann.«

An der Ampel wirft sie die Arme in die Luft: »Du bist total bescheuert, weißt du das?«

Dann rennt sie zurück zu mir, schmeißt sich gegen mich, ich breite die Arme aus, fange sie auf und wirbele sie im Kreis herum. Als ich sie niedersetze, sehe ich, dass ihre Augen glänzen.

»Pass bloß auf«, warnt mich Laura, »wenn du so weitermachst, nehme ich dich beim Wort!«

Dann greift sie sich mein Gesicht mit beiden Händen, doch statt mich noch einmal zu küssen, sieht sie mir bloß forschend in die Augen.

»Ja!«, sage ich. »Nimm mich beim Wort!«

Dann geht sie, und so werden unsere Abschiede fortan immer sein. Laura geht und ich sehe ihr nach, bis sie verschwunden ist.

Ich fühle mich nicht nach Autofahren, und da die Schuhe stören, lasse ich sie auf der Motorhaube stehen und wandere quer durch Hamburg in die Gegend, in der ich das Büro vermute. Manchmal mache ich eine Pause und setze mich an den Straßenrand. Auf einer Parkbank treffe ich einen Obdachlosen und schenke ihm 237 Euro, es ist alles Geld, das ich in meinen Taschen finden kann, aber als ich ihn frage, ob er Paralleluniversen für möglich hält, aus denen man sich und das Geschehen um einen herum beobachten kann, ohne es ändern zu können, macht er sich eilig aus dem Staub.

Ein Polizist fragt, ob es mir gut geht und was mit meinen Schuhen passiert ist. Ich bedanke mich für seine Anteilnahme und antworte, dass man ohne Schuhe das Leben besser fühlen kann. Er ermahnt mich, jetzt nichts mehr zu trinken und nach Hause zu gehen, doch ich will nirgendwohin, wo möglicherweise der Cowboy oder Elke auf mich warten, und so lasse ich mich nach einigem Suchen an der Alster nieder und sehe die Sonne aufgehen. Um drei Minuten vor sechs Uhr vibriert mein Handy, es ist eine SMS von Laura. »Du bist ein komischer Vogel«, schreibt sie und ich antworte: »Das fürchte ich auch.«

Dann nehme ich mir ein Taxi nach Hause, dusche und fahre mit der Bahn ins Büro. Laura kommt nicht viel später, sie hat eine große Papiertüte dabei, die sie mir auf den Tisch stellt. »Guck mal. Schuhe. Hab ich heute auf einem Benz gefunden«, sagt sie feixend. »Leute gibt's, das glaubt man echt nicht.«

Den Rest des Tages verbringe ich damit, Laura E-Mails zu schreiben, denn schreiben fällt mir leichter als reden. Ich schreibe ihr, dass ich bis zur Alster gewandert bin und beim Sonnenaufgang an sie gedacht habe, sie antwortet, dass sie an der Elbe war, aber nicht so lange, als Frau knapp vor der 30 bräuchte sie ausreichenden Nachtschlaf, sie sei gegen vier Uhr mit dem Fahrrad nach Hause geradelt.

In der Mittagspause entere ich kurz entschlossen ein Reisebüro und der Kleine bucht das erste Angebot, das er auf den Plakaten entdeckt, denn diese Fahrten hat er auch als Kind dreimal gemacht, wenn es zum Schüleraustausch nach London ging: England-Fähre von Hamburg nach Harwich, Doppelkabine plus Hotelzimmer in London, Start in zwei Wochen, von Donnerstag bis Sonntag. Als ich wiederkomme, schneidet Laura eine Flunsch und mailt: »Wo warst du?« Ich stecke die Reiseunterlagen in einen Briefumschlag, schlendere an ihrem Platz vorbei, lege ihn beiläufig nieder und sage: »Da war ich!«

Ihre Antwort erreicht mich, kaum dass ich wieder auf meinem Platz bin. Ihre Augen strahlen durch den ganzen Raum und in ihrer Mail stehen nur drei Worte: »Du bist verrückt.« Später lese ich: »So, so, Herr Andersson, Doppelkabine und Doppelzimmer!« Ich antworte: »Ich wollte eh an Deck schlafen. Und in London auf einer Parkbank, da kriege ich gerade Übung drin.«

Irgendwann frage ich: »Hast du eigentlich einen Freund oder so was?«

Die Antwort ist Laura pur. »Ja, warum auch nicht?«

## Universum

Mein Leben hat sich in zwei Bewusstseinsebenen geteilt. Auf der einen funktioniere ich einfach weiter, treibe das »Projekt T« voran, wobei T geheimniskrämerisch für »Thinktank« steht, verhandele mit Gott und der Welt, nutze M&Ms Kontakte zu Hamburger Verlagen, um vorzufühlen, was sie von ihren bisher kläglichen Werbeerlösen im Internet halten. Ich kämpfe mich unter der Aufsicht von Paulsen durch die technischen Wirren eines noch unerforschten Weges und verbreite im Vorstand Optimismus.

Das Projekt T weckt Revoluzzergeist in der Agentur und ich löse die Kleiderordnung auf, meinem Beispiel folgend, wird der Thinktank zunehmend von unrasierten, T-Shirts und Jeans tragenden Gestalten bevölkert, denen ich ausdrücklich verbiete, mit auch nur der kleinsten Idee hinter dem Berg zu halten. Am Kopfende des Großraums steht ein Flipchart, auf dem jeder seine Beiträge zum Projekt posten kann, und einmal in der Woche besprechen wir in großer Runde die Vorschläge, wobei ich auch die krudesten Gedankengänge lobe. Nach kurzer Zeit bricht eine Art kreative Anarchie aus, Paulsen beguckt sich das peinlich berührt, M&M zieht die Stirn kraus und nur Nottbohm scheint es zu gefallen, mehr als einmal lobt er mich für den Pioniergeist in meiner Truppe.

Auf der anderen Bewusstseinsebene schreibe ich Mails an Laura und warte auf London, und voller Zweifel frage ich mich, in was ich da sehenden Auges hineinstolpere.

Elke hat ihre Heimkehr mit fröhlichen Anrufen angekündigt, offenbar wird sie klein beigeben. Ich habe das Gefühl, mit verbundenen Augen und einer brennenden Kerze in der Hand in eine Pulverkammer zu tappen. Aber es ist mir egal, denn Lauras Augen ruhen still auf mir, und das, was sie sieht, scheint ihr zu gefallen.

Wir sind nicht noch einmal miteinander ausgegangen, ich habe mich nicht getraut, und sie hat nichts forciert. Also packe ich am Mittwoch eine Reisetasche und fahre am Donnerstag mit dem Taxi zum Fährterminal. Mit einer Hälfte meines Verstandes wünsche ich mir, dass sie nicht kommen möge, doch nach einer halben Stunde Warten entdecke ich Laura, wie sie mit einem Rucksack auf ihrem Fahrrad gegen den Wind strampelt.

»Hab nicht geglaubt, dass du wirklich kommst«, sagt sie zu mir und schweigend entern wir den Aufgang. Die alte Fähre hat sich seit meiner Schulzeit nicht groß verändert, nur der Pool auf dem Oberdeck scheint neu zu sein, und die Kabine ist eine gründliche Enttäuschung. Laura streift den Pullover ab und fängt an, sich auszuziehen. Plötzlich sieht sie meinen entsetzten Blick und lacht. »Wenn dir das peinlich ist, dreh dich um, aber ich will in diesen verdammten Pool, und zwar jetzt sofort.« Ich drehe mich weg und betrachte Laura im Spiegel beim Umziehen. Sie ist so wunderschön, und irgendwie habe ich das bisher zwar gewusst, aber es ist nicht in meine erotischen Bewusstseinsebenen vorgedrungen. Ich sehe ihren nackten Arsch, ihre schlanke Taille, ihren zierlichen Hals und stelle fest, dass sie meine Lieblingstitten hat, nicht zu groß, nicht zu klein, große, braune Brustwarzen über wunderschönen Halbkreisen, die genau in meine Hände passen würden, und sogar der kleine schwarze Streifen ihres Schamhaares ist genau so, wie ich mir das bei einer perfekten Frau vorstelle. Aber ich werde nicht geil, sondern frage mich, ob es jemals irgendetwas an ihr geben wird, was in meinen Augen keine glatten 100 Prozent hat. Laura zieht einen quietschegelben Bikini an, sucht im Spiegel nach meinen Augen und lacht mich verschmitzt an. »Alles gesehen, was du sehen wolltest, Herr Andersson? Dann können wir jetzt ja schwimmen gehen.«

Glücklicherweise habe ich keine Badehose eingepackt, ich würde mich schämen mit meinen kleinen Pölsterchen, und so sitze ich in einem Liegestuhl und sehe Laura im Pool zu. Sie taucht, schneidet Grimassen, wenn sie prustend auftaucht, schlägt Rollen, macht Handstand und hat jede Menge Spaß. Nach einer Weile kommt sie zitternd zu mir, es ist nicht besonders warm hier im Hafen, ich wickele sie in ein Handtuch ein und sage nichts.

»Ich mag, dass du so schüchtern bist«, sagt Laura.

Später lacht sie schallend.

»Und ich habe gedacht, du fällst gleich in der Kabine über mich her.«

Der Tag an Bord ist verzaubert. Wir krabbeln von vorn bis hinten durch das Schiff, wir schwänzen das Abendessen, wir bleiben an Deck auf einer großen Kiste mit Rettungswesten hocken, bis der Dampfer die Elbmündung bei Cuxhaven erreicht. Laura erzählt mir von ihrem Philosophen, Jan heißt er, und es erscheint mir, so wie die Situation jetzt, eine Geschichte aus einer anderen Welt. Sie handelt von einem 16 Jahre alten Mädchen und einem 17 Jahre alten Jungen, die sich an die Hand nehmen und allein in den Wald hinausrennen, in dem sie eine Lichtung voller Bücher einrichten und er ihr die Welt aus der Sicht von Schopenhauer, Kant und Nietzsche erklärt. So wie ich es verstehe, hat sich seither nicht viel daran geändert, bloß dass sie die Miete für ihre Lichtung bezahlen muss, während er mit seinen Professoren hadert, die die wahre Bedeutung der Schriften nicht erkennen wollen.

Ob sie ihn liebt, möchte ich wissen, und Laura lacht. »Oh ja, sehr.«

Ob er weiß, dass sie hier mit mir auf dem Schiff sitzt?

»Ja, er weiß es«, sagt sie, er wisse nicht besonders viel über die ganze Angelegenheit, aber er würde sie kennen und wüsste, dass seine Laura viele Menschen gleichzeitig lieben könne. Er würde in diesen Dingen nicht viele Fragen stellen, er würde an die unteilbare Liebe des Universums glauben, und genau dafür würde sie ihn am meisten lieben.

Mich macht das Ganze eher ratlos, aber als die Sonne sich im Westen dem Horizont nähert, lehnt Laura ihren Kopf an meine Schulter und ich bin glücklich. Nach einer Weile kuschelt sie sich mit dem Rücken voraus zwischen meinen Beinen ein und ich vergrabe mein Gesicht in ihrem Nacken, von mir aus kann das so bleiben, und zwar für immer. Als die Sonne verschwunden ist, sagt sie: »Der kleine Junge in dir ist aber wirklich noch sehr klein, oder?«

Als Laura anfängt, vor Kälte zu zittern, entern wir die Borddisco, wo Laura ausgerechnet zu »Supergirl« von Reamonn die Arme um meinen Hals schlingt und den Kopf an meinem vergräbt. Nach einer Weile küsst sie mich, sanft und scheu und zärtlich, dann zieht sie mich hinaus, hinter sich her bis in unsere Kabine, sie schält mich aus meinen Sachen, sie liegt nackt auf mir, ohne dass wir miteinander schlafen, bestimmt eine Stunde lang streichele ich ihren Rücken, ihren Nacken, ihren Hals, ihre Wangen, ich küsse sie und flüstere ihren Namen. Ich denke: »Das gibt's doch nicht, du bist nicht von dieser Welt, oder?« Offenbar habe ich es auch ausgesprochen, denn Laura sagt: »Oh doch!« Sie übernimmt die Führung und sie schläft mit mir, das Mondlicht streicht durch die Kabine und zeichnet seltsame Muster auf den Wänden und auf unseren Körpern, und ich bin weg, einfach nur weg aus dieser Welt und es ist das unfassbarste Erlebnis meines bisherigen Lebens.

Wir reden nicht mehr in dieser Nacht, Laura schläft in meinen Armen ein und ich bleibe wach, bis es hell wird, und betrachte ihr Gesicht. Ich bin glücklich, aber ich habe auch rasende Angst, dass das alles nicht wirklich passiert, dass sie aufwacht und sagt: »Herr Andersson, was machen Sie da?«

Als die Sonne durchs Kabinenfenster scheint, mache ich mich vorsichtig von ihr los, ziehe die Vorhänge zu, schleiche mich raus und gehe rastlos an Deck spazieren. Außer mir ist noch keine Menschenseele unterwegs, ich lehne mich weit über die Reling und überlege, dass es keinen besseren Augenblick geben könnte, um aus dem Leben zu scheiden, doch plötzlich umschlingen mich zwei Arme von hinten und Laura sagt: »Du bist auf einem Schiff, du kleiner Schisser, hier entkommst du mir nicht!«

Unser London-Trip ist wie aus einem anderen Leben, auch wenn ich, als wir im Hotel wieder miteinander schlafen wollen, keinen hochbekomme, und so etwas ist mir noch nie passiert. Laura mustert mich neugierig, aber sie sagt nichts und streichelt nur mein Gesicht. Ich denke darüber nach, was da gerade passiert, und gebe mir einen Ruck. »Ich muss dir was sagen«, eröffne ich. Laura scheint sich plötzlich in sich zu verkriechen, aber ich habe das Gefühl, es muss einfach raus.

»Es ist mir ernst«, fahre ich fort. »Ernster, als mir jemals im Leben etwas war.«

Laura zieht sich die Decke über den Kopf. »Warum?«, ertönt es unter der Decke und ich denke schweigend nach. »Ich weiß nicht, warum«, sage ich, »ich weiß nur ganz genau, dass es so ist.«

Laura springt auf, zieht sich an und läuft hinaus. Ich verharre regungslos am Ende des Bettes und warte. Nach einer Stunde ist sie wieder da, und ich sehe, dass sie geheult hat.

»Warum kannst du nicht einfach der verdammte Herr Andersson sein, der mal eben die Maus aus der Internetklitsche bumst?«, fragt sie mich. »Das wär doch auch schon ziemlich schön, oder?«

»Warum?«, frage ich.

»Weil es leichter wäre«, sagt sie. »Für mich und für dich und für ihn.«

Danach schlafen wir miteinander, und es ist, wie es ein Jahr lang bleiben wird, Sex mit Laura ist, wie pure, unverdünnte Liebe zu trinken, dabei ist er äußerst scheu und sittsam und hat nichts, aber auch wirklich nichts mit den Ausschweifungen zu tun, die ich in meinem Leben schon absolviert habe.

Am nächsten Tag zeige ich Laura meine Lieblingsstadt und meinen Lieblingsort, den Hyde Park, in dem die schrägsten Menschen der Welt auf ihren Kisten stehen und predigen. Hier in Speaker's Corner habe ich als Austauschschüler Stunden meiner Jugend verbracht und mich an den liebenswerten Irren erfreut, die einfach tun, was ihnen ihr Herz sagt, und die auf alle Konventionen scheißen.

Laura saugt auf, was ich ihr zeigen kann, und sie läuft wie ein kleines Mädchen vor mir her, manchmal hüpft sie durch die Straßen, bei der Wachablösung vorm Buckingham-Palast streckt sie allen möglicherweise irgendwo versteckten Royals die Zunge raus, sie krabbelt aufgeregt den Tower hoch und runter und erklärt mir, dass auch sie angesichts ihres sittenlosen Lebenswandels eines Tages unter einem Beil enden werde. Nur vor dem Altar der St. Paul's Cathedral steht sie stumm und schweigend und umklammert meine Hand, ich weiß nicht, was sie so ergreift, aber ich beschließe, mich von Elke scheiden zu lassen und Laura hier zu heiraten und an keinem anderen Ort dieser Welt und dass ich sie lieben werde und auf Händen tragen, solange ich atme.

Ich habe noch längst nicht begriffen, dass Laura mich niemals heiraten wird und dass ich ihre Liebe nie für mich allein haben werde, nicht einmal einen Teil davon, denn Lauras Liebe ist unteilbar und sie gehört allen Menschen auf der Welt, die ihr Herz berühren. Und allen Raupen und Schmetterlingen.

Ich weiß nicht mehr genau, wie wir nach Hamburg zurückgekommen sind, ich weiß nur noch, dass wir uns eine Nacht lang auf dem Schiff umklammerten und dass wir beide Angst davor hatten zurückzukehren. Ich hatte Angst, Laura zu verlieren. Und Laura hatte Angst, ihrem

Philosophen mitzuteilen, dass ihre unteilbare Liebe fortan noch einem weiteren Menschen gehören würde, denn das würde sie tun, so viel war sicher. Denn Laura liebt, aber sie lügt nicht.

## Drei Lieben zu viel

Elke ist wieder da, sie spricht nicht viel, aber sie gibt sich betont sonnig und erwähnt die Dreiviertelmillion mit keinem Wort. Ich nehme an, wir sind mal wieder quitt und sie hat sich vom Rosenbubi einmal quer durch Fuerteventura vögeln lasse, aber ich gönne es ihr wirklich und will eigentlich nur eins: raus aus dieser Ehe, und das so schnell wie möglich.

Aber da sind auch Lisa und Lars, die Kinder krabbeln in einer Tour auf mir herum, besonders Lisa scheint sich nur langsam vom fünf Wochen langen Papa-Entzug zu erholen, sie malt mir ein Bild nach dem anderen und hängt an meinen Beinen wie noch nie zuvor in ihrem Leben. Lisa ist acht Jahre alt, ein Papa-Kind, schon immer gewesen, Abend für Abend schläft sie nur dann ein, wenn sie meine Hand in ihrer hält, sie weigert sich entschieden, ins Bett zu gehen, bevor ich wieder zu Hause bin, und so langsam dämmert mir, dass das verdammt noch mal nicht so einfach wird: Lisa und Lars verlassen, nur um Laura lieben zu dürfen.

Laura und ich sehen uns jeden Tag im Büro, wir treffen uns heimlich in der Mittagspause, aber Abende oder gar freie Tage sind rar gesät, nicht zuletzt wegen Lisa, die sich dann in den Schlaf weint. Laura leidet so wie ich, und ich denke darüber nach, ob sie für ihren Philosophen das Gleiche empfindet wie ich für Lisa und Lars. In unseren kostbaren gemeinsamen Momenten halten wir uns mehr aneinander fest, als dass wir eine Affäre haben. Manchmal, wirklich nur manchmal gelingt es uns, miteinander zu schlafen, wir tun es in entlegenen Hotels oder irgendwo, wo uns die Liebe überfällt, wir tun es im Treppenhaus unseres Büroturms, in meinem Auto am Hafen, wir erschwindeln uns ein ganzes Wochenende, an dem ich angeblich zu einem Kongress reise und sie Jan nicht direkt davon erzählt, dass sie mit mir an die Nordsee fahren wird, er weiß es auch so. Zwei Tage lang verlassen wir das Bett nur, um schweigend aufs Meer hinauszusehen, an dessen Ende irgendwo London liegt, oder um Wettbewerbe im Steineditschen auszutragen. Aber auch dieses Wochenende dauert nur gefühlte 20 Minuten, mir ist noch nie so stark bewusst geworden, wie relativ die Zeit ist, denn in Lauras Armen verrinnt sie nicht, sie ist immerzu und einfach nur weg.

Alles in allem, denke ich manchmal, fällt Laura die Situation leichter als mir, denn sie lebt stets im Hier und Jetzt, ich aber kriege einfach nicht gebacken, mir vorzustellen, wie das Morgen aussehen wird.

Doch nach acht endlos langen Wochen sitzen Laura und ich am Elbstrand und sie blickt düster aufs Wasser. »Jan ist sehr unglücklich«, sagt sie. »Er hat zum ersten Mal gefragt, ob du wichtiger bist als er.«

Ich denke darüber nach.

»Was hast du ihm gesagt?«

»Dass ich dich liebe. Dass es mir ernst ist. Und er hat mich gefragt, ob ich gehen will.«

»Willst du?«, frage ich.

»Ja. Ja und nein. Ein bisschen mehr Ja, aber auch sehr viel Nein.«

Schweigend sehen wir einen Frachter vorbeiziehen.

Schließlich sagt Laura: »Es würde ihn umbringen. Ich weiß nicht, was ich tun soll.«

Ich weiß es auch nicht.

Aber Laura verlässt ihn.

Wir werden keine gemeinsame Wohnung nehmen, beschließen wir, sondern jeder eine eigene. Ich werde es akzeptieren, wenn sie Jan sehen möchte, den sie nicht allein lassen kann im finsteren Wald. Und wir werden allen Menschen, die es angeht, die Wahrheit sagen. Dann werden wir sehen, was passiert. An diesem Abend trennen wir uns noch schwerer als bisher.

Elke ist entsetzt.

»Was ist das für eine Schlampe?«, fragt sie mich, und ich sage ihr, dass ich nie wieder ein Wort mit ihr reden werde, wenn sie Laura noch einmal Schlampe nennt. Elkes Schultern straffen sich. »So ist das also. Na dann, Lisa ist noch wach. Kannst du ja gleich mal hochgehen und es ihr sagen.«

Das ist der Moment, vor dem ich mich am meisten fürchte. Ich setze mich zu Lisa aufs Bett und sie ruft: »Papi, Papi, ich hab dir was gebastelt.«

Ich nehme sie auf den Schoß, vergrabe mein Gesicht in ihren Haaren und versuche, nicht zu heulen. Wir sitzen so, ewige Zeiten, bis ich merke, dass sie in meinen Armen eingeschlafen ist. Dann gehe ich runter.

Elke fragt: »Und?« Ich schüttele den Kopf. »Das kann ich nicht.«

Elke trägt es mit Würde wie eigentlich alles im Leben.

Wir einigen uns darauf, dass wir den Kindern eine Geschichte erzählen, in der Papi so viel arbeiten muss, dass er jetzt für eine Weile in der Firma schläft. Lisa wird diese Geschichte später widerwillig schlucken, aber sie bedingt sich aus, dass ich jeden Abend nach Hause komme und sie ins Bett bringe, danach kann ich wieder in die Firma. Lars ist das egal. Er will lieber mit mir Fußball spielen, als sich Geschichten über meine Arbeit anzuhören.

Ich setze mich ins Auto und fahre weg, aber Laura hat das Handy aus.

Ich schlafe im Hotel und sehne mich nach Laura. Am nächsten Morgen kommt sie nicht in die Firma, und sie antwortet nicht auf SMS oder Anrufe. Ich melde mich krank, dazu gehört nicht viel, ich fühle mich elend und sehe auch so aus. Dann fahre ich an die Elbe, dorthin, wo wir uns zuletzt verabschiedet haben. Nicht viel später kommt Laura mit dem Rad und setzt sich neben mich. Wir schweigen ewig.

»War es so schwer wie bei mir?«, frage ich sie.

Laura nickt. »So war es noch nie.«

»Hältst du es für möglich, dass man vielleicht doch nicht mehrere Menschen gleichzeitig so doll lieben kann?«

Laura schüttelt den Kopf. »Du liebst Lisa und Lars doch auch weiter.«

Mir fällt keine Antwort ein.

»Ich habe mit Jan geschlafen«, sagt Laura schließlich, »er war so traurig.«

Es gibt mir einen Stich. Aber merkwürdigerweise schmerzt er nicht so sehr, wie Laura weinen zu sehen.

»Ich habe nicht mehr mit ihm geschlafen, seit du mir die Raupe gemalt hast«, sagt Laura und ich begreife nur noch, dass ich Lauras Universum, in dem es weder Schuld noch Konventionen gibt, nie verstehen werde und dass meine einzige Chance darin besteht, es zaghaft zu erfühlen. Ich nehme mir vor, sie zu lieben, einfach nur zu lieben, und zur Hölle mit der Zukunft.

Und damit habe ich recht. Die Zukunft wird die Hölle.

# Abschied

Das Jahr mit Laura wird die schönste Zeit meines Lebens. Und es wird ein Albtraum.

Laura hat sich ein WG-Zimmer genommen, ich bin in ein sündhaft teures Apartmenthaus im vornehmen Rotherbaum gezogen, das den Vorteil bietet, möblierte Einzimmerwohnungen für Manager auf der Durchreise anzubieten. Laura und ich verbringen jede Minute miteinander, die wir hinbekommen. Manchmal sind es nur ein paar Minuten in der Mittagspause.

Jan geht es schlecht. Dass Laura ihre Liebe an jeden verschenkt, der es schafft, ihr Herz zu gewinnen, damit kommt er klar, vielleicht sind Philosophen da einfach anders gestrickt als ich. Dass sie ausgezogen ist und mich möglicherweise noch ein bisschen mehr liebt als ihn, das hat ihn umgehauen. Laura macht sich Sorgen, dass er sich etwas antut. Sein Vater litt unter Depressionen und hat sich vor Jahren aufgehängt.

Ich war noch nie so glücklich und traurig zugleich.

Laura ist am traurigsten, wenn wir uns nach einer gemeinsamen Nacht trennen, aber wenn ich sage: »Bleib einfach bei mir«, dann merke ich, wie es sie zerreißt, und deshalb sage ich es nicht besonders oft.

Elke kämpft derweil um mich, und das ist das Verblüffendste an der Situation. Ich komme jeden Abend vorbei, um die Kinder ins Bett zu bringen, danach steht Essen auf dem Tisch, am Wochenende gibt sie mir meinen Lieblingskuchen mit, sie organisiert, dass unsere Putzfrau auch mein Apartment pflegt, sie klagt nicht, wenn ich loswill, um Laura zu sehen, sie freut sich, wenn ich noch eine Stunde bleibe, und wenn ich müde werde, bietet sie mir an, dass ich im Gästezimmer schlafen kann, die Kinder würden sich freuen morgen früh.

Wenn Laura ein Wochenende mit Jan verbringt, fahren Elke und ich mit den Kindern nach Sylt. Zum ersten Mal seit Jahren reden wir wirklich miteinander. Wir reden über den Rosenbubi, und sie sagt, dass ihr das alles recht geschieht und dass sie mich verstehen kann, weil sie das Gleiche erlebt hat wie ich. Sie sagt, dass sie mit dem Rosenbubi Schluss gemacht hat auf Fuerteventura und dass es diesmal endgültig ist.

Wir reden über Laura, auch wenn es schmerzlich ist.

Wir reden über die Möglichkeiten, eine gescheiterte Ehe so zu beenden, dass die Kinder möglichst wenig leiden, und ich sage ihr, dass sie das Haus behalten kann, ich will den Kindern nach ihrem Papi nicht auch noch ihr Zuhause nehmen.

Zum ersten Mal, seit wir uns kennen, reden wir über mich, über den Cowboy und den Kleinen, der sich so verwaist vorkam in unserer Ehe, und Elke sagt, dass sie sich vielleicht doch an ihn gewöhnen kann, jetzt, wo sie weiß, wer er ist.

Elke hat ganz offenbar einen Masterplan aufgestellt, dessen Endziel die Fortsetzung unserer Ehe ist, sie ist in der Erfüllung dieses Plans so tüchtig wie in allen anderen Dingen, und manchmal betrachte ich sie mit anderen Augen als zuvor und entdecke, dass hinter all dem bezaubernden Elke-Lächeln, den 1000 Freunden und der ewig gleichen Freundlichkeit ein Mädchen steckt, das sich vor einer feindlichen Umwelt fürchtet, in der es bald allein überleben muss. Seltsamerweise bringt mich Laura dichter an Elke heran, als ich in all den Jahren gewesen bin.

»Schlaf mit ihr«, sagt Laura eines Nachts, »sie hat es verdient.«

Ich sehe Laura entgeistert an.

»Du darfst das«, fährt Laura fort, »solange du mich liebst, darfst du alles. Ich schlaf ja auch mit Jan.«

Ich esse nichts mehr, verliere gut zehn Kilo in sechs Monaten und verwandele mich in ein körperliches Wrack, ein Zustand, der sich verschlimmert, als Laura beim Pixelpunk kündigt.

»Es ist nicht fair gegenüber Jan«, erklärt sie mir, »dass wir uns jeden Tag bei der Arbeit sehen.«

Ja, es ist nicht fair, schreit der Kleine in mir, aber er schreit es leise, denn er weiß, dass er Laura nur halten kann, wenn er ihr die Freiheit gibt, mit ihren beiden großen Lieben und ihrem Gewissen zu leben.

Ich vergrabe mich im Thinktank. Die Technik kommt besser voran als gedacht, Paulsen ist wirklich ein tüchtiger Mann. Ein Problem sind die benötigten Serverkapazitäten, wir bräuchten Rechner, wie die NASA sie zum Start ihrer Spaceshuttles benutzt. Doch in dieser Hinsicht ist Paulsen ganz zuversichtlich. »Die Hardware«, erklärt er dem Vorstand großspurig, »und die Übertragungsgeschwindigkeiten im Internet entwickeln sich rasant. Wenn wir so weit sind, ist auch die Welt so weit.«

Ich stürze mich für Monate auf die Entwürfe für unsere Präsentationen, das ist wenigstens etwas, was ich kann. Nottbohm und M&M verabschieden einen Stream, in dem eine grauhaarige Oma entrüstet ein Männermagazin in den Müll wirft, ein missmutiger Maurer versucht, eine Tube mit Hautcreme auszutrinken, und ein älterer Herr seinen Kanarienvogelkäfig mit Werbung für Damenbinden auslegt. Unser Slogan wird sein: »Wir haben einen Traum. Von Werbung, die ankommt. Dort, wo sie soll.«

Die Resonanz bei den Kunden ist verhalten positiv, aber der neue Markt schwächelt. Die Aktienkurse gehen erst in den Sinkflug und nach ein paar Wochen in den freien Fall. Dass Werbung im Internet eines Tages mehr Geld bringen wird als Werbung im Print oder im TV, ist nur noch ein hohles Versprechen. Alle großen Kunden drehen ihre Etats zurück, wir fangen an, uns Sorgen zu machen, und über der Karriere von LeiLa Andersson ziehen erste Wolken auf. Mal ganz abgesehen davon, dass mein sämtliches Geld in diesem Projekt steckt und es einfach nicht scheitern darf, wenn ich mein Leben künftig nicht auf einer Parkbank fristen will.

Auch über dem restlichen Leben von LeiLa verdüstert sich der Himmel.

»Mama hat geweint«, verkündet Lisa anklagend.

»Warum denn das?«, frage ich sie.

»Weil du sie nicht mehr lieb hast.«

»Hat Mama das gesagt?«

»Thilo hat's gesagt, und der hat's von seiner Mama.«

Thilo ist der Nachbarsjunge, etwas älter als Lisa, und ich begreife, dass sich unser merkwürdiges Modell nicht ewig aufrechterhalten lassen wird.

»Das ist komisch mit den Großen«, sage ich zu Lisa. »Manchmal mögen sie sich mehr und manchmal weniger.«

Aber Lisa ist viel zu schlau, um sich damit abspeisen zu lassen.

»Hast du Mama noch lieb?«

Ich überlege, was ich jetzt antworten soll.

»Ja, ich hab Mama noch lieb, weil sie so lieb zu euch ist.«

»Thilo sagt, du hast eine andere Frau lieb.«

Ich nehme meine Tochter auf den Arm und versuche, ihr die Welt zu erklären.

»Es stimmt, dass ich auch eine andere Frau lieb habe, aber das Wichtigste ist, dass ich dich immer lieb haben werde und Lars auch.«

Doch Lisa ist von der Spur nicht mehr abzubringen.

»Kann man mehrere Menschen so lieb haben?«

Es ist nicht zu fassen, wie zielsicher dieses Kind mich mit meinen schlimmsten Fragen bombardiert.

»Bekommst du auch Kinder mit der Frau?«, fragt sie mich, und ich sehe Laura vor mir, die ich maximal jeden dritten Tag sehe und deren Liebe so groß ist, dass sie für alle reichen muss, und die mit Jan schläft und die später im Leben auch noch mit anderen schlafen wird, wenn sie nur ihrer Liebe würdig sind, und ich schüttele den Kopf. »Ich glaube nicht. Und ich habe ja schon die beiden tollsten Kinder der Welt.«

Lisas Fragen haben mich getroffen.

Wann immer ich Laura sehe, ist das Hier und Jetzt ein Erlebnis von einem anderen Stern. Doch alles Drumherum ist ein Albtraum. Jan kommt zur stationären Therapie in eine Klinik. Das führt dazu, dass ich Laura jetzt fast jede Nacht habe, aber oft liegen wir uns nur in den Armen.

Ich fahre mit Laura in den Urlaub, über die Alpen, nach Italien, wo Robert uns inmitten einer Schar von drei Bambinos an seine Brust drückt, die er zusammen mit der einst untreuen Maria gezeugt hat. »Heirate sie«, fordert Robert mich am zweiten Abend auf. »Sie ist die Frau deines Lebens!« Doch Laura wird inmitten der Windel- und Wäscheberge immer stiller und stiller. Beim Picknick in den toskanischen Bergen sprechen wir darüber, dass sie sich Kinder wünscht, aber nicht weiß, ob von Jan oder von mir.

Wir sprechen über Lisa und Lars, und Laura sagt weinend, dass ich zurückgehen soll, dass ich sie niemals besitzen werde, wie ich sie besitzen muss, ganz und gar, so wie Robert seine Maria, damit ich glücklich werde.

Als wir zurückfahren, habe ich das Gefühl, dass mein Herz vereist ist. Nach München spricht sie bis Hamburg kein einziges Wort mehr.

Doch das Kabel zwischen Laura und LeiLa ist zu stark. Wir halten noch weitere sechs Monate durch, manchmal wird es für einen Ausflug, eine Nacht oder auch nur einen Moment so schön wie in London, doch das sind kleine Inseln des Glücks, die nicht lange währen.

In der Firma nimmt die Katastrophe ihren Lauf. Wir kürzen den Etat für den Thinktank zuerst um 30, in einem zweiten Anlauf um weitere 20 Prozent. Nottbohm ist nicht mehr jederzeit für mich zu sprechen. Selbst Müller-Mannhagen zieht sich von mir zurück. Paulsen verbündet sich mit Hedegard, dem Finanzvorstand, der das alles schon lange hat kommen sehen, denn auch für Paulsen und seine Technikabteilung geht es jetzt um den Arsch.

Im Vorstand wird darüber geredet, dass die Kleiderordnung im Thinktank wieder eingeführt werden soll, das sähe ja aus wie eine Piratenbande. Nichts zeigt deutlicher, dass mein Stern verglüht.

Joachim konstatiert, dass ich aussehe wie eine Leiche, und nach Elke und Robert ist er der dritte Mensch auf der großen weiten Welt, dem ich von Laura erzähle. »Du arme Sau«, sagt er, und fortan besucht er mich manchmal zum Saufen. »Mach dir keine Gedanken«, meint er, »du steckst einfach in der Midlifecrisis, dagegen hilft vor allem eines: vögeln.«

»Herr Andersson scheiterte leider in der Mit-Leif-Crisis«, denke ich und finde, dass es eigentlich ein recht hübsches Bonmot für meinen Grabstein wäre.

Schließlich ist es Lisa, die mich final aus den Schuhen haut. Eines Morgens fische ich einen Brief mit ihrer kindlichen Handschrift aus dem Postkasten. Sie hat mir ein Bild gemalt, von einem Haus, von Elke, von Lars und ihr, nicht einmal ihr Kaninchen hast sie vergessen, und dazugekrakelt: »Lieber Papi, ich verstehe das ja mit der vielen Arbeit, aber kannst du nicht wieder zu Hause schlafen? Ich bin schon ganz krank vor Sorge.«

Ich starre entgeistert auf Lisas kindlichen Hilferuf und denke darüber nach, wie sehr mein Kind leiden muss. Nach langem Nachdenken zeige ich Laura den Brief.

Laura sagt: »Das ist zu hart, ganz im Ernst, das ist zu tough für dich, das hältst du nicht aus, und wenn du es aushalten könntest, würde ich dich nicht so sehr lieben.«

Ich weiß, dass Laura recht hat, aber ich quäle mich noch tagelang mit einer Entscheidung herum. Dann sage ich Laura, dass ich zu Elke zurückgehen werde.

Zum Abschied nimmt mir Laura ein Versprechen ab. »Ich werde dich immer lieben«, sagt sie, »aber ruf mich nicht an, und schreib mir nicht, egal, wie sehr du dich danach sehnst. Gib mir und Jan eine faire Chance.«

Ich sehe ihr nach, so wie immer. Nach zwei Metern dreht sie sich um, sie weint. Ich schließe die Augen und breite die Arme aus. Als ich sie wieder aufmache, ist Laura weg und das Loch, das in meinem Leben klafft, ist größer als alles im Universum.

Es ist jetzt Januar. Ich bin wieder bei Elke. Doch anders, als Lisa es sich gewünscht hat, wird nichts mehr wie früher. Elke und ich schaffen es einfach nicht. Ich befinde mich in Trauer, so sehr, wie ich seit Holgers Tod nicht mehr getrauert habe.

Und ich begehre Elke nicht mehr. Wenn wir miteinander schlafen, denken wir beide an Laura. Ich weiß nicht, was ich machen soll, ich kriege diese Traurigkeit nicht aus meinem Kopf. Elke kauft Reizwäsche, Liebeskugeln, Vibratoren, sie probiert es mit Blasen, Handfesseln, sogar Analsex will sie in unser ehemals so steriles Leben einführen, aber ich kriege immer öfter keinen hoch, und ich sehe, wie sehr ich Elke damit verletze. Nach drei Monaten siedele ich wieder ins Gästezimmer um, es ist einfach leichter so.

Mein Versprechen an Laura habe ich gehalten. Es fällt mir unendlich schwer, und ich schreibe täglich SMS, E-Mails und Briefe an sie, aber ich schicke keine einzige Nachricht jemals ab. Am Ende lösche ich ihre Telefonnummer aus meinem Speicher, wohl wissend, dass ich sie dennoch nie aus meinem Kopf bekommen werde.

Es wird langsam wieder Sommer.

Nach sechs Monaten habe ich den kalten Laura-Entzug halbwegs überstanden, ich fühle mich wie ein Rekonvaleszent nach langer Krankheit. Elke sagt zu den Kindern: »Guckt mal, Papa hat gelacht, das versuchen wir gleich noch mal!«

Doch der Familienurlaub wird eine Katastrophe. Es gibt nichts mehr zu sagen. Wir lieben uns nicht mehr.

Argwöhnisch verfolgt Elke jeden meiner Blicke, und wenn eine schöne dunkelhaarige Frau in unserem Gesichtsfeld auftaucht, dann fragt sie: »Sieht die aus wie Laura?«

Wieder zu Hause, stelle ich fest, dass Elke beginnt, mein Handy zu kontrollieren, meine Post zu öffnen, irgendwann hat sie sogar mein E-Mail-Fach geknackt. Ich rede mit ihr darüber, sage ihr, dass das ein Grund für mich ist, endgültig abzuhauen, aber sie kann einfach nicht anders. Sie begreift nicht, dass ich Laura zwar weiter liebe, aber dennoch keinen Kontakt zu ihr habe. In ihrem Bauch fängt ein kleiner Pitbull an zu wachsen und er wird jeden Tag größer, stärker und bösartiger.

Wir gehen sogar zu einem Paartherapeuten, der uns erklärt: »Es wird nie mehr so wie vorher werden. Vielleicht wird es wieder schön werden, bei rund 50 Prozent der Paare, die sich zu einer Therapie entschließen, gelingt das. Aber auch wenn es schön wird, wird es anders sein als vorher, und nur wenn Sie beide das akzeptieren, werden Sie zu den 50 Prozent gehören, die ihre Beziehung retten.«

Wir gehören zur anderen Hälfte.

Anfang Dezember, die Trennung von Laura ist ziemlich genau ein Jahr her, sagt Elke, dass sie in den Urlaub fliegen will.

»Rosenbubi?«, frage ich sie. Sie schüttelt den Kopf und streicht mir schwesterlich über die Wange. »Mach dir keine Sorgen, der ist gerade Papa geworden.«

Als Elke wiederkommt, wirft sie mich raus, es ist eigentlich nur folgerichtig, ihr neuer Rosenbubi heißt Carsten, kommt aus München, und der Cowboy kehrt zurück in mein Leben.

»Na, Kleiner?«, fragt er. »Haben wir jetzt genug Unheil angerichtet?«

»Ja«, denke ich mir, »für den Anfang sollte das reichen.«

## Single

Und da wären wir wieder, mittendrin in der Geschichte, die mich in ein schmutziges Pensionszimmer nahe der Hamburger Reeperbahn führte und in die Flirtbörsen des Internets, zwischen die Beine von Mandy, Simone, Luisa, Tanja und nach sechs Monaten in das Herz von Hannah, die entschieden zu früh kam, obwohl ich nicht recht weiß, ob es jemals wieder eine Frau geben wird, die nicht mehr zu früh nach Laura kommen wird.

Meine Gefühlswelt würde ich mit Depression umschreiben, obwohl ich nicht weiß, ob das medizinisch tatsächlich die korrekte Definition ist. Also probiere ich es mal anders:

Das Leben in der Pension geht mir auf den Sack.

Das Leben ohne Geld geht mir auf den Sack.

Elke geht mir auf den Sack.

Elkes Anwältin geht mir noch viel mehr auf den Sack.

Der Job geht mir auf den Sack.

Ich geh mir auf den Sack.

Alle Frauen gehen mir auf den Sack.

Die Welt geht mir auf den Sack und das verfickte Universum sowieso.

Ich denke darüber nach, ob ich es noch einmal mit Susanna versuchen sollte, doch als ich mich zum ersten Mal seit Monaten nach ihr erkundige, erfahre ich, dass sie jetzt nicht mehr Assistentin, sondern Referentin ist, während es in der Ehe von Müller-Mannhagen zu kriseln scheint. M&M hat Susanna eine Wohnung gekauft und die beiden haben jetzt auch nach Feierabend viele Besprechungen.

Sogar die Wochenenden mit den Kindern gehen mir auf den Sack, nicht die Kinder, die sind quietschend süß und ich knutsche sie so oft, dass Lars sich beschwert, er sei doch kein Mädchen. Aber man kann nicht den ganzen Tag im Tierpark herumrennen oder auf den Rummel gehen oder im Hafen spazieren oder Eis essen, irgendwann müssen die Zwerge auch mal was essen oder schlafen, was bei mir in der Pension überhaupt nicht funktioniert, zu dritt in einem Bett. Aber die Sache mit der Wohnung kriege ich finanziell nicht gebacken, außerdem habe ich mich in den letzten Monaten bei Hannah auch null darum gekümmert, warum auch?

Lisa, Lars und ich werden Stammgäste bei McDonald's und ich stelle fest, dass dort besonders am Sonntagnachmittag eine deprimierende Vater-Kind-Dichte herrscht, bei der die Kleinen still ihre Pommes futtern und die Papis schweigend aus dem Fenster starren, weil sie die Mäuse gleich wieder abgeben müssen. Wenn ich sie dann um 18 Uhr bei Elke abliefere, nervt die doofe Kuh auch noch, dass ich die Kinder mit dem Fast Food krank mache. Das sind die Momente, in denen ich anfange, Elke zu hassen.

Auf dem Rückweg in meine einsame Woche heule ich manchmal im Auto, doch wenn der Cowboy einsteigen will und sagt: »Putz dir mal die Nase, so können wir nicht unter die Leute gehen«, dann schmeiße ich ihn raus.

Ich hab fürs Erste genug von Frauen. Ich muss mein Leben in den Griff kriegen. Wenn ich eineinhalb Jahre nach Laura nicht mal mit einer Hammerfrau wie Hannah klarkomme, wie soll ich dann jemals wieder glücklich werden?

Ich muss erst mal selbst glücklich werden, nur ich allein, mit Lisa und Lars und sonst niemandem. Als Erstes brauche ich eine Wohnung, in der Lisa und Lars ihre Spielsachen haben, ihre Betten und vielleicht sogar irgendwann ein Zuhause.

Ein allerletztes Mal kehrt Laura in mein Leben zurück, und in mir flackert wilde Hoffnung auf, dass doch noch alles gut wird. Seit der Sache mit Hannah, seit unserem Treffen auf der Alsterbank, schicken Laura und ich uns manchmal SMS, und alle paar Wochen führen wir abends lange, schweigsame Telefongespräche. Manchmal besucht mich Laura mit ihrem riesigen Bauch, und das sind die verzweifelten Momente, für die ich lebe.

Die ersten beiden Male liegen wir bloß nebeneinander auf dem Bett und ich horche an ihrem Bauch, es wird eine Tochter, und wenn ich die Augen schließe, dann stelle ich mir vor, es wäre meine. Beim dritten Besuch schlafen wir ein letztes Mal miteinander, Laura lächelt dabei, und ich weiß: Ich bin noch einmal angekommen und sie auch.

»Eigentlich werden schwangere Frauen von ihren Männern betrogen«, sagt Laura, »so herum ist das komisch, glaub ich.«

Ich mache Laura einen Heiratsantrag und schwöre, dass ich unsere kleine Philosophentochter lieben werde wie meine eigenen Kinder. Laura lächelt mich an, und ich glaube, dass sie glücklich ist, genau jetzt, in dieser Sekunde. Sie küsst mich zärtlich. Aber zum Abschied sagt sie: »Das kann ich nicht. Ich kann ihm das nicht noch einmal antun.«

Als Lauras Baby kommt, werde ich fast verrückt vor Sorge, denn ich höre drei Tage lang nichts mehr von ihr, ins Krankenhaus kann ich nicht gehen, und wen soll ich schon fragen, den Philosophen etwa?

Nach drei Tagen bekomme ich eine SMS aus dem Krankenhaus. »Ich bin jetzt Mama. Ich kann dich in diesem Leben nicht mehr wiedersehen. Ich schaffe das sonst nicht. Ich liebe Dich. Laura.«

Ich sitze im Büro und starre auf die SMS, bis ich merke, dass alle meine Leute gegangen sind und es draußen dunkel geworden ist. Jetzt bin ich wirklich Single. Und ich fürchte mich vor dem Leben, das vor mir liegt.

## Männer-WG

Schluss machen.

Dann kann Elke das Haus behalten.

Für die Kinder werden die Lebensversicherungen sorgen.

Laura wird besser dran sein ohne mich.

Aber die Kinder werden nicht verstehen, was es bedeutet, wenn die Polizisten an der Tür klingeln, und ich sehe den kleinen Leif vor mir, damals, als Holger starb.

An diesem Punkt enden meine Gedankenspiele, in denen ich voller Selbstmitleid bade, während ich von unten die Köhlbrandbrücke im Hamburger Hafen betrachte: 55 Meter hoch und bei Hamburger Selbstmördern eine äußerst angesagte Location.

Ich fahre zurück in mein leeres Pensionszimmer.

Die Rettung aus meiner deprimierenden Einsamkeit ereilt mich in Form meines ehemaligen Sportkumpels Matze, eines Freundes aus Jugendtagen, der eines Abends mit geschultertem Seesack vor meiner Tür steht und fragt, ob er bei mir schlafen kann. Nicht, dass Matze früher mein liebster Kumpel gewesen wäre, wenn er getrunken hat, wird er laut, außerdem ist er ein Schnorrer vor dem Herrn, doch ich bin froh, dass ich nicht mehr allein bin.

Cornelia hat Matze rausgeworfen, er hat fremdgevögelt und ist aufgeflogen, jetzt ist er ziemlich durch den Wind und ich sage: »Willkommen im Club«, und lasse ihn neben mir im Bett pennen. »Wofür sind zweitbeste Kumpels da«, denke ich, auch wenn ich die nächsten Nächte ausschließlich saufe und er mir dabei die Ohren vollheult, während ich mich weigere, ihm meine Geschichte mit Laura zu erzählen.

Matze und ich verbringen noch sieben Tage nebeneinander im Pensionsbett, doch dieses Arrangement ist nicht meine erste Wahl. Die Wirtin schlägt weitere 25 Euro auf die Miete auf und hält uns offenbar für schwul.

Matze hat die Angewohnheit, nach Alkoholgenuss beim Einschlafen schlicht atemberaubend zu furzen, ich hingegen schnarche, an erotische Abenteuer mit irgendwelchen Frauen ist jetzt gar nicht mehr zu denken. Da auch er nicht weiß, wohin, legen wir eine Woche Extrem-Wohnungs-Besichtigen ein und beziehen am Ende des Monats eine etwas heruntergekommene Vier-Zimmer-Altbaubude auf St. Pauli. Kostet 1200 warm, aber durch zwei geteilt, ist das gerade noch tragbar und nach meinen Abenteuern auf dem Wohnungsamt bin ich sehr erleichtert. Zudem malt Matze uns unsere Zukunft als ein endloses Männerfest aus, Pokerrunden mit allen alten Kumpels wollen wir veranstalten, jeden Abend auf den Kiez gehen. Matze träumt davon, dass wir irgendwann zwei Frauen aufreißen und sie uns eine Nacht lang teilen. Kein schlimmer Gedanke, obwohl mir im Augenblick entschieden nicht nach Frauen ist, und eines ist eh klar: Die Arbeit damit würde ich haben, denn Matze ist auf der Piste ein Klotz am Bein, ihm fehlt eine gewisse Leichtigkeit in der Konversation, und wenn er nach spätestens einer Stunde seinen glasigen Alkoholblick kriegt, kann man jede Form der Kontaktaufnahme vergessen, jedenfalls mit Frauen, die nicht im erotischen Dienstleistungsgewerbe arbeiten.

Aber die Wohnung ist eine glatte Eins, zumindest meine Hälfte, denn im Gegensatz zu Matze bin ich meinen Zimmern in drei durchwerkelten Nächten mit Tapeten, Farbe und Teppichmesser zu Leibe gerückt, ein schweineteurer Besuch bei Ikea sorgt nach zwei weiteren Tagen Schrauberei für eine papa- und kindgerechte Einrichtung. Matze hingegen wohnt weiter zwischen Umzugskisten, schläft auf einer alten Matratze ohne Laken und unsere Wohnküche sieht aus wie Sau, aber ich sehe einfach nicht ein, warum ich jetzt auch dort noch renovieren soll, denn eines ist klar: Bevor Matze, die faule Sau, auch nur einen Handschlag tut, stürzt die fünfstöckige Hütte vor Altersschwäche ein.

In unserer Straße stehen Abend für Abend einige käufliche Damen, sie verleihen dem Blick vom Balkon einen Hauch von Hemingway und es ist spannend, die Freier zu beobachten, die eine halbe Stunde auf und ab laufen, verschämte Blicke um sich werfen, um dann wie zufällig zu den Nutten zu schlendern. Wir sitzen oben und schließen Wetten darauf ab, welcher der umherstreunenden Kerle sich als Erster traut.

Zwei von den Mädels stehen jeden Abend genau vor unserem Haus, nach einer Weile winken wir uns abends zu, wenn Matze und ich am Balkongeländer lehnen und sie ihrer Arbeit nachgehen. Matze ist drauf und dran, die beiden nach oben einzuladen, doch ich verweigere kategorisch, mit Nutten vögeln will ich nicht, ein kleines bisschen Reststolz sollte man sich erhalten. Um ihn zu trösten, schleppe ich

Matze ins »Hans-Albers-Eck« und er kriegt kullergroße Augen. Joachim hat mir den Tipp gegeben, der Laden ist halb Kneipe, halb Disco und berühmt dafür, dass hier jede feierwütige Touristin aufschlägt, die mit ihren Mädels auf verlängertem Hamburg-Wochenende ist. Ich tue so, als würde ich mich in dieser Hinsicht auskennen, und sage zu Matze: »Halt dich an die Touristenweiber. Schneller kriegste 'ne Nummer nur, wenn du draußen bei den Nutten bezahlst. Und Ärger hast du hinterher auch keinen, die fahren alle wieder zu ihrem Heinz nach Hause.«

Matze lässt sich volllaufen, dabei bin ich doch eigentlich nur hier, damit er mal etwas gebacken kriegt. Am Ende komme ich mit einer Blonden ins Gespräch, die mich nicht sonderlich interessiert und gerade im Gedränge ihren Drink auf mein Hemd verschüttet hat. Gackernd zupft und tupft sie mit einer Serviette vorne an meinem Hemd herum. Ich habe schon drei Wodka-Redbull gekippt und sage: »Stück tiefer ist es auch noch feucht.« Sie schlägt mir verheißungsvoll auf den Oberarm und sieht mir kokett in die Augen. Eine Stunde lang brüllen wir uns Wange an Wange Eckdaten unseres Lebens ins Ohr, wobei ich rieche, dass sie mein Lieblingsparfüm von Chanel aufgelegt hat, und so denke ich: »Was soll's denn, irgendwann muss ich ja mal wieder ficken.«

Sie heißt Elizabeth, ist 34 Jahre alt, nicht hässlich, aber nicht mein Typ und befindet sich gerade in einer durchaus ähnlichen Lebenssituation wie ich, der einzige Unterschied: Sie kriegt jeden Monat Kohle von ihrem Mann, einem Oberarzt der Gynäkologie in Konstanz. Als sie ihren Mund gerade wieder an mein Ohr legen will, drehe ich den Kopf zur Seite und wir knutschen ein bisschen. Ich schlage vor, dass wir zu mir gehen, es wäre nicht weit, doch erstaunlicherweise wird Elisa plötzlich äußerst sittsam, fragt mich, für was für eine Frau ich sie halte. Außerdem macht sich die feiernde Schar ihrer Mädels auf, den nächsten Laden zu entern, und da will sie mit. Also kritzele ich ihr meine Handynummer auf die leere Zigarettenpackung und bleibe missmutig am Tresen hocken. Erst will ich nicht ficken, und wenn ich dann doch will, ist auch wieder nichts!

Meine Laune ist im Eimer. Matze ist offenbar bei einer etwas dickeren Älteren gelandet, er gestikuliert, sie lacht, und ich habe keine Lust mehr, hier allein herumzuhocken. Also wandere ich die drei Straßenecken nach Hause. Weit komme ich nicht. Vor unserer Hütte quatschen mich unsere Nuttenfreundinnen an, für 150 Euro könnte ich jede Menge Spaß haben, für 300 sogar mit beiden, und während ich versuche, sie mir vom Leib zu halten, klingelt mein Handy, Elisa ist dran und fragt ein bisschen schnippisch, ob ich mit einer anderen Frau losgezogen bin. Sie hat ihre Mädels im Stich gelassen und ist allein zurück ins »Hans-Albers-Eck«. Also schärfe ich ihr ein, sich nicht von der Stelle zu bewegen, rase zurück, schnappe mir ihre Hand und nehme sie mit. Als wir die Haustür aufschließen, kreischen auf der anderen Seite die Mädels mit den hohen Lackstiefeln los: »Und die Schlampe macht's billiger?« Es ist mir nicht wirklich peinlich, aber doch ziemlich unangenehm, Elisa denkt todsicher, dass ich nach dem Fehlschlag postwendend nach einer Nutte gesucht habe. Sie kommt trotzdem mit rauf und fragt entsetzt: »So lebst du?«

Ich muss zugeben, unsere Wohnküche sieht aus wie bei Herrn und Frau Messie nach dem Auszug, vielleicht sollten wir uns wirklich eine Geschirrspülmaschine leisten. Also ziehe ich sie in mein Zimmer und aufs Bett, doch beim folgenden Geknutsche will kein erotischer Funken überspringen. Nach 15 Minuten lassen wir es bleiben. Vom Balkon aus beäugt sie die Nutten, lässt sich ein Taxi rufen und entschwindet in ihr Hotel, während ich mir seufzend einen runterhole, denn ich weiß, dass mir nach inzwischen gut zwei Stunden erfolgloser Erektion morgen sonst die Eier wehtun. Alter, was für ein Scheißleben, und wie genau bin ich da eigentlich hineingeraten?

Elisa ist wieder am Bodensee, wir mailen, wenig später telefonieren wir, es gelingt mir, ihr klarzumachen, dass ich noch nicht die Zeit hatte, mir eine angemessene Wohnung in einer schönen Lage zuzulegen, dass ich schnell das Erstbeste nehmen musste, um mich ganz in Ruhe nach etwas Schönem umsehen zu können. Offenbar hat sie mich zur Kontrolle gegoogelt und ist auf den Seiten meiner Agentur fündig geworden, wo ich als einer der kreativsten Köpfe Hamburgs und dynamischer Leiter der Abteilung »Strategie & Entwicklung« gerühmt werde und wo das Desaster im Thinktank aus verständlichen Gründen noch keinen Niederschlag gefunden hat.

Elisa schickt mir Urlaubsfotos von sich, erst mit Bikini, dann auch oben ohne, ich freunde mich mit dem Gedanken an, sie jetzt aber wirklich mal zu bumsen. Nach drei Tagen haben wir zum ersten Mal Telefonsex, am Donnerstag kündigt sie an, auch dieses Wochenende nach Hamburg fliegen zu wollen.

Diesmal bin ich besser vorbereitet. Weil ich nicht riskieren will, dass mitten im Geturtel ein lattenstrammer Matze furzend durch den vermüllten Flur schlurft, habe ich im feinen Hotel »Hafen Hamburg« ein Zimmer mit Elbblick genommen (300 Piepen), Champagner (60 Euro) und Rosen (60 Euro) auffahren lassen. Immerhin hat Elke beim Abräumen sämtlicher Konten tatsächlich meinen Bausparvertrag übersehen, für den die Firma die Beiträge zahlt, und die 11 000 Euro, die darauf lagen, befinden sich jetzt sicher auf meinem neuen Girokonto. Außerdem hole ich Elisa am Flughafen ab und der Dienst-Benz scheint ihre Bedenken endgültig zu zerstreuen. Eigentlich wollten wir noch essen gehen, doch mein Verlangen nach Haut ist größer und wir landen schnurstracks in der Kiste. Ich bin sehr enttäuscht, denn das Vögeln ist nicht mal unterer Durchschnitt, Elisa will es schnell und hart, blasen tut sie auch nicht, das Ganze entbehrt jeglicher Erotik. Für mich ist sie einfach nur das erstbeste Paar Frauenbeine, zwischen denen ich mich abreagieren kann, ich gerate erst außer Atem, dann ins Schwitzen, danach trinken wir Champagner und das Essen verlegen wir aufs Zimmer.

Am nächsten Morgen beim Frühstück mit Elbblick zeigt mir Elisa ein Foto ihres Sohnes und sieht sich die Bilder von Lisa und Lars an. »Wie alt sind die?«, fragt sie, und als ich acht und sechs sage, meint sie: »Schau, meiner ist vier, die würden sich bestimmt toll verstehen. Ich will sowieso aus Konstanz weg.«

Ich antworte eher vage, schleppe Elisa zurück ins Zimmer, wo ich mich bis Mittag nach Leibeskräften ausvögele. Erneut vermisse ich dabei jegliches Gefühl und denke darüber nach, warum ich bei Hannah an Laura gedacht habe und jetzt bei Elisa an Hannah. Später fahre ich sie zum Flughafen und bin schließlich froh, dass ich wieder in meiner Bude bin.

Dass eine Frau nach einem Abend in der Disco, einer Woche mailen, einmal Telefonsex und einer miserablen Hotelfickerei am nächsten Morgen zu mir ziehen will, erscheint mir absurd. Dass ich jetzt Freiwild bin, hat mir schon die Spanierin Inez prophezeit. Aber zum ersten Mal habe ich eine Ahnung, was das heißen könnte.

Der Kontakt zu Elisa endet, nachdem ich ihr drei Wochen lang erkläre, dass ich das jeweils nächste Wochenende keine Zeit habe, wobei ich durchaus Lust auf weitere vervögelte Nächte verspüre, aber wenn ich für Sex am Wochenende über 400 Euro in Hotelkosten, Getränke und Essen investiere, werden meine 11 000 Euro auch nicht lange reichen, und Elisas Performance im Bett lohnt diese Investition ganz sicher nicht.

In unserem letzten Telefongespräch sagt mir Elisa, dass ich ein Schwein sei und nur auf das Eine aus gewesen wäre. Ich antworte: »Weißt du, eigentlich habe ich nicht einmal das gewollt.«

Aber das hört sie vermutlich nicht mehr, da hat sie schon aufgelegt.

Von: **Elizabeth33**
Betreff: **Aber da war doch was ...???**

Leif, mein Liebster,
es tut mir so leid, dass ich so grässlich war am Telefon. Aber ich bin so einsam, ich bin so schrecklich, schrecklich einsam, hier allein in der großen Wohnung und mit meinem Kleinen. Seit der Trennung von Manfred bin ich kaum noch aus dem Haus gegangen, ich habe ge-

dacht, ich werde nie mehr Liebe empfinden, und dann kam der Ausflug nach Hamburg, und dann kamst Du. Ich habe so große Hoffnungen in uns gesetzt. Vielleicht wollte ich einfach zu schnell zu viel, und vielleicht habe ich damit dieses Schöne, Wundervolle, das wir hatten, leichtfertig aufs Spiel gesetzt. Wahrscheinlich bin ich einfach zu traurig und zu allein, als dass ich so etwas in Ruhe reifen lassen kann.
Aber ich bin mir ganz sicher, Du hast auch gespürt, dass zwischen uns etwas Besonderes ist. Ich habe es in Deinen Augen gesehen, wenn Du gelächelt hast. Du hast so schöne Augen, und sie leuchten, wenn Du von Deinen Kindern sprichst. Es fühlt sich so warm an, wenn Du lächelst. Ich habe mir gewünscht, dieses Lächeln jeden Morgen zu sehen, und da ist doch gar nichts Schlechtes an diesem Wunsch. Ich kann gar nicht glauben, dass ich dieses Lächeln nie wieder sehen soll.
Bitte verzeih mir, was ich am Telefon gesagt habe. Ich bin manchmal so schrecklich impulsiv. Ich glaube, du bist ein sehr warmherziger, verletzlicher Mann, und ich habe große Angst, dass ich Dich zu sehr verletzt haben könnte. Ich möchte gerne noch einmal nach Hamburg kommen.
Bitte denk darüber nach und gib uns noch eine zweite Chance.
Lass mich nicht zu lange auf eine Antwort warten.

Deine
Elisa

## Arschloch

Wer hätte das gedacht. Der große Leif Lasse Andersson wohnt jetzt in einer Männer-WG, aber mir ist es recht so, denn es ist zur Abwechslung mal ganz nett, von der Arbeit nach Hause zu kommen und jemanden zum Quatschen zu haben. Außerdem halbieren sich so auch die Lebenshaltungskosten und ich muss für lange Zeit nicht mehr darauf achten, ob genug Bier und Wodka im Kühlschrank ist, in dieser Hinsicht ist Matze eine absolute Bereicherung. Zudem hat er Ahnung von Technik. Wir bekommen den vermutlich schnellsten WLAN-Anschluss der Stadt und jetzt kann ich auch wieder ordentlich mit Mädels texten, während Matze sich endlose Reihen von Pornos herunterlädt.

Manchmal quatschen wir auch bloß den ganzen Abend und tauschen unsere Frauengeschichten aus. Die Sache mit Laura umreiße ich lediglich in groben Zügen, dies ist eine Geschichte, die ich Matze selbst auf dem Sterbebett nicht anvertrauen würde. Nachdem ich ihm Fotos von Hannah gezeigt habe, ohne Brille, versteht sich, erklärt er mich für komplett verstrahlt. »Die Frau lässt du sausen? Bloß weil du beim Vögeln mit ihr an diese Laura gedacht hast?«

»Nein, Matze«, sage ich, »nicht beim Vögeln, sondern beim Lieben, und das ist ein ziemlicher Unterschied.«

Den Unterschied versteht er nicht, und ehrlicherweise fällt es mir selbst schwer, meine emotionalen Zickzacksprünge zu begreifen. Wenn ich ficke, einfach nur ficke, dann habe ich nicht das Gefühl, Laura zu betrügen. Aber wenn ich merke, dass ich Zuneigung entwickele wie bei Hannah, dann schreit der Kleine in mir: »Verrat!«

Seitdem ich dies weiß, bin ich im Internet noch eine Frauenliga abgestiegen. Ich wähle mit Bedacht Mädels aus, deren Bilder zwar annehmbar sind, deren mit Rechtschreibfehlern und zusammenkopierten Texten gepflasterte Profile aber verraten, dass ich nicht Gefahr laufen werde, mich in eine ebenbürtige Frau zu verlieben. Und so stoße ich auf der Suche nach der nächsten Entsaftung auf Beate, die am Anfang bei der Aussicht auf einen Typen mit Benz mächtig interessiert scheint, aber meine kleinen humorigen Köstlichkeiten stets mit Antworten wie »häh?« oder »grins« beantwortet, was ich ausgesprochen entnervend finde. Doch wer unter solch schwierigen Lebensumständen ficken will, muss in sich die Gelassenheit eines Buddhas tragen, und nach ein paar Tagen schreibt sie mir: »Ich finde dich seltsam. Aber meine Kollegin hier sagt, dass du nett aussiehst. Wir können uns zu dritt mal treffen.«

Viel schräger geht es nicht. Aber langsam gewöhne ich mich daran, dass mein neues Leben in eher seltsamen Bahnen verläuft. Ich lasse mir ein Foto ihrer Kollegin mailen. Zu sehen ist ein schwarzer Haufen von lockigen Wuschelhaaren, unter dem eine nicht unattraktive Frau, offenbar rein mediterraner Abkunft, zu stecken scheint. Ich willige ein. Treffpunkt: Eiscafé, ein finsterer Hamburger Stadtteil namens Bahrenfeld!

Als ich komme, sitzt Beate schon da, und ich bin froh, dass zumindest dieser Kelch an mir vorbeigegangen ist, denn sie ist eine große, massige Frau mit keineswegs verlockenden Proportionen, das Foto von ihr im Internet muss ein wahrer Künstler geschaffen haben. Ihr gegenüber sitzt dieser Haufen kohlrabenschwarzer Haare am Tisch, ich lasse mich danebenfallen, blicke forschend zur Seite und entdecke Augen von etwa Tellergröße nebst Ohrringen, die noch ein bisschen größer sind. Die Augen mustern mich aufmerksam, bevor sie sich auf die Tischdecke senken.

»Das ist Aisha«, sagt Beate, »sie ist Türkin«, so als ob allein dieser Umstand das Skurrile dieser Situation erklären könne.

»Ach«, antworte ich, »da wollte ich immer schon mal im Urlaub hin«, und komme mir vor wie in einem Dialog von Loriot.

Die Situation ist total bescheuert, denn die Frau an meiner Seite sagt schlicht nichts, während Beate und ich um Themen ringen. Also schlage ich vor, dass Beate uns jetzt allein lässt, wir kämen schon klar.

»Das geht nicht«, sagt Aisha heftig, also bleiben wir noch eine halbe Stunde zu dritt im Eiscafé, Aisha schweigt, irgendwann wird mir die Sache zu blöd und ich sage: »Okay, ich muss dann auch mal weiter.«

Während ich am Tresen bezahle, verschwinden die beiden Frauen, doch als ich meine Jacke von der Bank holen will, sehe ich, dass auf dem Tisch ein Zettel liegt. »Ich sollte das nicht tun« steht darauf und eine E-Mail-Adresse. Na so was! Ich schreibe ihr noch am gleichen

Abend eine Mail, in der ich ihre Augen rühme und ihre Sittsamkeit, denn wesentlich mehr ist mir nicht in Erinnerung geblieben.

Zehn Tage und rund 150 Mails später kommt Aisha mich besuchen. Zu Matze, der neugierig auf dem Küchensofa herumlungert, äußert sie sich nicht, zum Zustand unserer Wohnung schweigt sie ebenfalls. Wir gehen in mein Zimmer und trinken Tee, ich habe gehört, das wäre eventuell passend. Wir reden wenig. Irgendwann schlägt Aisha die Augen nieder und bittet mich, mein Schlafzimmer zu verlassen. Matze beobachtet feixend, wie ich dämlich im Flur herumstehe und dann anklopfe und wieder verschwinde. Als ich sie im abgedunkelten Zimmer entdecke, liegt Aisha nackt unter meiner Bettdecke. Haare, wo man hinsieht. Auf dem Kopfkissen, auf dem Laken neben ihr, als ich die Bettdecke wegziehe, entdecke ich sie auch auf ihren Armen und Beinen. Ich sage: »Gott, Mädchen, was bist du schön«, und Aisha lächelt mich vorsichtig an.

Ich habe noch nie darüber nachgedacht, wo die Frau aus mediterranen Kulturkreisen aufhört, ihren Körper zu rasieren. Die Antwort: oberhalb des Bauchnabels, und ich habe selten etwas gesehen, was more sexy ist als eine Linie millimeterdünner Härchen auf dem Bauch, die sich zusammen mit den Brustwarzen aufstellen, wenn man mit den Lippen daran entlangfährt. Der Sex ist, wie alles in meinem neuen Leben, eine Überraschung und längeres Vorspiel nicht Aishas Sache.

»Fick mich!«, sagt sie, nachdem wir uns vielleicht fünf Minuten geküsst haben, ein Gefallen, den ich ihr gerne tue. »Du dreckige Sau!« ist ein Satz, der mich wenig später beinahe aus dem Konzept wirft, aber ich mache weiter. Als sie anfängt, mich zu schlagen und »du Arschloch, du Arschloch« zu stöhnen, verkrümelt sich meine Latte allerdings endgültig und ich setze mich neben sie.

»Hab ich dir wehgetan?«, frage ich besorgt.

Aisha bricht in Lachsalven aus, schubst mich auf den Rücken und überhäuft mein Gesicht mit Küssen. »Ich dachte, du magst das. Alle

Männer mögen das und alle Frauen machen das.« Dann sieht sie mich mit ihren schwarzen Augen an: »Mann, bist du süß …«

Die Affäre mit Aisha zieht sich über Wochen hin und ist seltsamer als alles, was ich bisher gehört oder gelesen habe. Nach einer Weile möchte Aisha nicht mehr mit Kondomen vögeln, sie spürt dann nichts, sagt sie, und nachdem wir beide einen Aidstest gemacht haben, arbeiten wir ohne weiter. Zum Verhüten muss ich sie allerdings in den Arsch ficken, wann wir das Betätigungsfeld meines Schwanzes wechseln, bleibt allein mir überlassen. »Du bist der Mann«, sagt sie, »und du bist schuld, wenn etwas passiert.« Ich lasse mir staunend erklären, dass alle ihre Freundinnen in Jugendjahren ausschließlich in den Arsch gefickt wurden, dies ermögliche eine unbefleckte Heirat, und das sei schließlich äußerst wichtig.

Auch steht Aisha tatsächlich mehr auf die harte Gangart, ich soll sie festhalten, sie unterwerfen, sie besitzen, aber vielleicht denkt sie auch nur, dass Männer das so wollen. Sie kommt jeden Abend zu mir, immer um die gleiche Zeit, Matze beneidet mich glühend, wir gehen ohne weitere Umwege ins Bett, und wir reden nach wie vor wenig. Um Punkt 22 Uhr verlässt Aisha mich, da ist sie gnadenlos, und wenn ich dann noch kuscheln will, legt sie mir einen Finger auf die Lippen und flüstert: »Morgen!«

Als ich ihr vorschlage, vielleicht mal ins Kino zu gehen, sagt sie: »Du irrer Deutscher!«

Ich will wissen, warum das irre wäre.

»Du hast wirklich keine Ahnung vom Leben!«

Ganz langsam, in Bruchstücken nur, erzählt sie mir in den nächsten Tagen Fragmente ihres Lebens: Hochzeit mit 17. Ein Mann, der ihr verbot, eine Ausbildung zu machen. Der sie schlug, weil sie keine Kinder bekam. Ein Vater, der ihr drohte, weil sie den Mann verlassen wollte. Eine Mutter, die sie seither mit Verachtung straft und eine Hure nennt. Sie erzählt von der Angst, mit der sie lebt, seitdem sie ging. Und von den Lügen, die sie tagaus, tagein erzählen muss, meistens ihrem Bruder, der sie kontrolliert, wenn er selbst nicht gerade irgendwelche Weiber flachlegt. Für mich ist das eine absurd fremde Welt, und es hält mich davon ab, mich auch nur im Entferntesten auf Aisha einzulassen, auch wenn ich manchmal denke, dass sie es verdient hätte.

Irgendwann nach dem Sex, wir sind jetzt knapp sechs Wochen zusammen, sagt Aisha: »Mein Bruder fragt, wo ich immer bin.«

Vor meinem inneren Auge erscheint ein Haufen sehr erzürnter Verwandter, die mir im besten Fall lediglich die Eier zu Matsch schlagen werden.

»Vielleicht sollten wir es lassen?«, frage ich.

Aisha nickt. Dann sammelt sie ihre Sachen zusammen und geht, ohne ein Wort oder einen Blick des Vorwurfs zu verlieren.

Ich bin echt ein verdammtes Arschloch.

Und Aisha hat es gleich in der ersten Nacht gesagt.

Von: **Ai999**
Betreff: **Abschied nehmen**

Leif,
ich gehe in die Türkei zurück, morgen früh schon, meine Familie schickt mich zu Verwandten. Ich habe Probleme bekommen, mein Bruder und mein Vater stellen Nachforschungen an, aber ich werde niemandem Deinen Namen sagen, egal, was passiert, das schwöre ich. Ich weiß nicht, ob wir uns jemals wiedersehen werden, du sorgloser Deutscher mit der großen Nase und dem schönen Lachen. Denke immer daran, dass das Leben viel schwieriger sein kann, als Du es ahnst.

Pass gut auf Dich auf, und nimm meine Worte ernst. Und antworte mir nicht auf diese E-Mail. Ich habe alle unsere Nachrichten gelöscht, und ich werde auch diese löschen, also lege Du keine neue Spur, denn mein Bruder ist sehr jähzornig.
Du bist ein bisschen verrückt, aber Du bist ein zärtlicher Mann, und ich wünschte mir, ich hätte einen Mann finden dürfen, der so ist wie Du. Doch so ist mein Leben nicht.
Ich werde in vier Wochen heiraten, aber ich kenne meinen Bräutigam noch nicht. Ich hörte, er sei schon alt, und ich werde wohl auch auf dem Hof arbeiten müssen. Sonst nimmt er mich nicht.

Ich sage jetzt elveda.
Aisha

## Lügenkreisel

Ich bin wieder voll drin im Internet. Nicht, dass ich diesen Ort inzwischen vertrauenerweckender finden würde. Aber langsam entschlüsseln sich mir seine Gesetzmäßigkeiten. Die Männer bescheißen die Frauen, die Frauen bescheißen die Männer, und alle suchen voller verzweifelter Sehnsucht nach einem Sinn in der ganzen Veranstaltung, aber den kann es nicht geben, weil die Ziele so entschieden differieren und noch mehr die Wege, auf denen sie erreicht werden sollen.

Ich denke, wir Kerle suchen möglichst schnell was zum Ficken, wobei wir spätere Liaison oder gar Liebe nicht kategorisch ausschließen würden, allerdings nur, wenn die Dame sich nicht nur im Leben, sondern auch im Bett als eine echte Hammerbraut erweisen sollte.

Frauen hingegen suchen möglichst langfristig was zum Lieben, wobei sie mittelfristig sogar einen Beischlaf zur Besiegelung der Partnerschaft in Erwägung ziehen würden. Allerdings nur, wenn der Scheißkerl es wirklich ernst meint und das auch mindestens sechs sexlose Wochen lang unter Beweis stellt.

Keine optimal aufeinander abgestimmten Workflows, so viel ist klar, und dergleichen – das kennt ein jeder aus dem Berufsleben – ist nur mit einer strategisch angelegten Prozessoptimierung und straffen Abläufen beizukommen. Und so tun wir Kerle das, was uns die Evolution mitgegeben hat: Wir passen uns den Erfordernissen der feindlichen Umwelt an. Wir täuschen überbordende Zuneigung zu vaterlosen Scheidungswaisen vor, deuten gewaltige romantische Goldadern in unseren verschütteten Seelen an und prahlen mit einem Einfühlungsvermögen, das keiner von uns in den Genen hat, seit wir damals das erste Mammut mit der Keule erschlugen. Wir schwatzen und schwadronieren uns in jedes erreichbare Bett und lassen die Maskerade erst nach getanem Beischlaf fallen. Dies führt in den Foren rund um die Flirtbörsen zu einer erbitterten Klageflut enttäuschter Mädels. »Warum sagt ihr nicht einfach«, beschweren sich diese, »dass ihr bloß ficken wollt, warum müsst ihr uns vorher auch noch unsere Herzen brechen?« Die Antwort ist unpopulär und liegt dennoch auf der Hand: weil wir sonst gar nicht mehr zum Vögeln kommen würden!

Dies alles führt im Verhältnis von Internettyp und digitaler Tussi zu einem sich immer schneller drehenden Kreisverkehr aus Halbwahrheiten und Unaufrichtigkeiten. Die so oft enttäuschten Frauen konkurrieren mit immer stärker getunten Fotos und absurd geflunkerten Altersangaben um die wenigen männlichen Exemplare, die den finalen Bindungsbeischlaf wirklich lohnen. Wir Kerle wehren uns mit immer neuen Varianten des immer gleichen Täuschungsmanövers. Und wir sehen uns durch die lausige Erfolgsquote gezwungen, es bei immer mehr Frauen gleichzeitig zu probieren.

Auch ich habe zunächst meine Probleme, regelmäßig zum Sex zu kommen, aber ich bin ein systematischer Mann und obendrein Werbeprofi, ich beschließe daher, zunächst eine vernünftige Marktanalyse zu erstellen, auf dass ich, darauf basierend, eine passende Marketingstrategie entwickeln kann.

Ich erschaffe gleich drei unterschiedliche Männerprofile, klaue mir die Fotos auf amerikanischen Websites zusammen und stelle den biederen Normalo Fred, Muckimann Torben und einen recht lässigen Dreitagebärtler namens John ins Netz und verändere im 3-Tages-Rhythmus die Texte.

Mich überrascht, dass mein kahlköpfiges Türsteherdouble trotz seiner gewaltigen Oberarme überhaupt keinen Schlag bei den Mädels hat. Ich kann texten, was ich will, Torben kriegt keine Frau an den Start und nach Abschluss meiner Studien fürchte ich, dass die Muckibuden dieser Welt von einem Haufen ernsthaft untervögelter Muskelberge bevölkert werden.

Was funktioniert, ist erwartungsgemäß die romantische Wildheit meines Dreitagebärtlers John. Bei ihm herrscht reger Zulauf aus meiner zentralen Zielgruppe der 25- bis 30-Jährigen. Ungerechterweise ist es total egal, was für Texte bei ihm im Profil stehen, selbst als ich Johns Selbstdarstellung auf ein abschreckendes »Ich will definitiv nur das Eine« reduziere, gehen die Mädels noch dutzendweise steil. Allerdings eröffnet mir diese Erkenntnis keinerlei Handlungsoptionen: Ich sehe halt nicht aus wie eine Mischung aus Kevin Kostner und Kurt Cobain und mit Dreitagebart wirke ich lediglich ungepflegt.

Bei den zumeist in Existenznöten schwebenden Singlemamas funktioniert dafür die behäbig zur Schau gestellte Bürgerlichkeit meines Durchschnitts-Freds, der wirklich nicht besonders hübsch aussieht, aber als ich im Text immer mehr dezente Hinweise auf die Eigenimmobilie gebe, die schönen Floridaurlaube erwähne, ohne die Fred nicht mehr leben möchte, und das Ganze noch mit triefender Romantik und brennendem Kinderwunsch verbräme, kann sich Fred vor alleinerziehenden Mamas schlicht nicht mehr retten. Das ist doch wenigstens mal ein vielversprechender Ansatz.

Weil aber Marktanalysen nichts taugen, in denen nicht auch das Potenzial der Konkurrenz untersucht wird, beerdige ich meine drei Herren nach zwei Wochen und erschaffe drei unterschiedliche Frauenprofile. Nach wenigen Tagen entwickele ich großes Verständnis für alle Mädels, die mir in meinem Leben nicht geantwortet haben. Ich erhalte pro Frauen-Dummy zwischen 30 und 50 Anschreiben pro Tag, das kann kein Mensch lesen, also gewöhne ich mir an, alles zu müllen, was mich nicht in den ersten zwei Sätzen irgendwie verblüfft, erheitert oder gerührt hat.

Etwa 30 Prozent aller Herren fragen ohne größeren Anlauf in der ersten Mail: »Ficken?« oder »Hast du nicht auch mal wieder Bock, so richtig geleckt zu werden?« Manche werben gar mit einem klar formulierten »Dauerständer sucht Betätigungsfeld!«.

Dies alles wirft kein allzu gutes Licht auf meine Geschlechtsgenossen, erklärt andererseits aber auch, warum ich doch wenigstens sporadisch erfolgreich agiere. Die Männerwelt teilt sich neben den Beischlafbettlern nämlich auf in:

- frisch getrennte Heulsusen,
- kopfrasierte Muckimacker,
- Typen, die vor ihrem Motorrad posen,
- Dumpfbacken aller Altersklassen, die weder Rechtschreibung noch Interpunktion beherrschen, geschweige denn klügere Ansprachen finden als: »Du siehst echt super aus.«

Nur rund jeder zehnte Kerl bringt einen unfallfreien Text zustande, in dem er darauf eingeht, was ich in zarten Worten als Wünsche und Sehnsüchte meiner weiblichen Probanden angedeutet habe. Bei der Durchsicht ertappe ich mich immer wieder dabei, dass mein metrosexuelles Teil-Ich spontan auf kluge oder einfühlsame Fragen antworten möchte. Und da ich obendrein merke, bei welchen Mails mich bereits zu Beginn eine gewisse Neugier oder Zuneigung übermannt, beende ich auch diese Studien und entwickele in den folgenden Wochen ein ausgereiftes Flirtkonzept.

Fortan lese ich Frauenprofile mehrfach gründlich, lehne mich auf eine Marlboro-Länge zurück, bis mir eine passgenaue Erwiderung einfällt, die zumeist mit einer schnuffeligen Frage endet, in der ich mich manchmal als ein wenig hilflos, öfter aber als frech und immerzu als äußerst kreativ erweise.

Dies führt zu zahlreichen Dialogen, in deren Verlauf ich mich als schlagfertiger, witziger und charmanter Zeitgenosse gebe, der sowohl die Wildheit des Dreitagebärtlers als auch die dezente Eloquenz eines beruflich erfolgreichen Mannes versprüht. Und letztlich führt es mich in eine schnelle Abfolge von Dates, bei denen ich sorgsam auf Bindungsfähigkeit untersucht werde, obwohl auch ich nichts anderes will als die 30 Prozent Typen, die ihre hoffnungslosen Versuche mit der Frage »Ficken?« einläuten.

Kurzum: Meine gesamte digitale Singlewelt basiert auf groß angelegtem Beschiss, und ich bewege mich für mehrere Jahre in einem irrsinnigen Lügenkreisel, an dessen Ausfahrten betrübte Frauen zurückbleiben, mit denen ich je nach Erfreulichkeit der Angelegenheit eine Nacht bis mehrere Wochen gevögelt habe. Das eigentlich Perfide an der Angelegenheit ist allerdings: Ich verliere jedes Augenmaß für Anstand, der Kleine in mir zieht sich beleidigt zurück und lässt den Cowboy wildern. Und manchmal, aber wirklich nur ganz manchmal frage ich mich, ob ich eine Gelegenheit zum Glück zwischen all diesen Frauenbeinen überhaupt noch erkennen würde.

Die Antwort darauf gibt mir Karen.

Ich glaube, aus Karen und mir hätte etwas werden können, wenn ich nicht so ein verficktes Arschloch und sie nicht so überaus vorsichtig gewesen wäre. Ihr Profil erheitert mich, weil das Foto ein ziemlich verrückter Schnappschuss ist: Karen hat eine fellgeränderte Kapuze auf dem Kopf, kneift die Augen zu, schneidet eine schreckliche Grimasse und streckt dem Fotografen die Zunge raus.

Hübsch geht definitiv anders, und ich bin mir auf den ersten Blick sicher: Wer so ein Foto ins Netz stellen muss, den hat die Natur grausam benachteiligt.

Ich studiere ihr Profil, immerhin, der kurze Text gefällt mir gut. »Scheiß auf alle Prinzen. Männer, die sich nach dem Küssen verwandeln, hab ich echt genug gehabt.« Ich hinterlasse eine kurze Notiz: »Das hast du voll in den falschen Hals gekriegt. Frösche verwandeln sich, und zwar in Kaulquappen, und wer will die schon küssen?«

Nein, das tue ich nicht, um zu flirten, manchmal hinterlasse ich auch nur so eine Nachricht, einfach deshalb, weil sie mir eingefallen ist.

Karen meldet sich am nächsten Tag. Nicht, dass es die erste Mail wäre, die ich beantworte, aber gegen Ende meines Tippseltages bekommt auch sie eine heitere Replik, aus der sich langsam ein netter Dialog entwickelt.

Karen ist Grafikerin, ich Werber, sie kennt zwei Kampagnen, die ich damals in Köln gemacht habe, ich kenne mehrere Sorten Mischgemüse, für das sie Möhrchenscheiben und Brokkoli auf der Gefrierverpackung entworfen hat.

Karen hat eine Dauerkarte für den FC St. Pauli, ich turne bisweilen im VIP-Block auf der Gegenseite herum, und beide sind wir von der Außenseiterromantik dieses Piratenklubs fasziniert.

Karen hat Basketball gespielt, aber sie war zu klein, um es in höhere Gefilde zu schaffen, dass ich mal Bundesligaspieler war, scheint ihr mehr zu imponieren als alles, was sie bei Google über mich findet.

Karen lacht über die gleichen Sachen, und ich könnte mich wegschmeißen, wenn sie mir ulkige Postkarten einscannt oder äußerst seltene Flachwitze schickt, denn sie verfügt über einen hintersinnigen Humor, der dem meinen recht ähnlich ist.

Aber ich flirte nicht, Gott bewahre, denn da ist noch immer dieses Gruselfoto und ich lese auch so genügend Frauen auf, die mir für ein paar Tage die Einsamkeit vertreiben. Im Moment tut das Janina, eine ausgesprochen zickige Online-Journalistin, die aber zum Trost über einen traumhaften Körper verfügt und definitiv mehr von mir will, doch ich drücke mich erfolgreich um einen Ausbau unserer angenehmen Affäre zur Beziehung und besuche sie nur alle paar Tage für eine Nacht. Die entstehenden Freiräume fülle ich je nach Lage an der Front mit hart erarbeiteten One-Night-Stands.

Und nun will Karen mich kennenlernen.

Eigentlich steht sie überhaupt nicht auf meiner To-do-Liste. Ich meine, ganz im Ernst, was soll das? Sie ist hässlich. Wenn sie sich in mich verliebt, muss ich ihr einen Korb geben. Wenn ich ihr keinen Korb gebe und sie aus purer Sympathie einmal vögele, breche ich ihr kleines Herz. Was kann schon dabei herauskommen außer Tränen oder erotischen Unerfreulichkeiten?

Doch nach ein paar Tagen lasse ich mich zu einer gemeinsamen Mittagspause unter Kollegen überreden. Sie ist der Karottenscheiben überdrüssig und will mir eine Bewerbungsmappe zeigen. Und im Grunde seines Herzens ist der alte LeiLa ja auch noch ein gutmütiger Kerl.

Wir treffen uns im »September«, an der Ecke des Heiligengeistfeldes, wo der FC St. Pauli spielt. Ich bin vor ihr da und warte gespannt auf das Original zum Gruselfoto. Als eine echt hübsche Frau von vielleicht 27 Jahren mit dunklen Haaren und Wahnsinnsfigur durch die Tür kommt, lächele ich ihr zu, so etwas geht bei mir inzwischen automatisch, und ich hätte auch keine Hemmungen, ihr noch schnell meine Telefonnummer zuzustecken, bevor gleich Karen kommt. Als aber ebendiese Frau zurücklächelt, sich an meinen Tisch setzt und »Hey, Leif« sagt, dämmert mir, dass sie überraschenderweise Karen heißen könnte und ich besser mal anfangen sollte, einen Tick weniger dämlich und vielleicht auch nicht mehr so ungeniert auf ihre Titten zu starren.

»Na so was«, sage ich.

Karen legt ihre Mappe auf den Tisch. »Willste sehen?«

»Später«, antworte ich, »ich muss mich erst erholen.«

»Von was denn?«

»Von deinem Profilfoto, du Knalltüte. Du bist eine Internetbetrügerin.«

»Enttäuscht?«, fragt Karen und grinst spitzbübisch.

»Oh ja«, sage ich. »Normalerweise steh ich total auf Frauen, die Fratzen schneiden. Mit hübschen Mädels kann ich echt nichts anfangen.«

»Da wären wir ja beim Thema«, sagt sie. »Ich steh total auf Männer, die nur mit mir ins Bett wollen, und die kann ich mit so einem Foto ganz gut fernhalten.«

Wir lächeln uns eine kleine Weile an. Dann startet Karen eine Art Beziehungstauglichkeitsblitzverhör, so wie alle Frauen es irgendwann machen, allerdings tun es die wenigsten so früh und so voller Witz und Anmut: »Und sonst, Herr Andersson?«, fragt sie mich mit einem kecken Blick von schräg unten rechts. »Altlasten? Unbewältigte Lieben? Sexuelle Perversionen?«

Jetzt ziehe ich eine Grimasse. »Ich sammele die Höschen von allen Frauen, die mit mir ins Bett gehen.« Dann denke ich nach und frage: »Apropos: Was trägst denn du eigentlich drunter heute?«

Da grinst Karen vergnügt und ich registriere erfreut, dass ich es trotz des verpatzten Starts offensichtlich bis auf Ballhöhe geschafft habe.

»Auf der Agenturhomepage siehst du viel älter aus«, stellt Karen fest und zwirbelt sich mit Daumen und Zeigefinger der rechten Hand nachdenklich das Ohrläppchen.

»Okay«, sage ich, »es steht 1:1. Zeig mal deine Mappe.«

Karen rutscht zu mir auf die Bank, ich schiele ihr beim Entwürfedurchsehen beiläufig in den Ausschnitt und runzele die Stirn. »Geil, echt!«, sage ich, denn auch die Mappe ist recht gut, Karen rückt derweil dicht an mich heran, ihre Haare fallen auf die Folien, und das alles sieht wirklich sehr apart aus. Ich sehe sie in stiller Zuneigung von der Seite an und sie fragt mich unvermittelt: »Mal ganz ehrlich: Haste eigentlich 'ne Freundin?«

Ich denke kurz an Janina, aber dies ist eine Sache der Definition und in meinem Fall somit eindeutig.

»Nö«, sage ich entschlossen. »Die Planstelle ist noch frei.«

Nach einer Stunde müssen wir los. Ich bummele zurück zur Agentur und freue mir ein Loch in den Bauch. Diese Frau ist ein Knaller! Angekommen, erwartet mich bereits eine E-Mail. »Hey, VIPman, Wiederholungsmatch morgen auf St. Pauli?«

»Auf jeden Fall«, schreibe ich zurück. Und frage sicherheitshalber schnell bei Müller-Mannhagen an, ob wir momentan Grafikerinnen suchen.

Karen und ich treffen uns fortan in fast jeder Mittagspause, und gottverdammich, ich finde sie unglaublich. Sie ist so witzig und so klug und so hübsch und sie hat so derartig tolle Augen, dass ich wirklich nur noch beim Türaufhalten sehnsüchtige Blicke auf ihren wahrhaft perfekten Hintern werfe, und das ist bei mir ein untrügliches Zeichen für ernstliches Interesse.

Nach einer Woche gehen wir auch abends zusammen aus. Wir gehen ins Kino, nach einer Stunde berühren sich unsere kleinen Finger durch Zufall sanft, es jagt mir einen winzigen Schauer durch den Arm bis in den Nacken. Sie zieht ihre Hand nicht weg. Doch als ich sie nach dem Film küssen will, wehrt sie mich ab. »Du bist auch bloß ein gottverdammter Prinz.«

Gut drei Wochen geht das so. Karen geht mit mir essen, trinken, tanzen, Fußball gucken, aber Karen küsst mich nicht! Geschweige denn, dass sie mit mir in die Kiste springt.

In mir keimt der Verdacht, dass ich ziemlich verliebt bin, aber ich zweifele stark daran, dass diese Frau auch nur irgendetwas von mir will, außer vielleicht Freundschaft und ein bisschen Vitamin B. Ich meine, mal ganz im Ernst: Wenn sie sich bloß ziert, würde ich doch irgendwann mal eine lausige Umarmung oder einen Abschiedskuss kriegen. Als ich Karen frage, warum sie jede freie Minute mit mir verbringt, aber nicht mit mir flirtet, zieht sie bloß spöttisch eine Augenbraue hoch und sagt: »Ach was, Herr Andersson, werden wir etwa ungeduldig?«

Nach einem weiteren vergeblichen Date mit Karen treffe ich mich zum ersten Mal wieder mit Janina, die schon ernstlich geschmollt hat, mich aber nach drei Glas Wein und einer Menge reuiger Blicke dennoch zwischen ihren festen Brüsten tröstet. Ich habe das vage Gefühl, dass das nicht ganz in Ordnung ist, aber ich kann ja auch kein Mönch werden und für die nächsten Jahre der Welt entsagen, bloß weil ich Karen so endzeitgeil finde.

Am nächsten Tag kriege ich eine Mail von Karen: »Bock, mit auf 'ne Party zu kommen? Ich kenn da kaum einen, und ich hab noch niemanden, der mitwill.«

»Immer«, schreibe ich, auch wenn ich ziemlich müde bin, denn Janina hat vor ein paar Stunden wirklich das Letzte aus mir herausgeholt.

Als wir bei der Party aufschlagen, nimmt Karen mich an die Hand, während sie klingelt.

Ich bleibe stehen und frage: »Was soll das denn heißen? Gebe ich da drin jetzt deinen neuen Lover?«

Karen sieht mich prüfend an. »Möchtest du?«

Ich antworte: »Aber ja!«

Ihr Lächeln strahlt mir bis in den Bauch, und am liebsten würde ich sofort mit ihr nach Hause, und noch heute frage ich mich, ob mein Leben ein anderes geworden wäre, wenn ich sie einfach fortgezogen hätte.

Auf der Party kommen wir nicht über die Küche hinaus. Karen kuschelt sich manchmal an mich, wir naschen uns durchs Büfett und beobachten die Leute. Als eine mir sehr bekannte, große, geile, schlanke Blonde in die Küche kommt, denke ich nur: »Scheiße, verdammte!«, und versuche, mich hinter Karen zu verstecken, die gerade zwischen meinen Beinen steht und mir die Hände um den Hals gelegt hat. Doch Janina hat mich entdeckt, sie bleibt im Türrahmen stehen, sieht erst mich an, dann Karen, kommt zu uns rüber, schiebt Karen zur Seite und schüttet mir ihr Glas ins Gesicht. Karen schreit: »Was soll das denn?«, aber da hat mir Janina schon eine runtergehauen und faucht: »Gestern noch bei mir und heute die hier? Leif Lasse Andersson, du Wichser, fick dich künftig selbst!«

Ich ziehe Karen aus der Wohnung und sehe sie an. Nach zehn Sekunden öffnet sich die Tür und Janina stürmt heulend an uns vorbei.

»Verdammt«, sage ich. Es gibt Situationen, die kann auch der kreativste Geschichtenerfinder nicht plausibel erklären. Aber das muss ich auch nicht. Karen macht ihre Hand frei und fragt voll beißendem Hohn: »Und? Was für ein Höschen hat sie gestern getragen?«

Dann geht sie langsam Janina hinterher, und es gibt schlicht nichts, was ich tun könnte, um die Sache besser zu machen.

Am nächsten Tag hat Karen ihr Handy aus. Auf meine Mails antwortet sie nicht. Und als ich nachsehe, entdecke ich, dass sie auch ihr Profil in unserer Flirtbörse gelöscht hat. Aber eine letzte Nachricht hat sie mir vorher noch geschrieben: »Und dann gibt's auch noch Prinzen, die sich schon vor dem Küssen verwandeln!«

Scheiß Cowboy, scheiß Rumfickerei, scheiß Leben!

**Rechtsanwaltskanzlei Steinbach, Stein & Partner**

Sehr geehrter Herr Andersson,

wir zeigen an, dass wir Frau Karen Schultz vertreten, eine entsprechende Vollmacht wird anwaltlich versichert.
Frau Schultz fühlt sich von den zahlreichen E-Mails, Telefonanrufen und SMS, die sie in den letzten Wochen von Ihnen erhält, belästigt, und sie hat uns beauftragt, alle notwendigen Maßnahmen zu ergreifen, um diese zu unterbinden. Frau Schultz wünscht diese Kontaktaufnahmen nicht. Auf diesem Wege stellen wir fest, dass Ihr Verhalten den Straftatbestand des § 238 StGB (Stalker-Paragraf) erfüllt. Wir fordern Sie auf, jede Form der versuchten Kontaktaufnahme zu unserer Mandantin umgehend einzustellen. Sollten Sie dieser Aufforderung keine Folge leisten, werden wir alle angezeigten Schritte einleiten.

Hochachtungsvoll
H. Stein (Rechtsanwalt)

## Reservebank

Die Sache mit Karen hat mich ziemlich aus den Schuhen gehauen. Ich weiß sehr wohl, wer in dieser Angelegenheit das Arschloch war. Aber auch diese Erkenntnis ändert nichts daran, dass sogar traurige Arschlöcher manchmal ficken müssen. Nach drei Wochen, in denen ich reumütig warte, ob Karen doch noch auf eine meiner SMS antwortet, vögele ich wieder durchs Internet.

Nicht, dass mich die Fickerei auch nur im Ansatz aufheitern könnte, aber irgendwie ist es ohne noch viel deprimierender. Ich brauche einfach den Geruch einer Frau, einen Haarschopf, in dem ich mein Gesicht vergraben kann, das Gefühl von immer anderen Titten, Mösen und Ärschen in meinen Händen. Und ich brauche, das ist das Merkwürdigste daran, die Spannung vor dem nächsten Date. Nur wenn ich weiß, dass ich in Kürze eine neue Frau klarmachen kann, scheint das durch meine Adern rauschende Testosteron jede depressive Verstimmung zu vertreiben.

Nach den Dates ist es weniger schön.

Alles in allem pendelt sich meine Erfolgsquote bei etwa 30 Prozent aller First Dates ein. Die anderen 70 Prozent bedeuten eine glatte Fehlinvestition in Zeit, Essen und Drinks sowie eine mäßig gut gelaunte Heimfahrt und teilen sich in folgende Kategorien auf:

1. Frau hat bei den Fotos beschissen und ist fett, hässlich oder zehn Jahre älter.
2. Frau ist so langweilig, dass sogar der Cowboy gähnt.
3. Frau will nicht mit mir ins Bett, sondern unterzieht mich einem Beziehungstauglichkeitstest, bei dem ich leider durchfalle.
4. Frau findet mich arrogant, überheblich oder zum Kotzen, womit ihr, dies nur gerechterweise erwähnt, eine treffende Einschätzung meiner Person gelungen ist.

Aber auch wenn ich zum Schuss komme, fühle ich mich danach nur selten wirklich gut.

Während die Damen der erfreulicheren 30 Prozent nach dem Sex in unterschiedlichen Tonalitäten schnurrend vor mir auf dem Bauch liegen und sich den Rücken streicheln lassen, weiß ich, dass sie von unserer Zukunft träumen, wohingegen sich meine Hoffnungen darauf beschränken, sie innerhalb der nächsten Stunde loszuwerden.

Absurd erscheint es mir, wenn sie sich verschämt in Laken hüllen und ins Bad schleichen, damit mir die kleinen Makel an ihren Körpern nicht auffallen, was gar nicht notwendig wäre, denn eigentlich könnte ich auch sagen: »Lass mal, die Dellen habe ich schon gesehen, als ich dich von hinten gefickt habe. Macht mir nichts, wirklich nicht, sobald 'ne Hübschere kommt, mach ich eh mit dir Schluss.«

Mein WG-Kumpel Matze schwankt zwischen Neid und Heldenverehrung, manchen Abend verbringen wir zusammen vor dem Rechner, wo ich mich bemühe, sein Internetprofil etwas aufzumöbeln. Ein hoffnungsloses Unterfangen, jedenfalls solange ich keine Lust habe, ihm auch noch die gesamten Mails zu diktieren.

Er vögelt inzwischen häufiger mit Regina, einer 43 Jahre alten, etwas fülligen Postbeamtin, die auch mir manchmal kokette Blicke zuwirft, wenn sie in Unterwäsche Größe 42 durch unsere Küche tappt, um sich einen Schluck Wasser zu holen.

Weil ich nett sein will, beglückwünsche ich Matze zu seinem Erfolg an der Front, während ich froh bin, dass ich doch noch eine Liga höher spiele, und wenn ich mir Reginas halb nackten Arsch angucke, der sich zur nächsten Runde auf seiner inzwischen ebenfalls mit einem Laken bezogenen Matratze aufmacht, denke ich mit Schaudern an die Zeit, in der auch ich nicht mehr in der Altersklasse zwischen 25 und 35 fischen werde und so etwas wie seine Postfrau bumsen muss.

Doch im Moment läuft die Marketingmaschine rund. Alles in allem umfasst meine Reservebank an guten Tagen ein halbes Dutzend Frauen, von denen ich akut mit der Hälfte schlafe, mehr schaffe ich einfach nicht, schließlich habe ich noch zwei Kinder und einen Job.

Bewegung kommt in die Besetzungsliste ungefähr alle zwei bis vier Wochen, sobald es vielversprechende Neuzugänge gibt, die auch mal in mein Bett eingewechselt werden wollen, oder sobald sich eine, die sich vorher sittsam zeigte, dann doch entschließt, mir Herz und Beine zu öffnen.

Allerdings, und das ist einfach paradox, vereinsame ich trotz der vielen Frauen zusehends.

Matze schläft jetzt immer häufiger auf seinem Postamt, wie er die Bude von Regina nennt, um dort ein paar Briefe zu stempeln, und ich hocke allein in der vermüllten St.-Pauli-Höhle. Joachim schaut ab und an vorbei, manchmal jagen wir einen Abend gemeinsam, aber mehr als die Fickerei verbindet uns nicht, seine dauernde Kifferei geht mir auf die Eier und letztlich versteht auch er weder meine Beweggründe noch meine Sehnsüchte und Zweifel.

Andere Freunde, geschweige denn ein soziales Netzwerk, habe ich nicht. Mit Robert, meinem Halbbruder im Geiste, maile ich alle paar Wochen, der Rest meines ehemaligen Freundeskreises hockt in Köln oder Bonn, und wenn ich hier nicht ficke, dann hocke ich vor dem Laptop und sehe mich nach weiblicher Kundschaft um.

Richtige Freunde sind totale Fehlanzeige, bessere Bekannte ebenfalls. Es wird noch Jahre dauern, ehe der Totalschaden, den die Trennung von Elke in meinem sozialen Umfeld verursacht hat, repariert sein wird.

Ganz im Ernst: Als Typ, der für eine Jüngere seine tapfere Frau und die Kinder im Stich gelassen hat, bist du zumindest für den weiblichen Teil der verehelichten Welt so etwas wie Lepra. Was nicht weniger heißt als: aussätzig, ansteckend, die Inkarnation aller Albträume. Bei Kontakt mit ihrem Ehemann, so fürchten sie, käme am Ende auch ihr kleiner Cowboy auf die Idee, mal zu testen, wie kurz das Seil ist, an dem er vor der Doppelhaushälfte angepflockt ist, und das wissen sie zu verhindern.

Und sie haben nicht ganz unrecht, die Mädels.

Bei Ikea treffe ich zufällig auf Thorsten. Mit ihm, dem echt ganz netten Kerl von Elkes Freundin Gudrun, habe ich in friedvolleren Familientagen manchen Abend biertrinkend am Gartengrill verbracht. Jetzt fragt er mich, ob ich eigentlich eine Freundin habe. Auf mein lakonisches »drei bis fünf, das wechselt« kriegt er leuchtende Augen und möchte ein paar von meinen Fickgeschichten hören. Allerdings bimmelt kurz darauf das Handy, zu Hause wartet die Gattin auf das neue Badezimmerregal und er bittet mich, Elke nicht zu sagen, dass wir uns getroffen hätten, nachher würde die das Gudrun erzählen, und die wiederum würde ziemlich gallig, sobald sie meinen Namen höre. Aber ich könnte ihn doch vielleicht mal mitnehmen, wenn ich auf die Piste gehe, ich wisse schon, was er meine.

Was mir an Freundschaften bleibt, ist ein einziger Basketballkumpel aus alten Jugendtagen in Pinneberg, aber diese Tage sind nun auch schon um die 24 Jahre her. Fabian heißt er, er war unser Center, ein eher stiller Typ, der jetzt ein grundsolider Ingenieur für Aufzugstechnik und Familienpapa geworden ist. Bei ihm stoße ich mit meinen Frauengeschichten auf blankes Unverständnis, außerdem kriege ich Sehnsucht, wenn er von seinen Kindern und seiner Frau erzählt, und als er mich einmal zu seinem Geburtstag einlädt, komme ich mir angesichts so viel offensichtlichen Familienglückes noch viel einsamer vor.

Manchmal gehen Fabian und ich auch Billard spielen, doch in Wahrheit langweile ich mich. Kaum sind drei, vier Partien vorbei, erwische ich mich, wie ich auf dem Handy nach neuen SMS und E-Mails forsche, die mir irgendwelche Schnallen in der letzten Stunde geschickt haben könnten.

Sauber analysiert, sind das alles nicht nur Anzeichen von Vereinsamung, sondern auch von Abhängigkeit. Der gute alte LeiLa ist ebenso inkompatibel wie ficksüchtig geworden, und gleich einem Alkoholiker verspüre ich nur dann keine Entzugserscheinungen, wenn ich gerade auf einer neuen Mutti liege. Wobei ich gerade dort, auf dem Bauch der nächsten Frau, mächtig achtgeben muss, dass ich mich von meinen latenten Sehnsüchten nach Milde, Verständnis und Zuneigung nicht übermannen lasse. Schließlich bin ich Freiwild und habe als solches definitiv das Recht, mich von keiner verdammten Frau so einfach einfangen zu lassen.

Gesund ist dieses Leben zwischen Zwölf-Stunden-Job, Kindern und vervögelten Nächten allerdings nicht. Morgens tut mein ganzer verfickter Körper weh, mein Arzt hat mich neulich das EKG wiederholen lassen, weil er die Werte nicht glauben wollte, und wenn ich abends nicht mindestens zwei Coffein-Drinks einwerfe, dann schlafe ich beim Vorspiel ein.

Im Moment unterhalte ich freundschaftliche Beziehungen zu Doris, einer kohlrabenschwarzhaarigen Lehrerin von aparten 32 Jahren, die mir aus den digitalen Gegenden rund um Schwerin zugelaufen ist. Sie erschreckt mich beim ersten Sex damit, dass sie komplett unrasiert ist, offenbar hatte sie nicht eingeplant, dass ich sie sofort in die Kiste quatsche, und so verzichte ich darauf, sie zu lecken, denn so einen Urwald kannte ich bisher nur aus den alten *Playboy*-Nummern, die ich damals im Nachlass meines großen Bruders gefunden hatte. Immerhin bessert sich dies beim nächsten Date und inzwischen trägt sie einen ganz annehmbaren Landestreifen und quiekt, wenn ich mich ausgiebig mit ihm beschäftige. Doris spricht viel über Kinder, deshalb achte ich sehr darauf, dass ich die Kondome selbst kaufe und dass die Packungen unversehrt sind.

Sporadisch, das heißt nicht mehr als ein oder zwei Abende in der Woche, ficke ich auch Susanne, eine geschiedene Hausfrau von 36 Jahren. Susi ist lieb, empfängt mich in ihrem Reihenhaus in Ahrensburg mit Essen und Rotwein vor dem Kaminfeuer und befriedigt so meine bisweilen aufkeimende Sehnsucht nach Heim und Herd. Dafür ist sie im Bett so aufregend wie ein Torpfosten und beim Blasen ruckt sie den Kopf auf und nieder, als wolle sie mit der Stirn Zaunpfähle für eine neue Gartenpforte in den Grund rammen. Alles in allem kann ich den hier entflohenen Cowboy, dessen Foto ich jedes Mal auf dem Nachttisch zur Wand drehe, ganz gut verstehen. Außerdem ist sie, wie so viele Rothaarige, eher der hellhäutige Typ, für Druckstellen anfällig, und nach dem Vögeln sieht sie aus wie ein Schlachtfeld, über das gerade eine Panzerbrigade gerollt ist. Immerhin kriege ich bei ihr am nächsten Morgen, wenn ich überhastet in die Agentur aufbreche, liebevoll geschmierte Frühstücksbrote mit auf den Weg, die ich im Auto verschlinge, und ich glaube, diese Fürsorglichkeit ist das, was mein Herz am meisten rührt, der Sex ist es jedenfalls nicht.

Aufregender sind die Schlachten mit Valerija. Sie ist im Bett ein wildes Tier, schlank, durchtrainiert, kleine feste Titten und wirklich überall Muckis. Nach dem ersten Mal mit ihr muss ich reservebanktechnisch eine zweiwöchige Pause einlegen, bis die Bisswunden in meinem linken Oberarm und auf der Brust notdürftig verheilt sind. Sie ist ein hammergeiles Gerät, das die Wirren in Ex-Jugoslawien nach Deutschland gespült haben, als sie ein Teenager war. Valerija ist eine von diesen Frauen, die auf der Piste von jeder Menge Typen angestarrt werden, aber so hochmütig gucken, dass kaum einer sie anspricht. Valerija hat BWL studiert, sie ist 31 Jahre und sieht jünger aus, schlägt sich mit einem Job als Stewardess durch und besucht mich, wann immer sie einen Flug mit Over-Night-Stop in Hamburg ergattert. Von der Optik, vom Typ und der Intelligenz her durchaus eine reizvolle Frau, doch schreckt mich die Aussicht auf die am Balkan wartende Riesenfamilie, die irgendwann auch noch nach Deutschland geholt werden soll. Außerdem kriegt Valerija, egal, was ich anstelle, keinen Orgasmus, und das finde ich auf Dauer freudlos, denn irgendwie gehört es zu den Dingen, die mich kicken, mit einer Frau zu spielen, sie bis kurz vor den Gipfel zu lecken, einen Schritt zurückzugehen, sie wieder hinaufzutreiben, und das so lange, bis sie um Erlösung bettelt. Ja, Jungs, ich weiß, diese Reservebankvögelei klingt für euch jetzt möglicherweise sehr exotisch und recht verlockend, doch sie erweist sich vor allem als eine komplexe organisatorische Aufgabe, bei der ihr keine Fehler machen dürft.

Ich gehe jetzt möglicherweise zu sehr ins Detail, aber man ahnt einfach nicht, wo Frauen beim Vögeln überall ihre Haare liegen lassen. Rubbelt doch einfach mal nach so einer Nacht mit der flachen Hand über das Bettlaken und ihr werdet feststellen, dass man mit den so entstandenen blonden, brünetten oder roten Haarbüscheln ganze Neubausiedlungen isolieren könnte. Und da keines der Mädels wirklich amüsiert wäre, Flecken, Haare oder sonstige Spuren der anderen in meiner Kiste zu finden, ziehe ich nach jeder Nummer die Bettwäsche ab und meine Putzfrau meckert, weil sie mit der Wäsche nicht nachkommt.

Zudem haben Frauen die Angewohnheit, in den unpassendsten Momenten SMS zu schicken oder sieben Mal in Folge anzurufen, und das ist etwas, was ihr ihnen einfach nicht austreiben könnt und was, wenn ihr das Handy nicht lautlos habt, den allerschönsten Fick versauen kann.

Doch das Schlimmste, Jungs, wirklich das Allerschlimmste, sind die etwa alle 14 Tage geführten Gespräche über den Fortgang eurer Affäre. »Möchtest du eigentlich noch Kinder haben?« ist eine dieser klassischen Fragen zwischen Hauptgang und Nachtisch, bei denen ihr besser durchs Fenster der Herrentoilette türmen solltet. Gern genommene Einleitung ist allerdings auch: »Es fühlt sich so gut an, bei dir zu sein.« Manchmal geht es noch subtiler los, zum Beispiel mit dem händchenhaltenden Satz: »Bist du eigentlich glücklich, so wie es jetzt ist?« Alle 14 Tage ist übrigens ein Durchschnittswert, und bei drei Frauen bedeutet es, dass ich diese verbalen Gemetzel jeden fünften Tag führen muss. Allerdings entwickele ich auch eine gewisse Routine dabei.

»Du bist eine tolle Frau, aber ich bin einfach noch nicht so weit für eine richtige Beziehung«, rettet einem Mann durchaus zwei- bis dreimal den Arsch.

»Ich vermisse meine Kinder sehr, ich sehe sie so selten, seit ich dich kennengelernt habe«, ist ein noch deutlicheres Stopp-Schild, und wenn ihr das einmal aufgestellt habt, ist mindestens drei Wochen Ruhe.

Außer bei Valerija, Deutsch ist halt nicht ihre Muttersprache und die feinen Zwischentöne entgehen ihr häufig. Bei ihr hab ich's der Deutlichkeit halber mit der Klartextversion von »Du bist der Hammer, echt, aber ich bin nicht in dich verliebt« versucht. Das Resultat war dramatisch, aber keineswegs konfliktberuhigend. Erst ließ sie das Essen stehen, um ergrimmt zischend abzuhauen, später klingelte sie am Handy Sturm, noch später hämmerte sie an meine Tür, um mich danach so derartig zu beißen, dass ich ihr beim Vögeln den Mund zuhalten musste, und das ist wirklich nicht besonders einfach, wenn man gerade versucht, komplett übermüdet zum Schuss zu kommen, und im Wohnzimmer das Handy fiept, weil Susi und Doris auch mal wieder drankommen wollen.

Echt, Jungs, überlegt es euch gut. So sieht es nämlich aus, das Leben eines erfolgreichen Singles, und vielleicht ist ja das der Grund, warum verheiratete Typen, statistisch gesehen, sieben Jahre länger leben als wir.

## Ein bisschen reich!

In der Firma hellen sich die dräuenden Gewitterwolken überraschend auf. Die Reste meines Thinktanks haben den ersten Kunden am Haken, nachdem wir gut drei Jahre lang Geld verbrannt haben, kommt zum ersten Mal auch Kohle rein. Angesichts der fünf Millionen Euro Anlaufinvestitionen nur ein kleiner Tropfen auf einer verdammt heißen Herdplatte, aber eine halbe Million ist eine halbe Million, und jetzt können wir wenigstens darum kämpfen, dass es weitergeht.

Vorstandsboss Nottbohm macht mit mir einen langen Spaziergang um die Außenalster und willigt ein, das Projekt doch nicht zu kippen, am Ende stehen wir auf der Lombardsbrücke und er sagt in seinem seltsam militärischen Ton: »Sehen aus wie ein Gespenst, Andersson! Alles klar bei Ihnen?«

Ich schüttele den Kopf. Er will wissen, was los ist. Ich erwähne die laufende Scheidung, sage ihm, dass mir das Wasser Unterkante Oberlippe steht. Er sieht mich an und grummelt väterlich: »Junge, warum sind Sie nicht gleich zu mir gekommen?« Ich zucke mit den Achseln und murmele: »Betteln liegt mir nicht.«

Am Jahresende stehen mir zehn Prozent vom ersten Kunden zu, als Entschädigung für mein im Thinktank verschollenes Kapital. Nottbohm genehmigt die vorzeitige Auszahlung der 50 großen Scheine, und was mich wirklich überrascht, er sagt, dass ich bei der Bonuszahlung vor Weihnachten ebenfalls nicht leer ausgehen werde, er würde die Hälfte der letztjährigen Zahlung für angemessen halten, schließlich sei die dramatische Verschlechterung des Umfeldes ja nicht allein meine Schuld, wenngleich er damals schon seine Bedenken gehabt hätte, mich losstürmen zu lassen.

Mich erwartet ein unfassbarer Geldsegen, auch wenn ich den Scheiß noch versteuern muss, aber die Kohle wird mir für ein, zwei Jahre den Arsch retten, wenn ich sparsam bin. Und eines ist so was von klar: Von dem Geld wird Elke in 100 Jahren nichts erfahren, denn Elke ist eine rachsüchtige Kuh, vor drei Tagen habe ich ein neues Ultimatum ihrer Anwältin bekommen, die auf eine schnelle Einigung zu ihren Bedingungen drängt, andernfalls werde sie Klage auf Scheidung und Unterhaltszahlungen in Höhe von 4000 Euro monatlich einreichen. Nichts, was man gerne liest, wenn man gerade keinen Anwalt hat, denn nach Hannah und Hannahs Papa habe ich mich immer noch nicht ernsthaft auf die Suche gemacht.

Matze hat unser gemeinsames Refugium inzwischen verlassen, künftig muss Regina mit seinen Flatulenzen leben, er ist zu ihr gezogen und mir ist es eigentlich ganz recht. Ich überlege, ob ich mir per Annonce eine nette Mitbewohnerin suchen soll, die die halbe Miete übernimmt und sich möglicherweise als Zugabe noch ab und zu vögeln lässt, oder ob ich mich erneut auf die schwierige Wohnungssuche mache. Aber für heute ist eines sonnenklar: Ich will die 50 000 Piepen feiern, verdammt noch mal, und auf keinen Fall allein in der Bude hocken, also mache ich, was ich sonst nie mache: Ich nehme eine von den vielen Einladungen an, die regelmäßig zu mir ins Büro flattern und mit denen eigentlich jeder aus der Hamburger Medienwelt regelmäßig beglückt wird. Diese kommt von einem Hamburger Partyveranstalter mit zweifelhaftem Ruf, so einen meiden Leute wie ich sonst wie die Jungfrau den Swingerclub. Ein später Anruf aus meinem Büro und es ist eine VIP-Karte für mich hinterlegt, gegen 23 Uhr schlage ich in einer Tech-Disco am Ende der Reeperbahn auf.

Die Veranstaltung ist genau das, was ich mir darunter vorgestellt habe. Unten tanzt irgendwelches Volk, das sehnsüchtig in den VIP-Bereich späht, in dem der Einzige, den ich kenne, ein abgehalfterter Popsänger ist, über den nicht einmal mehr berichtet wird, wenn er besoffen aus dem Auto fällt. Dafür sind die Mädels einsame Spitze. Der Partyveranstalter, der sich verzweifelt um ein bisschen Glanz in seiner Runde bemüht, brüllt in die Runde: »Und hier kommt Andersson, der Boss der verdammt größten Werbeagentur Deutschlands, haltet euch ran, Mädels, der Typ bringt euch groß raus.«

Es dauert exakt zwei Minuten, bis mir das erste, etwa 20 Jahre alte blonde Huhn im Tiefflug an den Hals segelt, Mona heißt sie, wenig später gesellt sich noch eine Brünette dazu, die ganz offenbar aus dem Osten stammt und Jacky genannt wird. Die beiden scheinen von der Werbekönigmasche beeindruckt zu sein und fummeln hier vor den Augen aller Leute ernsthaft an mir herum, während ich mich bemühe, ab und zu auch noch mein Glas an den Mund führen zu können.

Der Partyprinz nimmt mich wiehernd beiseite, er raunt mir zu, dass im Nachbarhaus noch Zimmer reserviert wären. Wenn ich eines bräuchte, solle ich einfach Bescheid sagen. Ich antworte: »Bescheid!«, und er drückt mir grinsend einen Plastikchip für die Tür in die Hand. »Nummer zwei, ist alles oben, was man so braucht«, sagt er, und als ich mit den beiden Chicas im Zimmer aufschlage, entdecke ich auf dem Nachttisch einen silbernen Teller, auf dem neben Kondomen auch verdächtig aussehende Beutel liegen, ich halte es für unwahrscheinlich, dass da Backpulver drin ist, daneben liegt eine Schachtel Viagra.

Doch so was braucht der alte Andersson nicht, erst recht nicht, wenn ihn gerade sein Boss vor dem Ruin gerettet hat. Also ziehe ich erst die Blonde aus, dann die Brünette, die beiden fangen an, nackt auf dem Bett zu knutschen und sich gegenseitig Finger in die Muschis zu stecken, und ich denke: »Matze platzt vor Neid, wenn ich ihm das erzähle!«

Nach kurzer Zeit finde ich mich in der Mitte zwischen den Mädels wieder, knutsche erst die eine, dann die andere, während sich ihre Hände um den kleinen Fratz in meiner Leibesmitte kümmern. Der Cowboy grunzt wohlig und sattelt nach kurzer Zeit bei der Brünetten auf, später gibt er der Blonden die Sporen, während sich die Brünette aufs Eierkraulen verlegt, noch später liegen beide nebeneinander auf dem Rücken, haben die Ärsche an der Bettkante positioniert, ich knie abwechselnd zwischen insgesamt vier Beinen und vögele die Mädels mit großer Freude wechselseitig, zehn Stöße dunkel, zehn Stöße blond, ich könnte gackern vor Erheiterung, denn ich habe ehrlicherweise schon schlechtere Pornos gesehen als den, den ich hier veranstalte, wenngleich ich beim Nachspiel feststelle, dass zwei Münder, zwei Muschis und vier Titten für einen ernsthaft angetrunkenen Mann auf Dauer eine zu große Herausforderung sind. Nach einer Weile ruft der Partyprinz an und fragt, ob alles in Ordnung ist oder ob er mir Nachschub aufs Zimmer schicken soll. Ich verneine, bedanke mich artig und ziehe mich an.

Beim Rausgehen stelle ich fest, dass sich Mona und Jacky kein bisschen darum scheren, ob ich nun der Werbekönig bin, weshalb mir dämmert, dass ich soeben keine Möchtegernmodels gevögelt habe. »Seid ihr etwa Nutten?«, frage ich, aber da sind sie beleidigt, denn anständige Männer würden von Huren reden, und sie hätten es nicht nötig, sich von einem Schnösel wie mir so eine Scheiße anzuhören. Die Erkenntnis, zum ersten Mal in meinem Leben einem käuflichen Beischlaf gefrönt zu haben, auch wenn zum Glück ein anderer dafür zahlt, ernüchtert mich, aber da mich zu Hause bloß meine leere Bude erwartet und ich hier frei saufen kann, schlendere ich zurück in den VIP-Bereich, quatsche mit dem aus der Mode gekommenen Sänger und trinke mich systematisch lattenstramm. Einer meiner Blicke trifft auf ein Mädchen, ich kann im wirbelnden Discolicht nicht erkennen, ob sie nun dunkelhäutig oder nur braun gebrannt ist. Sie lächelt mich an, steht auf und kommt zu mir herüber. Eigentlich müsste ich jetzt Schnappatmung kriegen, so schön und so exotisch ist diese Frau, sie setzt sich neben mich und sagt: »Hi, ich bin Maria. Und du bist Hamburgs Werbekönig? Ich hab die ganze Zeit geguckt, wo du bist, ich dachte, du wärst schon weg.«

Diese Frau spielt in einer anderen Liga als die Mädels eben, außerdem habe ich genug gevögelt, betrunken bin ich auch, und so versuche ich es zur Abwechslung mit Ehrlichkeit: »Nein. Leider. Kein Werbekönig.«

Sie fragt: »Was dann?«

Ich wähle erneut die Wahrheit: »Schon ein höheres Tier in einer Werbeagentur. Aber ich kann im Leben keinem Model einen Job besorgen.« Ihr Blick ruht nachdenklich auf mir, dann sagt sie: »Wenigstens bist du ehrlich.«

Sie schweigt eine Weile, ich trinke weiter, es ist nicht besonders flirty. Maria sieht mich prüfend an und fragt: »Aber du bist gern hier?«

»Weiß nicht«, sage ich, »ist das erste Mal, glaub nicht, dass ich noch mal wiederkomme.«

Sie zieht einen nachdenklichen Schmollmund, der mich umhaut. »Ich hab's mir auch ganz anders vorgestellt. Das ist echt abgefuckt hier. Stell dir mal vor: Zwei Typen haben mich schon gefragt, ob ich heute mit ihnen ins Bett gehe. Was denken die, wer ich bin?«

Nun, nach meinem Nuttenerlebnis von eben weiß ich zufällig, was die Typen denken, aber das erzähle ich Maria nicht, sondern erfahre, dass sie tatsächlich Model ist, dass ihre Agentur sie hergeschickt hat und dass sie den Partyprinzen eklig findet und die anderen Mädchen billig.

»Lass uns irgendwo was essen gehen«, schlage ich vor, »ich habe Hunger.«

Sie holt ihren Mantel. Ein Kumpel vom Partyprinzen nimmt mich an der Tür zur Seite und brummt: »Ey, die war für den Chef.« Doch ich bin ziemlich breit und der Typ ist mir egal, ich mache meinen Arm frei, Maria und ich verschwinden und ich erlebe einen verträumten 3-Uhr-Morgen-Lunch in einem rund um die Uhr geöffneten Steakhaus an der Reeperbahn, bei dem ich wenig sage, weil ich noch zu betrunken bin, und lieber fasziniert an ihren üppigen Lippen hänge. Marias Papa ist Kubaner, ihre Mutter ist aus Schweden, so wie mein Papa, sie hat die Grazie einer Latina und die Ausstrahlung einer Königin. Seltsamerweise konstatiere ich all das gänzlich ungerührt, ich bin kein bisschen geil, und dies wird sich später als großer Pluspunkt auf meinem Konto erweisen.

Wir bleiben die ganze Nacht auf der Reeperbahn, ich bin inzwischen auf Wasser umgestiegen. Maria will tanzen, doch was sie auf der Tanzfläche macht, hat nichts, aber auch wirklich nichts mit den Darbietungen der anderen Mädels zu tun. Maria turnt so voller Fröhlichkeit, Anmut und Erotik um mich herum, dass ich mir wie ein morscher Baumstamm vorkomme. Nach einer wilden Drehung fällt sie mir in den Arm und küsst mich überschwänglich, doch weiter komme ich nicht in den Nahkampf. Als der Morgen aufzieht, fahre ich sie nach Hause und von dort direkt zur Arbeit. Nicht, ohne mich für nächste Woche mit ihr zu verabreden. Das Leben muss schließlich weitergehen. Und Maria hat definitiv etwas, was mich reizt. Am reizvollsten finde ich den Gedanken, mit ihr beim nächsten Sommerfest in der Agentur aufzukreuzen. Sollen die dort doch sehen, dass ich wieder am Leben bin.

Von: **PartyPartner**
Betreff: **Offene Rechnung**

Leif, alter Freund!

ich hoffe, Du hattest eine Menge Spaß auf meiner Party. Ich möchte Dich bitten, bei nächster Gelegenheit Deine Außenstände zu begleichen, Du weißt schon, Mona und Jacky, allgemeine Dienstleistungen zu je 250 Euro die Stunde. Die Zimmermiete übernehme natürlich ich. Wenn Du die beiden mal wieder benötigst, wende Dich vertrauensvoll an mich, ich vermittele gern.

Ganz liebe Grüße
Peer, dein Partypartner!

.............................................

# Seemannsknoten

In den Thinktank ist vorsichtiger Optimismus eingekehrt. Wo vorher das schleichende Gift der Sinnlosigkeit alle Arbeit lähmte, wird wieder in Zwölf-Stunden-Tagen geschuftet. Der Kunde will sein Content-Management-System mit datenbankgestützer Werbeeinspielung in sechs Monaten laufen haben. Paulsen blüht auf und scheucht seine Techniker von hier nach dort, der Pixelpunk wirft täglich technische Verbesserungen auf den Markt, ich entwerfe neue Kampagnen und grabe wie wild nach weiteren Kunden. Das Leben macht wieder Spaß, wir haben einen Timetable einzuhalten, es wird knapp, aber wir werden es schaffen und die Welt erobern.

Mein Leben im Internet geht weiter. Nicht mehr so wild wie in den letzten Monaten, aber eigentlich habe ich immer zwei, drei Singlebörsen als kleines Fenster auf dem Computer geöffnet. Es entspannt mich halt, zwischen der vielen Arbeit öfter mal ein paar Minuten zu flirten.

Und jetzt hocke ich hier nach Feierabend, mir gegenüber sitzt Yvonne und ich ringe um einen einigermaßen souveränen Auftritt. Denn Jungs, ich gebe es hiermit ganz offiziell zu: Sexuell gesehen, war ich bisher eine Flachpiepe, und heute scheint der Tag zu sein, an dem sich das ändert. Was mir allerdings einige Angst einjagt.

Von Bondage habe ich keine Ahnung, bisher benutzte ich Taue und Seile ausschließlich dazu, um Segelboote an den Steg zu binden, Disziplin brachte ich mit meiner Grundausbildung bei der Bundeswehr in Verbindung, Sados hielt ich für Leute, die kleinen Fliegen die Flügel ausreißen, und Masochismus war mir als theoretisches Phänomen zwar geläufig, aber mal ganz im Ernst, dass eine Frau rasend geil wird, nur weil ihr jemand den Arsch versohlt, das sprengte bis vor Kurzem meine Vorstellungswelt.

Jetzt steht mir so eine Nummer selbst bevor.

Wochenlang habe ich mit Yvonne gemailt und bei ihrem Nicknamen »Submarine-w41« ausschließlich an ein U-Boot gedacht. Dass eine »Sub« eine Frau ist, die sich von ihrem Typen schlagen, fesseln und demütigen lässt, hatte sich mir zu diesem Zeitpunkt noch nicht erschlossen. Wobei der U-Boot-Nick, wie ich gerade bei der Vorspeise erfahre, durchaus feinsinnig ist, er besagt, dass Yvonne sich nicht öffentlich zu ihren Neigungen bekennt.

Yvonne entspricht wie so viele Frauen, die ich zurzeit vögele, keineswegs meinem Beuteschema und sie ist mir in den letzten Wochen eher zufällig zugelaufen. Erstens ist sie 43, und ich habe noch nie in meinem Leben mit einer Frau über 40 gepennt und ich habe auch nicht vor, das zur Gewohnheit werden zu lassen. Zweitens hat sie kein Foto im Profil, sondern ein seltsam ätherisch wirkendes Bild, auf dem eine Frau, die ohne jeden Zweifel nicht Yvonne ist, mit nacktem Rücken gebeugt zwischen riesigen Kerzen sitzt.

Für 43 Jahre ist Yvonne gar nicht mal hässlich und ohne jeden Zweifel sehr nett, aber eigentlich bin ich hauptsächlich neugierig. Sie ist mir in unserer Singlebörse wochenlang nicht von der Pelle gerückt. Sobald ich in irgendeinem Forum einen Kommentar abließ, kommentierte sie diesen, sobald meine Onlineanzeige auf Grün schaltete, bekam ich lustige, kleine, flirtige Mails, die ich manchmal auch mit lustigen, kurzen, aber nicht ganz so flirtigen Antworten bedachte. Heute Morgen allerdings bekam ich eine Art Liebesbrief von ihr, und ich beschloss, nett, aufrichtig und wahrhaft zu sein. »Liebe Yvonne«, schrieb ich, »ich finde dich total nett, das weißt du ja, aber ich glaube, dass du das Ganze hier etwas ernster siehst als ich. Ich denke nicht, dass aus uns beiden etwas werden kann.«

Ihre Antwort war zugegeben niedlich. »Und es gibt nichts, was ich tun kann, um das zu ändern?«

Meine Replik sollte ein kleiner, heiterer, tröstender Joke sein: »Es gibt immer einen Ausweg im Leben«, schrieb ich, »es ist halb eins, ich sitze im Büro, wenn du heute um 20 Uhr am Hamburger Hauptbahnhof bist, erkläre ich mich feierlich bereit, dich zu vögeln.« Dabei muss man wissen, dass Yvonne in Jena wohnt, zwei Kinder hat, einen Job und einen Exmann. Ich habe wirklich mit allem gerechnet, aber doch nicht damit: »Bleib online! Ich melde mich gleich.« Zehn Minuten später: »Mein Ex holt die Kleinen aus dem Kindergarten und behält sie über Nacht, ich hab ein Ticket gebucht, um 20.08 Uhr bin ich da.«

Ich schrieb: »Halt!«

Das hier läuft aus dem Ruder, dachte ich, während ihre nächste Antwort blinkte. »Bitte, bitte, sag jetzt nicht ab, du hast es versprochen.«

Mein Gott, ja, warum nicht? Das ist ja immerhin nicht uninteressant, das Ganze. Macht die wirklich ALLES mit? Also schrieb ich mit mannhaften Tastaturanschlägen: »20.08 Uhr ist nicht 20 Uhr, so wird das nichts mit uns beiden.« Ihre Antwort fiel neuerlich überraschend aus. »Du machst mich wahnsinnig, dann muss ich früher von der Arbeit los. Aber ich versuche es.«

Ich tippte: »Aber ich will, dass du einen kurzen Rock, Strümpfe und Strapse trägst.«

Ihre Antwort gehört für ewig zu meiner kleinen, intimen Legendensammlung der digitalen Missverständnisse zwischen Mann und Frau. »Ja, das werde ich. Aber jetzt muss ich off gehen, wenn du erlaubst, sonst schaffe ich das alles nicht, Meister!«

Meister?

Langsam, aber auch wirklich nur ganz langsam dämmerte mir, was mich da erwarten würde. Verdammte Kiste, Yvonne ist eine von diesen BDSM-Tanten, die kettenklirrend durchs Internet rasseln und die mich bisher nicht sonderlich interessiert haben. Und mein zwischen gelegentlichem Wortwitz und tagelangem Desinteresse schwankendes Verhalten hielt sie für den Teil eines Rituals, mit dem ich meine Dominanz über sie beweisen wollte. Ich beschloss, die Zeit zum Googeln zu nutzen, um mich wenigstens grundsätzlich kundig zu machen, was heute noch von mir erwartet werden würde.

Und jetzt sitze ich hier, im Fischereihafenrestaurant, und lasse Yvonne reden. Allemal besser, als mich als Hochstapler zu outen. »Ich will«, befehle ich mit fester Stimme, »dass du mir von deinem letzten Dom erzählst. Von deinem besten Dom und von der geilsten Session deines Lebens. Außerdem will ich wissen, ob du eher BD oder SM bist.« All diese Begriffe habe ich im segensreichen Internet gefunden, und es wäre ja gelacht, wenn sich das nicht hinbasteln ließe.

Yvonne schlägt die Augen nieder und erzählt mir von höchst befremdlichen sexuellen Welten. Wie schwer es ist, einen Dom zu finden, der ihre Gefühle respektiert, wie sehr sie sich nach der richtigen Mischung aus Zärtlichkeit und Dominanz sehnt. Dass sie lieber gebunden und gedemütigt wird, aber auch Schmerzen im richtigen Moment zu schätzen weiß, aber dass die meisten Typen hirnlose Sados sind, die das Ganze als eine Art Heimwerkeraufgabe mit Werkzeugkoffer voller Peitschen, Klammern und Paddel missverstehen.

Nun gut, es gibt Stellen, an denen ich gerne mal nachhaken würde, zum Beispiel, ob wir gleich noch an der Alster vorbeimüssen, um ein Paddel zu stehlen, und was wir dann damit anfangen werden. Doch ich schweige interessiert und lasse mich aufklären, dass sie komplizierte Stoppworte manchmal vergisst und wie furchtbar es dann wird und dass sie deshalb als immer und ewig gültiges Stoppwort »Rüdiger« auserkoren hat. Ich versuche, meine Überraschung zu verbergen, denn es ist der Name ihres Exmannes, und wann immer sie beim Bondage die Geilheit verliert, denkt sie zurück an den ehelichen Blümchensex. Sie fragt mich, ob ich ihr Stoppwort respektieren werde, ich nicke mit hoffentlich dominanter Miene, bevor ich tapfer zur ersten Tat schreite.

Ich nehme ihre Hand und sage: »Yvonne! Ich möchte, dass du jetzt auf die Toilette gehst und dein Höschen ausziehst. Dann kommst du wieder, gibst mir erst einen Kuss und dann das Höschen.«

Ich geb's ja zu, das ist nicht meine Idee, ich habe es in einer Anleitung gefunden, nach der man testen kann, ob die eigene Frau eventuell verborgene BDSM-Tendenzen hat. Yvonne überlegt nicht lange, lächelt mich an, dann lässt sie ihr Essen stehen und verschwindet auf der Damentoilette, während unter dem Tischtuch zu meiner grenzenlosen Überraschung der Juniorpartner rumort. Ich bin bloß nervös, aber wenigstens ihm und dem Cowboy scheint die Sache Spaß zu machen.

Doch die Sache mit dem Schlüppi wird mehr als peinlich, denn Yvonne legt ihn mit einem reizenden Lächeln vor mir auf den Tisch, die Typen am Nebentisch haben es volle Lotte mitgekriegt. Ich lasse das Teil eilig in der Hosentasche verschwinden und bitte um die Rechnung.

Auf dem Weg zum Auto küssen wir uns. Probeweise fasse ich ihre Haare mit einem festen Griff und ziehe ihren Kopf in den Nacken. Yvonne schnauft wie mein erster Käfer damals in den Kasseler Bergen, es scheint ihr zu gefallen. Also gleich noch mal. Fester Griff in die Haare, dazu der mannhafte Satz: »Wer hat dir eigentlich erlaubt, mich zu küssen?« Sie schlägt die Augen nieder. Als ich ihr die Tür aufhalte, sehe ich, dass sie zittert.

»Zieh dich aus«, sage ich in meiner Bude, »bis auf die Schuhe, Strümpfe und die Strapse. Und dann hol mir ein Bier, meine Zigaretten und einen Aschenbecher.«

Sie tut es, unglaublich, sie rennt mit niedergeschlagenen Augen und nackt durch meine Bude und tut alles, was ich will! Ich bin inzwischen 42 Jahre alt, vögele seit mehreren Jahrzehnten durch die Gegend, aber wenn mir einer gesagt hätte, wie aufregend so eine Veranstaltung ist und wie das eigene Herz dabei hämmert, dem hätte ich einen Vogel gezeigt.

Yvonne kniet sich mit dem Bier vor mich hin und murmelt: »Verzeih mir, ich habe keinen Öffner gefunden.« Mit strengem Blick schicke ich sie zurück in die Küche und rufe ihr nach: »Hängt am Kühlschrank. Und wäre besser für dich, wenn du ihn jetzt findest!« Scheiße, ich bin geil, aber ich komme mir auch albern vor, doch sie kehrt mit dem geöffneten Bier zurück und sieht in Schuhen, Strapsen und Strümpfen in der Tat fantastisch aus. Als Nächstes zündet mir Yvonne eine Kippe an und gibt mir den Aschenbecher. »Knie dich wieder hin und stell den Aschenbecher in deinen Nacken«, verlange ich. Sie zittert, aber sie kniet. Ich rauche eine Zigarette und bin mit meinem Latein am Ende. Also ziehe ich sie auf meinen Schoß, nehme sie in den Arm und streichele ihr den Rücken, den Nacken und das Gesicht. »Das machst du gut«, sage ich, hebe sie hoch, trage sie ins Schlafzimmer und vögele sie zärtlich. »Ich kann das nicht«, überlege ich dabei, »ich meine, ich kann doch jetzt die Frau hier nicht verdreschen und dabei einen Ständer behalten!«

Yvonne kommt aus dem Bad zurück und kuschelt sich in meinen Arm. »Das war so schön«, sagt sie, »du hast genau gespürt, dass ich noch nicht bereit war, stimmt's?« Und ich denke resigniert: »Himmel, nein, sie hat es immer noch nicht geschnallt!«

Immerhin, ich bin Segler, ich kann Seemannsknoten, ich habe tonnenweise Krawatten im Schrank, mein Bett hat vier Eckpfosten, und ich habe verflucht schon schlimmere Situationen gemeistert als diese. So fessele ich sie schließlich, verbinde ihr zu meiner eigenen Sicherheit die Augen und lasse mich von den Geräuschen leiten, die Yvonne macht. Kneife ich sie zärtlich, schnauft sie leise, kneife ich doller, schnauft sie stärker, zarte Klapse auf den Po erreichen keinen nennenswerten Ausschlag auf der Geräuscheskala, also nehme ich all meinen Mut zusammen und semmele ihr fest auf den Arsch. »Aaaah«, keucht sie, während meine Hand brennt, deshalb blicke ich mich suchend nach Hilfsmitteln um. In meinem Ledergürtel werde ich fündig, nach zwei misslungenen Versuchen, bei denen ich zu vorsichtig aushole und der Gürtel nur schlapp auf meinen Oberschenkel patscht, treffe ich tatsächlich ihren Arsch. Das macht ein wirklich höllisches Geräusch und außerdem ziehen sich bald rote Striemen über Yvonnes Hintern. Ich frage mich, wie ein Mensch so etwas geil finden kann, aber als ich probehalber mal nachgucken gehe und ihr einen Finger in die Muschi stecke, ist dieser beim Herausziehen mit einer feucht glänzenden Schicht bedeckt, sodass ich darüber nachdenke, wie ich Yvonne noch weitere Freuden bereiten kann.

Richtig! Gedemütigt wollte Yvonne noch werden, allerdings ist das aus dem Stand weit schwieriger, als sich dies der Laie so vorstellt. Während ich ihren Popo weiterhin mit dem Gürtel bearbeite, suche ich nach passenden Beschimpfungen und versuche es mit einem zunächst eher zögerlichen: »Du kleine Schlampe!« Das Ergebnis ist verblüffend. Yvonnes Stöhnen verwandelt sich in atemlose hervorgestoßene Wortfetzen, die nach »Ja, ja, ja, ich bin eine kleine Schlampe« klingen. Die ganze Situation ist derartig grotesk, dass ich grinsen muss Dennoch bemühe ich mich um einen ernsten Tonfall und stoße barsch hervor: »Ein richtiges, dreckiges Luder! Du hast Strafe verdient.« Yvonne keucht: »Ja, ich bin ein dreckiges Luder, bestrafe mich, Meister!«, was mich zu dem irritierenden Gedanken bringt, dass die einzige angemessene Strafe für einen Maso ja eigentlich wäre, ihm NICHT den Arsch zu versohlen. Also halte ich inne und sage: »Eine Schlampe wie du hat nicht mal Strafe verdient!«

Yvonne fängt an zu schluchzen. Da mir die Sache doch langsam zu schräg wird, beschließe ich, dem ein Ende zu machen, drehe sie auf den Rücken und beginne, sie zärtlich zu lecken. Das lässt sie ruhiger werden, ich fürchte, so kommen wir nicht weiter, also verbinde ich meine Bemühungen mit herzhaften Kniffen in ihre Oberschenkel, ihren Bauch und schließlich ihre Brustwarzen. Kaum zwirbele ich diese so richtig fies, verfällt Yvonnes Unterleib unter meiner Zunge in mächtige Zuckungen und das Werk ist vollbracht.

Ich frage mich, wie das weitergehen soll, und bemerke, dass ich eine gewaltige Latte habe, was bei der zweiten Nummer in 60 Minuten eine erstaunliche Tatsache ist. Ich denke, mit Ficken kann ich erst mal nicht viel falsch machen, und fange an. Und mal ganz im Ernst, Jungs, auch wenn ihr möglicherweise gerade ein wenig befremdet seid, vergesst alles, was ihr bisher gedacht und gehört habt: Eine gefesselte Frau zu bumsen, die dabei schreit, dass die Nachbarn an die Wände klopfen, das hat seine Höhepunkte, unter anderem einen recht intensiven eigenen.

Am nächsten Morgen bringe ich Yvonne zur Bahn. Als sie in mein Auto steigt, bemerke ich, dass sie Probleme hat, sich hinzusetzen, ich fürchte, daran war mein Ledergürtel schuld. »War ich zu hart?«, frage ich und sie strahlt mich an: »Auf keinen Fall. Ich mag es sehr, wenn ich auch am nächsten Tag noch etwas davon habe.«

Am Bahnsteig fragt Yvonne demütig: »Darf ich wiederkommen?«, und ich sage streng: »Ich denke darüber nach.«

Als der Zug den Bahnhof verlässt, schauen mich die Leute an, als wäre ich ein Irrer. Ich sitze auf der Bank und lache, bis mir die Tränen kommen.

»Ja, Yvonne«, rufe ich den roten Rücklichtern des Zuges hinterher, »du darfst wiederkommen. Aber erst nächste Woche, ich muss erst noch googeln, was ein Paddel ist.«

## Anwalts Liebling

Einen Anwalt zu finden, ist gar nicht so leicht.

Und ich bin eine faule Sau.

Und ich habe viel zu tun.

Und ich muss viele Frauen ficken.

Und ich habe ja noch die Kinder.

Und ich finde eine Million Ausreden, die alle nur das eine sagen: LeiLa Andersson kneift, er hat schlicht Schiss vor der ganzen Scheidungskacke und zahlt lieber weiterhin brav seine 2500 Öcken Unterhalt plus Nebenkosten, denn das war die Summe, die Hannah damals für mich ausgehandelt hatte.

Aber jetzt mal ganz im Ernst, Jungs, schreibt es euch auf, legt den Zettel in euer Portemonnaie, klebt ihn an euren Laptop oder an den Kühlschrank, denn jetzt kommt der wichtigste und wertvollste Rat, den ich euch in diesem Buch geben kann: Falls es jemals so weit sein sollte, wenn die Alte Ernst macht, wenn sie euch rauskegelt, dann rafft alle Unterlagen über Ehe, Finanzen und Besitzverhältnisse zusammen, die ihr zu fassen kriegt, und macht euch auf die Socken. Sucht einen richtig geilen Anwalt, gleich am ersten Tag. Gebt euch dabei Mühe, denn glaubt mir, ab sofort geht's um nicht weniger als euren blanken Arsch!

Ich hatte ja keine Ahnung, wie viel Kohle es kostet, keinen Anwalt zu haben.

Und ich hatte nicht die Spur eines Schimmers, was der falsche Anwalt kostet.

Zwei Jahre nach Hannah habe ich halbherzig im Internet recherchiert und bin auf einen Hamburger Staranwalt gestoßen, den auch die großen Nachrichtenmagazine oft zitieren und der neulich mit einer spektakulären Promi-Scheidung in den Schlagzeilen der Hamburger Boulevardblätter war. Er trägt einen Doppelnamen und sieht auf den Fotos wirklich beeindruckend aus. Die Erstberatung kostet auch nicht 180 wie bei Hannah, sondern 320 Piepen. Er residiert in einem großen, prächtigen Bau in der Hamburger Innenstadt und ist eine wirklich imposante Erscheinung mit tönendem Bass und mächtigem Händedruck.

Viel mehr als das bekomme ich in meiner Erstberatung, die eigentlich eine Stunde dauern sollte, aber nach 28 Minuten vorbei ist, nicht mit. Na ja, vielleicht noch, dass er ein echt toller Hecht ist, vor dem Hamburgs Richter auf den Knien liegen und die Prozessgegner zittern.

Dass er nicht nur die in der Prozessordnung festgeschriebenen Gebühren nimmt, sondern auch noch jede Minute Arbeit extra abrechnet, habe ich zum Beispiel nicht mitgekriegt. Dass sein Stundensatz weiterhin 320 Euro plus Mehrwertsteuer beträgt, geht mir ebenfalls erst nach zwei Monaten auf, in denen ich ihn mehrfach ratsuchend angerufen habe, aber immer nur Nachrichten bei einer seiner vielen Sekretärinnen hinterlassen konnte, auf die er nicht reagierte.

Nach zwei Monaten kriege ich ihn endlich wieder zu Gesicht. Er stellt eine komplizierte Berechnung auf, die er mir später zuschickt, bei der er offenbar die Zahlen eines anderen Mandanten zugrunde gelegt hat, der rund das Fünffache meines Gehaltes verdient. In seinem Brief rät er mir, mich mit Elke auf 9000 Euro monatlichen Unterhalt zu einigen, vor Gericht würde das teurer.

Als ich mich telefonisch beschwere, zeigt sich mein Staranwalt betrübt und entschuldigt sich später in einer E-Mail wortreich für das kleine Versehen. Einige Wochen später werde ich feststellen, dass auf seiner gigantischen Rechnung sowohl das Erstellen der falschen Rechnung, das Telefongespräch, in dem ich mich beschwere, das Korrigieren der falschen Rechnung sowie das Tippen der Entschuldigungsmail mit jeweils dreistelligen Summen zu Buche schlagen.

Langsam werde ich sauer, denn außer Honorarrechnungen zu schicken macht er schlicht nichts. Als ich ihn anrufe und frage, ob er mich verarschen will, verweist er auf irgendetwas, was ich zu Beginn anscheinend unterschrieben habe, und bietet mir einen Beratungstermin in sechs Wochen an, der mir nicht attraktiv erscheint, weil auch der wieder 320 Schleifen plus Steuer kosten wird. Ich sage ihm das, aber seine Antwort lautet: »Herr Andersson, Sie wollten den besten Anwalt der Stadt, da müssen Sie sich mit dem Gedanken anfreunden, dass der auch ein bisschen teurer ist.«

Was für ein unglaubliches Arschloch!

Als ich gründlicher im Internet recherchiere, entdecke ich einen Haufen Foren, in denen sich Hunderte von armen Kerlen und Frauen über beschissene Anwälte beschweren, von denen sie nach Strich und Faden ausgeplündert werden, auch der Bindestrichname meines juristischen Vertreters wird häufig genannt. Aber mich bei der Anwaltskammer zu beschweren wäre mir peinlich, denn da sitzt Hannahs Papa in diversen Gremien. Also entziehe ich ihm das Mandat, zahle knurrend seine Abschlussrechnung über nicht weniger als 4900 Euro – für realistisch nicht mehr als drei Stunden seiner Zeit – und mache es wie die Privatsender mit unbegabten Sängern: Ich veranstalte ein Casting.

Bei einer Väter-Hilfe-Gruppe lasse ich mir Adressen geben und telefoniere mit insgesamt neun Kanzleien. Wenn eine mir bescheidet, einen Termin würde ich frühestens in vier Wochen kriegen, sortiere ich sie aus, denn wenn der Anwalt schon keine Zeit hat, mich als Kundschaft an Land zu ziehen, dann hat er erst recht keine Zeit, sich um meinen Fall zu kümmern.

Am Ende habe ich noch drei Jungs auf der Liste, die ich in der folgenden Woche abklappere. Zwei wirken sehr kompetent und vertrauenswürdig, doch ich entschließe mich für den dritten, eine merkwürdige, Zigarillo rauchende Gestalt in Jeans und Karohemd von vielleicht 55 Jahren. Er ist, so ulkig das klingt, die Inkarnation meines Cowboys, er trägt sogar Stiefel, die er bei unserem ersten Gespräch auch nach fünf Minuten auf den Tisch legt. Alles in allem scheint er von Frauen nicht viel zu halten und räumt ein, selbst zwei Mal geschieden zu sein. Am Ende gibt der Kleine in mir den Ausschlag, der sich vor dem Schreibtisch dieser coolen Sau tatsächlich sehr beschützt fühlt, und ich unterschreibe sein Mandat.

Ich glaube, bei seinen Machoauftritten ist eine Menge Show dabei, um uns jammerlappigen Scheidungsmännern ein bisschen mehr Mumm einzuhauchen. Und das ist angesichts der sich jagenden Ultimaten von Elkes Anwältin auch bitter nötig.

»Warum zahlen Sie Ihrer Frau denn überhaupt Unterhalt?«, will er bei unserem ersten Gespräch wissen. »Hat die keine Ausbildung? Putzfrau gewesen oder was?«

Als ich ihm von Elkes verheißungsvoller Bankerkarriere erzähle, schnippt er zufrieden mit den Fingern. »Soll sie doch wieder arbeiten gehen! Gar nichts steht der Dame zu. Sie zahlen für die Kinder, Höchstsatz, bei Ihrem Gehalt, da werden wir nichts dran drehen können, es sei denn, Sie eröffnen eine eigene Firma und machen schnell noch ein paar Verluste. Aber die Dame soll mal schön ihren Arsch in Bewegung setzen.«

Als ich auf die Drohung von Elkes Anwältin zu sprechen komme, blättert er in den Unterlagen, nimmt die Füße vom Tisch, beugt sich zu mir rüber und sticht mir fast seinen Zigarillo gegen die Brust. »Scheidung wird Ihre Frau in 100 Jahren nicht einreichen«, verkündet er, »das ist alles bloß Kanonendonner, damit Sie es vor lauter Schiss auch nicht tun. Wenn sie sich irgendeinen Vorteil davon verspräche, hätte sie es lange getan und nicht …«, er raschelt ein bisschen in den Unterlagen, »… jetzt schon fast drei Jahre damit gewartet.«

Auf meine Frage, was ihn da so sicher macht, erklärt er mir: »Ihre Frau ist ja nicht blöd und die Anwältin auch nicht. Ab dem Tag der Scheidung sieht Ihre Frau möglicherweise gar kein Geld mehr. So alt wie Ihre Kinder sind, ist sie verpflichtet, wieder zu arbeiten, was sie im Moment ja ganz offensichtlich nicht tut. Außerdem steigt ihr Anteil an Ihrer Rente mit jedem Tag, an dem Sie noch verheiratet sind, und wie ich sehe, blasen Sie, lieber Herr Andersson, ihr die Kohle ja auch so in den Arsch.«

Ich bin über alle Maßen verwirrt, und wir gehen meinen Fall langsam durch.

Er ist eine Art Burgschauspieler der deftigen Art. Hannah hat damals viel zugehört, bei ihm sitze ich im Publikum, während er seine Darbietungen gibt, und plötzlich verstehe ich viel, von dem ich vorher keine Ahnung hatte. Vor allem verstehe ich Elkes aggressive Vorstöße, mit denen sie mich bisher so eingeschüchtert hat. »Erst scharf schießen«, nennt mein Anwalt diese Strategie, »und hinterher reden. Mache ich auch immer, wenn ich eine Frau vertrete. Die meisten Männer erschrecken sich dabei so derartig, dass sie erst mal zahlen, und das Geld sehen sie nie mehr wieder. Wie viel geben Sie dieser Frau? 2500 im Monat? Und dazu noch die Nebenkosten fürs Haus? Mann, Sie hätte ich auch gerne mal auf der Gegenseite, da macht man ja ein Vermögen.«

Ich zeige mich reuig, dann machen wir uns an die Arbeit und er verhört mich.

»Haben Sie Ihre Frau jemals dazu aufgefordert, wieder ihrem Job nachzugehen?«

Ich antworte: »Na ja, nicht direkt, irgendwer musste ja auf die Kinder aufpassen.«

»Falsche Antwort!«

»Und wie geht die richtige?«

»Ich nehme an, dass Sie, Herr Andersson, sich mit Händen und Füßen dagegen gewehrt haben, dass Ihre Frau fortan die Füße hochlegt, aber dass die hochwohlgeborene Madame sich zu schade war, wieder in die Bank zu gehen, jedenfalls wäre es gut, wenn es so gewesen wäre.«

Ich frage, warum das gut wäre.

»Weil Sie schon mächtig lange verheiratet sind. Bei langer Ehedauer könnte ein missgünstiger Richter ehebedingte Nachteile annehmen. Wenn Ihre Frau nachweist, dass Sie, Herr Andersson, auf ihr Karriereende gedrängt haben, zahlen Sie bis ans Lebensende.«

Ich seufze und spreche gehorsam: »Meine Frau wollte nicht wieder arbeiten, auf keinen Fall. Ich habe sie gebeten, wieder zur Bank zu gehen, es waren ja unsichere Zeiten damals und keiner wusste, wie lange das bei mir in der Agentur gut geht. Aber sie wollte nicht, hat sich glatt geweigert. Sie weigert sich ja immer noch, jetzt, Jahre nach unserer Trennung.«

»Sehr gut. Haben wir Zeugen?«

»Nein, natürlich nicht. Ich habe ja bloß nachgeplappert, was Sie mir gesagt haben.«

»Falsch. Sie haben mir gar nichts nachgeplappert. Ich werde Ihnen doch hier nicht nahelegen, die Unwahrheit zu sagen, das darf ich gar nicht. Aber ich bin mir fast sicher, dass Sie Zeugen haben, jede Menge. Ein paar Kumpels von damals. Oder Geschwister. Das fällt Ihnen schon noch wieder ein.«

Als ich irgendwann erwähne, dass Elke bei der Trennung meine Konten abgeräumt hat, schlägt er sich vor Vergnügen auf die Schenkel. »Können wir das belegen? Kontoauszüge?« Als ich nicke, reibt er sich vergnügt die Hände: »Glasklarer Verwirkungstatbestand! Wenn ein Unterhaltsberechtigter die wirtschaftlichen Interessen des Unterhaltsverpflichteten verletzt, ist er raus. Null Unterhalt! Das fliegt ihr vor Gericht um die Ohren, und zwar mit so einem Knall!«, wobei er die flache Hand auf den Tisch haut und vergnügt in sich hineinwiehert.

»Wollen Sie ihr das nicht mal schreiben?«, frage ich hoffnungsvoll. »Zum Beispiel als Antwort auf die letzten Forderungen?«

Da lacht er: »Quatsch. Damit kommen wir frühestens vor Gericht, und Sie werden eine Menge Spaß haben, wenn Sie dabei das Gesicht Ihrer Frau beobachten.«

Dann kneift er die Augen zusammen. »Warum reichen nicht Sie, Herr Andersson, die Scheidung ein? Sollten Sie eigentlich machen, so wie ich die Lage sehe.«

Ich gucke betreten und murmele: »Wegen der Kinder.« Aber er weiß die Wahrheit so gut wie ich, und die lautet: weil ich Schiss habe vor dem ganzen Scheiß, der da auf mich zukommen wird.

»Na ja«, meint er tröstend, »wir werden auch so mit der Sache klarkommen. Und irgendwann werden Sie schon genügend Mumm aufbringen. Hat schließlich noch jeder von uns geschafft.«

Für den Anfang hat er einen schönen Vorschlag, mit dem er die Reaktionen der Gegenseite austesten will. Ich sollte doch, ohne aufs Ultimatum zu reagieren, einfach mal den Unterhalt kürzen, sagen wir um 500 auf ab sofort nur noch 2000 Euro.

»Und diesen Quatsch mit den 500 Euro Nebenkosten extra«, sagt er, »den zahlen Sie auch nicht mehr. Wer wärmt sich denn den Arsch an der Heizung? Sie oder sie?«

Als ich zweifelnd vor mich hinsinniere, prophezeit er mir: »Ihre Frau wird meckern. Aber ich würde mich wundern, wenn sie was macht. Dann müsste sie Unterhaltsklage einreichen, auf die wir mit Scheidungsklage reagieren, und sie wär schön blöd, wenn sie es täte.«

Also spare ich weitere 1000 Euro im Monat, was mich endgültig aller Sorgen entledigt. In der Folge bekomme ich eine schriftliche Aufforderung von Elkes Anwältin, meine Einkommensverhältnisse offenzulegen. In seiner Antwort schreibt mein Cowboyanwalt, dass wir den Teufel tun werden, sie könne ja endlich ihre Klage einreichen, danach höre ich in dieser Angelegenheit kein Wort mehr.

Ist schon so, dass es eine Art Gerechtigkeit gibt. Man darf bloß nicht darauf hoffen, sie in Wattehandschuhen zu fassen zu kriegen.

Aber erst mal hat mich ohnehin mein kubanisches Model Maria zu fassen gekriegt, und zwar gründlich. Ich habe meine gesamte verfluchte Reservebank aufgelöst, auch Yvonne nach vier weiteren Treffen nicht mehr den Arsch verhauen, obwohl ich anfing, Gefallen daran zu finden, und alles bloß, weil Maria so ein unglaublich leckerer Hüpfer von 26 Jahren ist. Ich bin nicht direkt verliebt, Gott bewahre, aber Marias kaffeebraune Beine in weißen Stiefeln, halterlosen weißen Strümpfen und sonst nichts, ihr karibisches Temperament im Bett, ihr umwerfend hübsches Gesicht, ihre Vorliebe für Sex, bei dem es vor allen Dingen ich gut haben soll, all das macht sie im Vergleich zu den anderen Mädels konkurrenzlos und in mir verblasst der Wunsch nach weiterer Vielweiberei. Dabei ist Schlussmachen nicht eben meine Lieblingsbeschäftigung. Susi ist dann auch ziemlich verzweifelt, sie sieht verheult nicht sehr hübsch aus mit der rot verschwollenen Nase, und am liebsten würde ich sagen: »Komm, war nur Spaß, schmier mir ein paar Stullen und alles bleibt, wie es ist.«

Auch Doris rollen ein paar Tränchen aus dem Augenwinkel und ich komme mir vor wie ein Schuft, sie hatte tatsächlich fest mit einer gemeinsamen Zukunft geplant und sich sogar schon in Hamburg nach einer Stelle umgesehen.

Da ist mir der Abschied von Valerija lieber, sie beschimpft mich voller Wut und Leidenschaft und fällt am Ende noch einmal über mich her. Inzwischen weiß ich ja, dass ich ihr beim Vögeln den Mund zuhalten muss, daher beißt sie mich beim Abschiedssex mächtig in den Handballen. Als sie geht, schüttelt sie fassungslos den Kopf und schreit mich zornig an: »Und dabei bist du nicht mal hübsch, du Scheißkerl!«

Nur bei Yvonne schaffe ich es, die ganze Angelegenheit ohne größere Verstimmungen und per Mail abzuwickeln, aber wahrscheinlich ist ihr inzwischen eh aufgegangen, dass ich kein echter Dom bin, sondern nur eine Art Handschellenhochstapler, und vielleicht war ihr auch die Fahrerei aus Jena mit der Zeit lästig.

## Doris – 2 Monate später

Lieber Leif,

mit Worten haben wir uns kennengelernt, mit Worten will ich mich verabschieden. Hätte ich natürlich schon machen können, als Du mir gesagt hast, dass es vorbei ist, aber ich fürchte, da war ich gerade nicht recht in Form.

Du bist ein seltsamer Mensch. Vielleicht bist Du der seltsamste Mensch, den ich kenne. Ich habe lange über Dich nachgedacht und über die Rätsel, die Du mir aufgegeben hast. Heute Nacht bin ich aufgewacht und hatte die Lösung. Einfach so, ganz plötzlich, war sie da.

Du bist ein Lügner, Leif.

Nicht, dass Du jemals gelogen hättest. Also, nicht, dass Du mit Worten gelogen hättest. Das ist es, was mich so verwirrt hat. So genau ich auch darüber nachdenke, stets hast Du die Wahrheit gesagt. Du hast gesagt: »Ich bin noch nicht so weit.« Oder: »Das Leben ist schöner, wenn man keine Pläne macht.« Du wolltest keine Pläne machen, jedenfalls nicht mit mir. Und Du hast die ganze Zeit über die Wahrheit gesprochen.

Aber ich habe sie nicht geglaubt.

Denn Deine Augen, die sind Lügner, Deine Hände betrügen, Deine Lippen, mit denen Du mich geküsst hast, die schwören Meineide, Dein ganzer Körper lügt, denn so wie Du Dich nachts an mich geschmiegt hast, hat auch er gesagt: »Höre nicht auf seine Worte. Er will sich nur schützen. Er ist enttäuscht, er ist verbittert, gib ihm Zeit, er wird uns folgen, uns, den Augen, den Händen, den Lippen, dem Körper. Fühle uns, denn wir sagen die ganze, die zärtliche Wahrheit.«

Es ist kaum zu glauben, dass eine Frau wie ich, klug, gebildet, studiert, erfahren in allen Lebenslagen, auf diese Lügen hereingefallen ist und den Worten, die die nackte Wahrheit sagten, so misstraut hat.

Ich glaube nicht einmal, dass Du weißt, dass Deine Augen lügen. Ich glaube, Du achtest nur auf Deine Worte. Du bist ein Wortmensch, Leif. Und ein Augenbetrüger.

Ich fühle mich älter, weiser, reifer, ernüchterter, nun, da ich erlebt habe, wie mich zwei Augen hinters Licht geführt haben. Ich nehme Dich mit in mein neues Leben. Ich verbuche Dich auf der Habenseite. Ich habe so viel gelernt in diesen wenigen Monaten. Auch wenn die wichtigste Lehre eine sehr traurige ist: Misstraue den Augen, misstraue den Händen, misstraue den Lippen, misstraue dem Körper eines Mannes - achte lieber auf die Worte.

Dies ist eine sehr, sehr bittere Lektion für mich, denn bisher galt in meinem Leben stets das Gegenteil. Misstraue den Worten eines Mannes, glaube lieber seinen Augen. Na ja, und dem Rest.

Nun wird es schwerer, einem Mann zu glauben. Viel, viel schwerer. Aber vielleicht macht es ja gerade deswegen das Leben leichter. Wenn ich niemandem mehr glaube, dann werde ich auch nicht verletzt.

Ich sage nicht: Danke für diese Lektion, Leif, dafür war sie zu hart. Ich sage: Danke für das schöne Gefühl, das ich für viele Wochen genossen habe, als Deine Augen mich belogen. Aber denk über Deine Augen nach. Ihre Lügen richten Leid an in dieser Welt.

Alles Liebe
Doris

PS: Stell Dir vor, ich habe mir einen Hund gekauft! Einen Mops, er ist zwölf Wochen, er liebt mich, und wenn er Fremde sieht, knurrt er, um mich zu beschützen. Ich habe jetzt einen treuen, aufrichtigen, sehr tapferen kleinen Mann im Haus. Muss reichen, oder?

Von: **Submarine-w41**
Betreff: **Ein bisschen Wehmut**

Lieber Leif,

ich habe gerade ein bisschen in unseren alten Mails gestöbert und an Dich gedacht. Du bist ein wundervoller Dom, und ich hatte nie richtig Gelegenheit, Dir für unsere Sessions zu danken. Ich würde sogar sagen, Du bist der zärtlichste, einfühlsamste Dom, den ich jemals hatte, ganz anders als die meisten, denn Du hast bei unseren Begegnungen ein sehr, sehr seltenes Talent bewiesen: Obwohl ich ja weiß, dass es nicht so ist, hatte ich stets das Gefühl, ich wäre die Erste, die Du auf die Reise in ihr Ich begleitest, und das hat aus ganz normalem BDSM ein atemberaubendes und unglaublich intensives Erlebnis gemacht. Sag auf jeden Fall Bescheid, wenn Du mal nach Jena kommst, ich kenne tolle Clubs in Leipzig und Halle, in denen ich Dich gerne einführen würde (hihi).

Einen Kuss von Deiner Dir ergebenen
Yvonne

..................................................

# Hurrikan

Oh Mann, Maria!

Leider hat sie nicht nur im Bett kubanisches Temperament. Als ich sie ins »Hans-Albers-Eck« mitnehme, wo sie sich beim Tanzen auf meine Hüften schwingt und wir unter dem Beifall der Umstehenden eine höchst erotische Vorführung geben, kriege ich zwei Stunden später eine geknallt, und zwar von ihr, dazu schreit sie mich an: »Alle Frauen hier gucken dich an, und du hast sie alle gefickt!« Ersteres ist verblüffenderweise richtig, Letzteres zu meinem Bedauern leider nicht, aber Maria ist schon rausgestürmt.

Kurz davor ist eine wirklich rattenscharfe Chica auf mich zugekommen, eine von denen, die man nur selten klarmachen kann, hat mir beide Hände auf die Schultern gelegt, ihr Gesicht dem meinen genähert und mit diabolischem Lächeln gesagt: »Alter, du bist mit der geilsten Frau des Abends hier.« Ich antwortete noch: »Stimmt, aber tu mir den Gefallen und sag ihr das selbst.« Doch da hauchte sie mir schon einen Kuss auf die Wange und verschwand boshaft lächelnd. Woraufhin Maria, die das Ganze argwöhnisch verfolgte, in oben beschriebener Form ausrastete und alle, die es gesehen hatten, erfreut Beifall klatschten.

Klar, ich habe sie wieder eingefangen. Ich finde es ja auch sehr reizend, dass so eine Frau ein wenig eifersüchtig ist, zumal wir es zur Versöhnung tatsächlich auf der Herrentoilette tun und mich etwa ein Dutzend Typen mit Heldenverehrung im Blick mustern, als wir das Kabuff nach dem Abschluss Hand in Hand verlassen.

Bemerkenswert ist auf jeden Fall, dass, wenn ich mit Maria irgendwo auftauche, sämtliche Typen ihren Arsch anschmachten, während wirklich alle Frauen mich nachdenklich mustern und sich vermutlich fragen, ob ich a) sündhaft reich, b) eventuell ein Filmstar oder c) möglicherweise eine Granate im Bett bin. Anders kann ich mir die gesteigerte Aufmerksamkeit nicht erklären, denn sonst kann ich einen ganzen Abend die Reeperbahn hoch- und runterlaufen, ohne dass mich außer den Nutten auch nur eine Frau mit einem freundlichen Blick bedenkt.

Rein optisch, da mache ich mir gar nichts vor, passen meine 42-jährige Wikingernase und Marias 26-jähriger Wahnsinnsbody überhaupt nicht zusammen, und gerade angesichts ihres eher extravaganten Kleidungsstils komme ich mir rund um die Reeperbahn und in meinem Benz ein bisschen zuhältermäßig vor. Als wir eines Abends Joachim treffen, der später respektvoll fragt, wo ich denn die Nougatbumse aufgetrieben hätte, die sei definitiv das Schärfste, was er in den letzten drei Jahren gesehen habe, lässt sich das Gefühl von Besitzerstolz durchaus mit dem Moment vergleichen, als ich zum ersten Mal in meinem neuen Dienst-Cabrio durch die Stadt gerollt bin.

Ein wenig unklar bleibt, wovon Maria eigentlich lebt.

Sie ist nur 1,57 Meter groß, und das ist definitiv zu klein für ein Model, ein Shooting kriegt sie nur selten, und dabei geht es fast immer nur um ihren Mund und um ihre fantastischen Lippen, zwischen die sie sich dann Pralinen schieben muss oder Eiskonfekt oder Kaugummi, auf dass der männliche Kunde erfreuliche Assoziationen zum Produkt entwickele.

Die Jungs, die Maria für diese Termine buchen, haben absolut recht. Ihre Unterlippe ist voll und nach unten weit geschwungen, ein wenig wie damals die Zauberschnute der Bardot, die Oberlippe beschreibt zwei weit ausladende Bögen in Herzchenform, außen sind ihre Lippen hellbraun, zur Mitte hin wird das Ganze einladend rosa und dieser Mund ist in seiner Gesamtheit wirklich das Geilste, was ich bisher im Leben gesehen habe. Beziehungsweise geküsst. Beziehungsweise gevögelt. Denn Maria bläst nicht im klassischen Sinne, sie will, dass ich ihren Mund ficke, manchmal zieht sie meinen Arsch mit beiden Händen an sich ran und mein kleiner Mann verschwindet fast bis zum Anschlag, was für erstaunliche Gefühle von großer Enge sorgt, so etwas kenne ich sonst nur aus Internetpornos, in denen das ganze Deep

Throat heißt und offenbar nur dann funktioniert, wenn die Frau ein recht unempfindliches Zäpfchen hat. In den Pornos habe ich schon einige Mädels bei dieser Nummer kotzen sehen, und ich bin froh, dass Maria die Technik besser beherrscht.

Überhaupt ist Maria in sexueller Hinsicht ein wandelndes Geheimnis. Dass ihre nur mittelgroßen Titten so überaus fest sind, schreibe ich zunächst ihrer Jugend zu. Da sich auch nirgends unten oder an der Seite der Brüste kleine Einschnitte finden lassen, verschwende ich keinen Gedanken daran, dass die etwa gemacht sein könnten. Doch als ich sie irgendwann frage, warum ihre Brustwarzen an den Rändern kreisrunde Erhebungen haben, erzählt sie mir fröhlich, dass sie auf beiden Seiten je 250 Gramm Silikon spazieren trägt. Der Operateur hat Maria die Brustwarzen abgeschraubt und die Implantate von vorn eingesetzt, was ich ungeheuer verblüffend finde. Genauso wie ihre Art, mich zu reiten, sie kniet dann nicht über mir wie die Durchschnittseuropäerin, sondern hockt wie eine Afrikanerin bei der Zubereitung der Mittagshirse auf den Fersen und wippt dabei aus den Oberschenkeln den ganzen Arsch hoch und runter. Dies führt zu extremen Kontraktionen ihrer Beckenbodenmuskulatur, sodass ich mich nicht nur ans Fahrradschlauchvögeln mit Luisa erinnert fühle, sondern auch von einer Verzückung in die nächste schwebe.

Keine Frage, im Bett ist Maria ein Hurrikan.

Wenn Maria keinen Sex mit mir hat und auch keine Praline-Shootings, vertickt sie offenbar für ein großes Klinkenputzunternehmen Lebensversicherungen. Immerhin verschont sie mich mit diesem Scheiß, vielleicht hegt sie doch eine intensivere Zuneigung zu mir, als mir einleuchten will. Dass sie sich brennend für meine Lebensverhältnisse interessiert, kann ich verschmerzen. Wie viel Geld ich Elke gebe, wie viel ich verdiene, wie viel mir bleibt, will sie wissen, aber auch hier bin ich restlos ehrlich, und ihre Reaktion rührt mich sehr: Als sie hört, dass ich weit weniger zum Leben habe, als mein Job und Benz-Cabrio dies vermuten lassen, erklärt sie ritterlich, dass sie mich trotzdem liebt und dass wir dann eben unsere Einkünfte zusammenschmeißen, wir kämen schon klar.

Doch alles in allem ist mit Maria unterwegs zu sein vor allem eines: anstrengend!

Ich kann keine zwei Minuten Getränke holen gehen, ohne sie hinterher aus einem Haufen schmachtender Bauern heraushauen zu müssen, und weiterhin geißelt sie mich mit ihren Eifersuchtsattacken, die ungefähr alle sieben Tage auftreten. Doch sie entschädigt mich reichlich für all dieses Ungemach, denn ich gebe ihr einen Schlüssel zu meiner Bude und allein der Anblick, wie sie in weißer Unterwäsche auf meinem Bett liegt und mir ihren milchkaffeebraunen Arsch entgegenstreckt, wenn ich nach Hause komme, lässt mich zwei Stunden früher Feierabend machen.

Kurzum: Maria ist definitiv eine kleine Frau für große Cowboys und ich kann der Verlockung einfach nicht widerstehen, sie mit aufs Sommerfest der Agentur zu nehmen, wo mich plötzlich auch Susanna aus Müller-Mannhagens Schatten heraus wieder aufmerksam mustert. Ich führe Maria in den Golfclub, wo ich meine, die Herzschrittmacher meiner älteren Klubkollegen klappern zu hören, sogar bei einem Besuch bei meiner Mutter ist sie dabei, dies allerdings nur, weil die alte Dame mich anruft, als ich Maria im Auto habe. Mama ist gestürzt, ich muss schnell vorbeikommen, und ich kann Maria ja schlecht vor meinem Elternhaus rauswerfen, damit sie dort in High Heels die Straße entlangtigert. Also bringe ich Mama ins Bett, die Maria misstrauisch mustert und mir politisch höchst unkorrekt zuraunt: »Das ist doch eine Negerin?«

Tja. Meine Mama.

Ich habe bisher wenig über sie geschrieben, weil sie wirklich zu den Leuten gehört, die ich am liebsten aus meinen Erinnerungen verdränge, aber in der Geschichte mit Maria spielt sie doch noch einmal eine Hauptrolle. Mama hat wirklich noch 33 Jahre nach Holgers Tod durchgehalten, und das, um täglich nicht weniger als einer Flasche Mariacron den Hals zu brechen. Sie besticht ihre Putzfrau, die das Zeug literweise anschleppt und irgendwo an den unmöglichsten Orten versteckt. Nach

Mamas Tod werden meine Schwester Merle und ich diese Flaschen sogar hinter den Büchern im Wohnzimmerschrank finden, im Bettkasten, in den leeren Packungen antiker Staubsaugerbeutel. Und sogar im Spülkasten der Toilette entdecke ich rechts und links neben dem Schwimmer noch zwei Flaschen, als ich nach dem Grund fahnde, warum das Ding Merles Häufchen nicht wegspült. Kann es ja nicht: Neben dem Schnaps ist kaum noch Platz für Wasser und ich bewundere den Erfindungsgeist der alten Dame, darauf muss man erst mal kommen.

Dazu muss man sagen: Mama steckt ihre Sauferei in bewundernswerter Weise weg. Einmal hatte ich überstürzt die Arbeit verlassen, weil mich der Hausarzt anrief und sagte, sie habe einen Schlaganfall erlitten. Als ich auftauchte, war gerade das Problem zu lösen, dass Mama zwar nicht mehr sprechen konnte, aber sich weigerte, sich in den Krankenwagen bringen zu lassen. Erst als ich ihr damit drohte, die Polizei zu rufen, die sie gegen ihren Willen mit Handschellen in die Klinik bringen würde, willigte sie ein. Warum das so war, erfuhr ich vom Krankenhausarzt: Mama hatte keineswegs einen Schlaganfall, sondern lediglich 2,9 Promille, wofür sie aber noch bemerkenswert gut auf den Beinen war. Ich bejahte die Frage, ob sie Alkoholikerin sei, und er sagte: »Ach Gott, die alte Dame, natürlich liegt das in ihrem Ermessen, aber ich würde von einer Entziehungskur abraten, was soll das noch in ihrem Alter, ich würde es ihr nicht zumuten wollen.«

Um Mitternacht bekam ich einen weiteren Anruf aus der Klinik: Mama sei weg, ihre Sachen noch da. Ich fand sie ergrimmt vor ihrer Haustür sitzend, sie war im Nachthemd getürmt, hatte einen Taxifahrer bestochen, sie mitzunehmen, und das allein aus dem Grund, dass ihr in der Klinik wirklich niemand einen Schluck ans Bett bringen wollte. Dummerweise hatte sie keinen Schlüssel eingesteckt, als es ins Krankenhaus ging. Also ließ ich sie fünf ordentliche Gläser Weinbrand trinken, brachte sie zurück in die Klinik und versprach ihr, jeden Tag heimlich eine Flasche ins Krankenhaus zu schmuggeln. Damit konnte sie leben. Nach drei Tagen wurde sie entlassen, relativ gesund, aber fröhlich betrunken, um ihre letzten Wochen und Monate in Ruhe zu Hause weiterzusaufen.

Die letzten Jahre haben sich hauptsächlich Elke und ich um sie gekümmert, schließlich waren wir auch die Einzigen, die Enkelkinder beizusteuern hatten, und außerdem wohnten wir ja wieder in Hamburg. Birgitta ist nach Stockholm ausgewandert, Victoria nach Frankfurt gezogen und Merle nach Hannover. In den letzten Monaten von Mamas Leben, so viel sei zu Merles Ehrenrettung gesagt, kam sie jedes Wochenende, logierte bei mir auf St. Pauli und kümmerte sich um Mama. Dafür versuchte ich, in der Woche nach ihr zu sehen. Als es am Ende schlimm wurde, kam ich morgens vor der Arbeit, wartete, bis der Pflegedienst da war, und fuhr abends noch einmal vorbei, um ihr im Bett die Wange zu tätscheln.

Dass ich sie eines Morgens tot in ihrem Bettchen finde, eine müde, abgemagerte alte Frau, die es weiß Gott nicht leicht gehabt hat in ihrem Leben, ist nicht überraschend, überraschend ist lediglich, dass es mich trotz allem tieftraurig macht. Ich informiere meine Schwestern, aber es gibt nicht viel zu sagen: Mama hat sich nach Holgers Tod und zwischen ihrem 50. und 83. Lebensjahr mit großer Systematik zu Tode getrunken, und zur Hölle auch, sie hat es getan wie ein alter Seebär: ohne zu schwanken und ohne zu klagen!

Ein bisschen Ärger gibt es allerdings wegen der Beerdigung. Maria kommt drei Tage vorher vorbei und zeigt mir stolz das schwarze Kleid, das sie extra für die Beisetzung erstanden hat: Es endet drei Millimeter unterhalb ihres Arsches, dazu trägt sie schwarze Netzstrümpfe, ihre Titten sind in diesem Dekolleté bestens zu sehen, dafür hat immerhin ihr Hut einen schwarzen Schleier. Ich sage: »Maria, Liebes, meine Kinder werden zur Beerdigung kommen. Ihre Mutter auch, die hat ein Anrecht darauf, sie hat die alte Dame gekannt und gepflegt. Und es ist zu früh, dass meine Kinder dich kennenlernen. Sei mir nicht böse, aber das muss ich allein machen.«

Maria ist mir durchaus böse. Um nicht zu sagen: Maria tobt.

»Du willst wieder zu deiner Frau zurück«, schreit sie.

»Du schämst dich für mich.«

»Ich bin dir peinlich, weil ich ein Schoko bin.«

»Du liebst mich nicht, du bumst mich nur.«

Wenigstens Letzteres trifft den Kern der Sache, aber es gibt Momente, in denen es selbst mir gelingt, die Klappe zu halten, und so fange ich den Kerzenhalter, den sie nach mir wirft, ziehe sie aufs Bett und tue genau das, wessen ich beschuldigt werde.

Als ich während der Trauerfeier in der Kapelle sitze, meine Tochter rechts an der Hand, mein schniefender Sohn auf dem Schoß, vibriert mein Handy, gottlob hatte ich es vorhin auf lautlos gestellt.

Als der Pastor spricht, den Birgitta offenbar nicht sehr sauber gebrieft hat, vom ewigen Licht und anderen Verheißungen, die Mutter Andersson jetzt erwarten dürfe, nicht zu vergessen das Wiedersehen mit ihrem geliebten Mann, kündigt das Zucken in meiner Jackentasche eine SMS an.

Auf dem Weg zum Grab kommt die nächste. Aber man kann bei der Beerdigung ja schlecht sein Handy zücken, wenn auch nur, um es auszustellen. Also brummelt und vibriert es, bis ich kurz vor dem Leichenschmaus endlich auf die Toilette kann, um es wutentbrannt auszumachen.

Leichenschmaus, garstiges Wort, aber immerhin sehe ich alle meine Schwestern wieder, was sonst wirklich nur zu Weihnachten passiert ist und dann auch selten alle gemeinsam, in aller Regel hatten wir Schichtdienst bei dieser betrüblichen Festivität in Mamas Wohnzimmer.

Wir unterhalten uns gedämpft und die Gespräche sind äußerst aufschlussreich für mich. Ich habe damals nie begriffen, warum Papa uns verlassen hat. Birgitta klärt mich darüber auf, dass Mama sich nach meiner Geburt offenbar kategorisch geweigert hat, Papa auch nur noch ein einziges Mal ranzulassen. Er scheint sich nach einigen Jahren der sexuellen Frustration kopfüber in einen Haufen von Affären gestürzt zu haben, die allesamt aufgeflogen sind, was die Herzlichkeit im Hause Andersson nicht eben gefördert hat. Ich erfahre, dass Mama alle ihre Töchter nacheinander ins Vertrauen gezogen hat und dass die tränenreichen Nächte an ihrer Seite bei allen dreien den Entschluss beförderten, möglichst schnell das Weite zu suchen, auch wenn sie Gewissensbisse verspürt hätten, mich in diesem Irrenhaus zurückzulassen. Ich will in diesem Zusammenhang wissen, warum ich, der Jüngste, der Einzige bin, der tatsächlich für den Fortbestand der ruhmreichen Linie gesorgt hat, und die lakonischen Antworten lauten, dass nach einer Kindheit im krisengeschüttelten Hause Andersson eben nicht alle den Wunsch hegten, diese Genmischung tatsächlich an die nächste Generation weiterzugeben. Dennoch finden alle meine großen Schwestern, dass ich inzwischen eine phänomenale Ähnlichkeit zu Papa entwickele und dass Lisa sie an den kleinen Leif erinnert, wohingegen Lars wohl mehr nach seinem toten Onkel Holger komme.

Mama hat kein Testament hinterlassen. Wir vier werden das Haus verkaufen, der Makler meint, die Lage sei nicht schlecht und es könnte 300 000 Euro bringen. Meine Schwestern haben mich allesamt mit vermögenden Schwagern versorgt, ich bin der Einzige, der die Kohle wirklich dringend braucht, und die 75 großen Scheine werden sogar steuerfrei sein, nicht zur Scheidungsmasse gehören und mich für immer aus allen Finanznöten erretten.

Die Nacht verbringe ich bei Victoria im Hotelzimmer, wo meine große Schwester und ich den Inhalt der Minibar vernichten und ich schließlich angezogen in ihrem Arm auf dem Doppelbett wegdämmere. Ich fühle mich überaus getröstet und merke mir vor, dass ich es bei Gelegenheit mal mit einer mütterlichen Frau versuchen will, der ich im Gegenzug auch Cellulite und Hängetitten verzeihen werde.

Als ich am nächsten Morgen erwache und mein Handy anstelle, finden sich nicht weniger als 28 SMS von Maria, die letzte von 7.35 Uhr morgens. Chronologisch sortiert, ergibt sich folgender Stimmungsverlauf:

15:04 Uhr: »Mein armer Schatz, ich bin in Gedanken bei dir.«
15:15 Uhr: »Sei stark, du hast jetzt einen Schutzengel mehr.«
15:16 Uhr: »Und du hast mich.«
15:23 Uhr: »Ist es sehr traurig? Ich kann dich abholen, wenn du magst.«
15:55 Uhr: »Ich würde dich so gerne trösten.«
16:02 Uhr: »Warum antwortest du nicht?«
16:35 Uhr: »Müsste die Beerdigung nicht längst zu Ende sein?«
17:22 Uhr: »Warum durfte ich nicht mit, warum nur, warum?«
18:46 Uhr: »Ich weine seit Stunden!«
19:55 Uhr: »Melde dich. Wenn du dich jetzt nicht meldest, flipp ich aus.«
20:01 Uhr: »Ich flipp aus!«
20:55 Uhr: »Arschloch!«
21:47 Uhr: »Du bist bei deiner Ex, stimmt's?«
23:18 Uhr: »Ich war bei dir zu Hause, aber du nicht.«
23:54 Uhr: »Jetzt weiß ich's, es gab gar keine Beerdigung, du bumst eine andere Schnepfe!!!«
0:01 Uhr: »Ich wünsche dir die Pest an den Hals, dir und allen deinen Schlampen.«
0:07 Uhr: »Liebling, Süßer, Schatz, vergiss alle meine SMS, ich war nur ein wenig aufgebracht. Wo bist du?«
0:11 Uhr: »Ich liebe dich doch so.«
1:13 Uhr: »Warum tust du mir das an?«
2:08 Uhr: »Ich geh jetzt in dein beschissenes ›Hans-Albers-Eck‹ und lass mich vom ersten Kerl aufreißen, der mich anspricht, aber wahrscheinlich treff ich dich da noch!«
2:17 Uhr: »Ich mach das wirklich!«
3:33 Uhr: »Warum bist du nur so?«
4:08 Uhr: »Wenn du nicht bald antwortest, bringe ich mich um.«
5:11 Uhr: »Du hast es nicht verdient, dass ich weine.«
6:12 Uhr: »Du bist genauso wie alle anderen, du wolltest auch bloß mal eine Farbige bumsen.«
7:01 Uhr: »Scheißkerl, Scheißkerl, Scheißkerl!«
7:34 Uhr: »Ich will dich nie wiedersehen!«
7:35 Uhr: »Bitte, bitte, bitte, ruf mich endlich an!«

Ich habe sie dann angerufen und darum gebeten, dass sie mir den Schlüssel für meine Wohnung zurückschickt. Er kam zwei Tage später tatsächlich, war allerdings in vier kleine Stücke zersägt und offenbar noch mit dem Hammer bearbeitet worden.

Maria ist wirklich eine kleine Furie, und manchmal, wenn ich mich gerade in anderen Betten langweile, denke ich voller Zärtlichkeit an sie zurück und frage mich, wen mein kubanischer Wirbelwind jetzt wohl durch die Kissen und durchs Leben jagt.

Von: **MariaMaria**
Betreff: **Ich werde heiraten!!!**

Ich denke, Du solltest das wissen. Ich habe vor zwei Monaten einen wundervollen Mann kennengelernt, mit dem ich sehr glücklich bin. Er schämt sich nicht für mich! Er ist kein Mann wie Du, der eine Frau ausnutzt und nicht zu ihr steht, wenn sie es braucht. Er will sich von seiner Ehefrau scheiden lassen, sobald sie ihre Entziehungskur hinter sich hat, denn er ist ein fürsorglicher Mann, und solange sie es nicht verkraften kann, wird er zu ihr stehen, und dafür liebe ich ihn sehr. Er hat uns sogar eine kleine Wohnung eingerichtet, in die ich schon eingezogen bin. Er kommt mich fast in jeder Mittagspause besuchen und manchmal auch abends. Und wenn er seine Frau verlassen hat, werden wir heiraten.
Maria

..................................................

# 50-Euro-Fick

In Sache Frauen bin ich eigentlich wählerisch. Wobei ich nicht besonders gut beschreiben kann, wann mir eine Frau gefällt. Allerdings kann ich es messen, und zwar an der Zeitspanne, in der ich nach Ende des Sichtkontaktes darüber nachdenke, wie sie wohl im Bett sein mag. Man entwickelt eben seine Macken, wenn man eine Weile Single ist.

Sehe ich beispielsweise eine Frau mit schönen Titten, denke ich noch drei bis vier Schritte darüber nach, wie es sein würde, die Dinger auszupacken. Ihr seht, Jungs, Titten sind für mich kein entscheidendes Kriterium. Länger beschäftigt mich ein schöner, runder, fester Arsch, vor allem wenn er unter einer extrem schmalen Taille schwingt, allerdings verfliegen die Gedanken an Sex auch hier schon nach etwa fünf bis zehn Metern. Deutlich mehr fahre ich auf Gesichter ab. Strahlt eine Frau einen gewissen Hochmut aus, dann male ich mir aus, wie ich ihr die Arroganz aus dem Leib vögele, wie sie schreit, wie sie sich windet, wie sie zuckt und wie sie am Ende die Augen verdreht. Das kann mich locker ein bis zwei Minuten beschäftigen. Seltsamerweise sind das die Frauen, die ich am häufigsten vögele, denn anders als viele meine Mitbewerber lasse ich mich von weiblichem Hochmut nicht schrecken, sondern verdoppele sogleich meine Anstrengungen. Da bin ich Sportler, durch und durch, nur schwere Siege sind gute Siege, aber letztlich führt das dazu, dass ich überproportional oft mit hochnäsigen Zicken zu tun habe.

Auch ein schöner Mund bringt meine Fantasie auf Touren, ich sehe vor meinem träumenden Auge, wie sich volle, rote Lippen um den kleinen Hauptakteur in meiner Leibesmitte schließen, und ich frage mich, wie diese Frau wohl beim Blasen aussehen wird, ob sie die Augen schließt und mich mit meiner Freude allein lässt oder ob sie von unten nach oben schaut und mich dabei mit den Augen vögelt. Ich würde wahnsinnig gerne wissen, ob sie weiß, dass sie ihre Zunge einsetzen muss, und ob sie mit einer Hand meine Eier kraulen wird, und das sind Fantasien, die mich eine gute Viertelstunde beschäftigen können, wenn ich nach dem Mittagessen im Büro vor mich hindämmere.

Doch am längsten verweilen meine Gedanken bei den Sanften, Scheuen, deren Blick ich erhasche, bevor er sich senkt. Vor allem wenn sie danach noch einmal kurz zu mir herübersehen, zieht es mir die Schuhe aus. Seltsamerweise denke ich hier selten an Sex, sondern oft an ein gemeinsames, verträumtes, romantisches Leben. Manchmal kreisen meine Gedanken stundenlang um so eine Frau, und ich halte einige Tage lang Ausschau, ob ich sie wiedersehe, beim Italiener, im Fahrstuhl, auf der Straße. Allerdings gehe ich mit solchen Mädels schlicht nie ins Bett, der Kleine traut sich halt nicht, sie anzusprechen, und dem Cowboy ist das zu viel Aufwand.

Alles in allem würde ich sagen, dass ich an einem durchschnittlichen Tag bei etwa zwei Dutzend Frauen über Sex mit ihnen nachdenke. Tatsächlich welchen haben ist natürlich eine andere Sache. Ich lasse nach. Manchmal bleibe ich tatsächlich vier oder fünf Tage am Stück ungevögelt.

Den schnellsten Sex habe ich mit Frauen, bei denen ich im Vorbeigehen keinen Gedanken daran verschwenden würde, und das mag daran liegen, dass ich bei ihnen völlig bedenkenlos den Cowboy von der Leine lasse. Er will halt vögeln, möglichst oft und möglichst viele, er ist ein bedenkenloses Arschloch, und diese beiden Dinge führen in aller Regel zu einem forschen Dialog mit anschließendem Korb oder einvernehmlichem Beischlaf.

Iris gefällt mir überhaupt nicht. Gut, sie ist recht witzig, aber wenn ich einkalkuliere, dass das Foto von ihr mit Make-up und Licht geschönt ist, kann ich sie getrost ins Beuteschema von Matze einordnen: schon im Spätsommer ihres Lebens, offensichtlich übergewichtig und für mich kein bisschen attraktiv, aber ich habe heute Abend keine andere Frau am Start. Also treffe ich Iris vor dem »East« gleich neben der Reeperbahn. Das Gesicht ist ganz okay, die Stiefel recht geil, die sollte sie nachher vielleicht anbehalten, und trotz Winterklamotten erkenne ich unverkennbar große Titten. Ich gucke freundlich und führe sie an der Schlange vorbei zum Türsteher, der mich kennt, schließlich bin ich regelmäßig da und vergesse nie, ihn mit einem kleinen Trinkgeld zu belohnen. Madame stöckelt beeindruckt hinter mir her, während meine Laune an der Garderobe sinkt. Nicht nur die Titten sind üppig, auch der Rest wird nur mühsam durch Jeans und Korsage gebändigt, und wenn ich auf etwas gar nicht stehe, dann sind es fette Frauen. Doch Iris ist wirklich witzig. Und selbstbewusst. Sie geht sofort zum Angriff über. »Bin ich dir zu dick?«, fragt sie und verblüfft mich damit, was auf jeden Fall ein gutes Mittel ist, mich an der sofortigen Flucht zu hindern, denn wenn ich etwas bin, dann ist es neugierig.

»Ach was«, antworte ich galant, obwohl es eine Lüge ist. Zur Belohnung nähert sie ihren Mund meinen Ohrläppchen und knabbert daran, und das finde ich nach etwa fünf Minuten Bekanntschaft doch erstaunlich.

Ein paar Wodka-Redbull später stehen wir in meinem bevorzugten Jagdrevier »Hans-Albers-Eck«. Ich mag einfach diese unverwechselbare Atmosphäre, in der betrunkene Studentinnen auf den Fensterbänken tanzen, während ihre Kommilitonen aufgedonnerte Touri-Mamis im zweiten Frühling abschleppen. Die Tanzfläche ist knallvoll wie immer, doch ich fühle mich von Iris' Möpsen beengt, die sich permanent gegen meine Rippen drücken. Geil bin ich nicht, dafür angemessen betrunken, und so wedele ich mit der Hand in Richtung einer hübschen Blonden, die offenbar Junggesellinnenabschied feiert, denn auf ihrem T-Shirt und auf den T-Shirts aller ihrer Freundinnen steht: »1 Kuss, 1 Euro«. Sobald die Mädels ein bisschen Geld zusammenhaben, wird es in die nächste Runde Prosecco investiert.

»Was kostet richtig knutschen?«, will ich wissen.

Sie zuckt lachend mit den Schultern, daher schlage ich vor: »Komm, ich geb dir einen Zwanziger, aber dafür knutschen mit Zunge!« Sie gackert, streckt die Hand aus, den Zwanziger weg und nähert ihren

Mund erwartungsvoll. »Missverständnis«, sage ich, »hier, das ist meine Freundin Iris ...«

Sie tut es tatsächlich. Knutscht mit der dicken Iris. Lange, offenbar feucht und mit Zunge. Und während ich endlich ein bisschen geil werde, flüstert mir der Cowboy eine ebenso großartige wie irrsinnige Idee ins Hirn.

Als die Hammerbraut weitergezogen ist, funkelt mich Iris wütend an: »Was sollte denn der Scheiß?«

»Och«, erwidere ich, »ich wollte nur mal sehen, ob du küssen kannst!«

Doch Iris ist böse.

»Das kannst du auch anders rauskriegen!«, grollt sie und legt die Hand in meinen Nacken.

»Stopp!«, rufe ich. Und: »Ich bin teurer!«

Iris sieht mich an, als ob ich ihr ins Gesicht geschlagen hätte. »Wie meinst du das?«

»Mit mir knutschen kostet 50, aber bei Barzahlung ist vögeln mit dabei.«

Iris starrt mich an. In ihrer Miene kämpfen Verblüffung und Empörung, bis sie sich umdreht und sich ohne ein Abschiedswort über die Tanzfläche zum Ausgang begibt. Ich zucke mit den Achseln und sehe mich um, wo die Junggesellinnenabschieds-Chica geblieben ist, die würde mir gefallen, denn ich habe noch nie eine Braut am Vorabend ihrer Hochzeit gevögelt.

15 Minuten später steht Iris wieder vor mir. Stopft mir einen 50er in die Brusttasche meines Hemdes und lächelt. »Ich musste noch zum Geldautomaten.«

Der Sex mit Iris ist ein einziges Elend. Wer hätte jemals gedacht, dass es so schwer ist, eine dicke Frau auszuziehen! Iris ist mir schlicht zu fett. Aber ich habe genug Wodka-Redbull intus, um das durchzustehen, und bezahlt ist schließlich bezahlt, da sehe ich mich als hanseatischer Kaufmann tatsächlich in der Bringschuld, und so ächzt der misshandelte Lattenrost unter unserem Gewicht.

Die Korsage aufzukriegen ist eine verdammte Fummelei, und was unter der Wäsche hervorkommt, bringt mich dazu, die Augen zu schließen. Wenig später, wir knien auf dem Bett, stelle ich fest, dass ich Probleme habe, sie zu küssen, ihr großer Busen sorgt für einen ungewohnten Abstand zwischen den Mündern. Irgendwann verliere ich das Gleichgewicht und kippe nach vorn.

Eine Latte kriege ich auch nicht. Ihr Körper macht mich einfach nicht an. Aber ich war schon immer ein Kämpfer und entschließe mich zum Cunnilingus, doch auch dies bringt unerwartete technische Probleme mit sich. Wann immer ich meine, die richtige Stelle gefunden zu haben, bekomme ich keine Luft mehr, weil meine leider zu große Nase tief in ihr Fleisch drückt. Ich flüchte mich in Atemtechnik, die ich sonst nur vom Brustschwimmen kenne: zweimal tief eintauchen, Kopf raus und Luft holen, zweimal tief eintauchen, Kopf raus und Luft holen. Seltsamerweise funktioniert es, und als Iris nach endlos scheinender Zeit tatsächlich kommt, freut sich auch mein Schwanz über diesen schönen Erfolg, ich grapsche mir eilig ein Kondom aus der Schublade, ziehe es über und mache mich ans Werk, bevor er sich die Sache anders überlegt. Doch als ich zwischendurch unvorsichtigerweise kurz die Augen öffne und auf die Fleischberge unter mir blicke, merke ich, dass mein Schwanz die Beteiligung an der festlichen Veranstaltung nun endgültig einstellen wird. Zum ersten Mal im Leben täusche ich laut stöhnend einen Orgasmus vor, schnalle das Gummi ab und schmeiße es unters Bett, bevor sie merkt, dass es leer ist.

»Das ging aber schnell«, kichert sie, »du warst auch ganz schön geil, oder?« Weil ich keinerlei Anstalten mache, auch nur noch einen weiteren Finger zu rühren, quetscht sie sich wieder in ihre Korsage. »Hat echt Spaß gemacht«, sagt sie, »und es war eine geile Fantasie, aber jetzt hätte ich gerne meinen Fünfziger wieder. Kannst ja deine Telefonnummer draufschreiben, wenn du willst.«

Ich lächele sie an und halte ihr die Tür zum Treppenhaus auf.

Den Fünfziger habe ich gerahmt, er hängt jetzt über meinem Bett. Und manchmal, wenn eines von den Mädels mich fragt, was der da soll, dann sage ich: »Seltsame Geschichte, echt jetzt, die erzähl ich dir vielleicht ein andermal ...«

**Iris**
Sonntag, 01:06

Du glaubst nicht, was mir eben passiert ist …

**Frauke**
Sonntag, 01:07

Süße … Was soll schon passiert sein? Du hast einen Typen kennengelernt.

Sonntag, 01:09

Ich habe einem Typen 50 Euro für Sex bezahlt!

Sonntag, 01:09

Du hast WAAAAAAAAAS???

Sonntag, 01:11

Hab ihm 50 Euro gegeben, damit er … na, du weißt ja.

Sonntag, 01:14

Wie geil ist DAS denn? – Aber nee, komm, du verarschst mich …

Sonntag, 01:17

Das war 'ne Fantasie von dem, erst war ich supersauer, dann fand ich das irgendwie geil und da hab ich ihm Geld gegeben

Sonntag, 01:18

Callboy oder was? Erzähl, erzähl, erzähl … wie war's?

Sonntag, 01:22

Kein Callboy, einfach ein Typ ausm Internet. Diese Fantasie … das hat mich total gekickt. Ich kam mir so dreckig vor. Aber irgendwie auch chefmäßig, weißte? Ich zahle, ich genieße!

Sonntag, 01:23

Und der Sex?

Sonntag, 01:25

Hab ihm einen Orgasmus vorgespielt. Und nach drei Minuten war er fertig

Sonntag, 01:27

Oh. My. God!!!! DU hast ihm einen vorgemacht? Und dafür hat ER Geld bekommen?

Sonntag, 01:29

Er hat sich Mühe gegeben. Und er tat mir leid.

Sonntag, 01:41

Iris, du bist so ein verrücktes Huhn! Und nun?

Sonntag, 01:42

Überlege, ob ich ihm noch mal schreibe und 100 biete ...

Sonntag, 01:47

Nicht dein Ernst!

Sonntag, 01:48

'türlich nicht. Viel zu teuer. Schlechten Sex kriegt man ja auch umsonst, ne?

Sonntag, 01:51

Wie KRASS! Oh je … Süße, wie geht's Dir damit?

Sonntag, 01:57

Werde schon beim Gedanken wieder heiß. Mist. Mal schlafen gehen.

Sonntag, 02:05

Höchste Zeit! N8i.

## Dichterin

Aber es werden zunehmend weniger Frauen, die ich unter meinem 50-Euro-Schein vögele. Ich fange an, mich beim Ficken zu langweilen. Jedenfalls beim sinnlosen Ficken. Der Verstand vögelt eben doch mit und die Augen dazu.

Nicht, dass ich mit der Internetscheiße aufgehört hätte. Ich mache jetzt bloß ein bisschen langsamer. Ich trolle durch diverse Foren, und wenn mir eine Frau über den Weg läuft, dann sammele ich sie auf oder eben auch nicht.

Die wilden Tage gehen zu Ende, und das in mehr als einer Hinsicht.

Tatsächlich stelle ich fest, dass ich manchmal ohne Morgenlatte erwache, ein Zustand, den ich in meinem jugendlichen Alter besorgniserregend finde, aber es mag daran liegen, dass ich auch das Onanieren weitgehend aufgegeben habe, jedenfalls das tägliche. Ich bemerke zunehmend, dass es auch eine erniedrigende Komponente hat, sich mutterseelenallein den Wal zu schrubben und dabei den tausendsten schlechten Porno zu gucken, es ist das maximale Eingeständnis der Niederlage und hinterlässt keine Befriedigung, höchstens Erleichterung. Wenngleich es natürlich doch alle paar Tage wieder nötig wird. Ich weiß nicht, vielleicht reden Männer nicht über so etwas oder vielleicht werden alle medizinischen Ratgeberseiten ausschließlich von schwanzlosen Wesen geschrieben, aber zumindest bei mir ist es so, dass ich nach drei Tagen ohne Abschuss dicke Eier kriege und dass nach vier Tagen sogar das Hinsetzen schmerzhaft wird. Dann ist es allerdings schon zu spät, wenn ich das Zeug rausjodele, macht das keine Freude, sondern brennt wie Hölle.

Christina lese ich in einem literarischen Forum auf, in dem ich manchmal Kurzgeschichten poste. Sie postet auch, und wie. Voller funkensprühender Wortgewalt, atemberaubendem Gossenwitz und mit einem in verwegene Schachtelsätze gegossenen Einfallsreichtum, der mich beim Lesen zufrieden lächeln lässt. Eine Frau, die richtig dreckig schreiben kann, dazu im besten Alter, nämlich 34 Jahre, und nicht mal so weit weg von hier. Fotos gibt es leider nicht, aber scheiß drauf, nachgucken, was das für ein Mädchen ist, das kostet nichts.

»Klapp-klapp-klapp!«, schreibe ich ihr in die erste Nachricht.

Ein schlichtes »?« belohnt die Kontaktaufnahme.

Wenn ich will, schreibe ich so gut wie jeden an die Wand, doch ich entscheide mich für die defensive Variante.

»Leiser Beifall aus der letzten Reihe!«, geht auf die elektronische Reise.

»Dass ich schreiben kann, weiß ich«, ist die ungeduldige Antwort. »Aber was zur Hölle kannst du?«

»Schreiben!«, antworte ich. »Wörterklirrendes, herzerwärmendes, schlüpferstürmendes Schreiben auf einem Niveau, das auch du erreichen kannst. Wenn du dir Mühe gibst.«

Die Antwort ist ein vor Wutwörtern schnaubender Aufsatz über die überhebliche Nutzlosigkeit des Mannes. Ich nehme das Wortgefecht auf, welches, ich gebe solcherlei selten zu, für mich maximal mit einem Unentschieden endet, denn Christina ist beim Formulieren und Fabulieren fantastisch und dazu schnell.

Drei Tage später scheint Christina daheim gerade Minnegesänge zu lesen, jedenfalls entstammen ihre Mails für einige Stunden ausnahmslos dem Mittelalter. Das Thema aber bleibt das Gleiche, nämlich die Sinnlosigkeit, sich mit »hergelauftem Mannsvolk und sonstig haarig Gesindel« abzugeben. Ein Wettbewerb, den ich ungelenk, aber tapfer aufnehme. »Ihren heißen Zorn kann er verstehen«, antworte ich, »sie sind so selten, die getreuen Recken, die nicht nur ihren Körper trefflich vögeln, doch auch den edlen Geist, aber sei ihr versichert, holde Jungfer, sie ist auf dero Ritter gestoßen, den Wackersten aller, obendrein.«

Nach wenigen Tagen wechseln wir das Medium.

Ganze Kurzgeschichtensammlungen schickt sie mir, die ich mit möglichst klugen Kommentaren erwidere, und auch ich versuche mich erstmals darin, einer Frau vielleicht Besseres zu schreiben als Baggermails. Christina erobert meinen Kopf im Sturm, sie ist mehr Poetin als Belletristin, und ich glaube, wir sind gemacht füreinander. Vor zwei Jahren oder so, da hätte ich mich blindlings in sie verliebt. Doch inzwischen bin ich abgeklärt. Mir doch egal, ob sie hübsch ist, ich will sie, weil sie so klug ist und so einfallsreich und so wortgewandt.

Wir haben noch keine Fotos getauscht, und wir tun es auch später nicht, denn das, was wir schreiben, ist schöner als jedes Bildnis. Lange überlege ich, ob ich die Eskalation wirklich will, doch schließlich frage ich bescheiden nach, ob ihr Gehirn sich inzwischen ausreichend gevögelt fühlt und ich mich jetzt nicht um andere Regionen ihres vernachlässigten Körpers kümmern soll.

Die Antwort ist kurz, bündig und, wie immer bei ihr, ein Fehdehandschuh mitten ins Gesicht. »Freitag! Aber wehe, du siehst scheiße aus.«

Es wird ein Frühlingstag, wir fahren offen, und ich liebe auf Anhieb ihre zu große Nase und ihre Versuche, den Kopf in solche Positionen zu drehen, die mir keinen Blick auf ihr Profil gestatten.

Christina ist ein großes, etwas linkisches Mädchen mit scheuem Lächeln, das altbekannte, schmerzliche Saiten meiner Seele zum Klingen bringt. Als wir den Wanderweg die Elbe hinauf beschreiten, nehme ich ihre Hand, was ein heikles Unterfangen ist, denn nur wenige Frauenhände fühlen sich gut an und fühlen sich richtig an und fühlen sich an, als ob sie in meine gehören.

Als überraschend Aprilregen einsetzt, flüchten wir unter das Dach des Aussichtsturms, der den Blick bis in die Endlichkeit des Elbstroms öffnet. »Mein T-Shirt ist trocken geblieben«, sage ich. Sie zieht ihres aus, meines an und kommt zu mir unter die Jacke. Ich berge ihre Brüste in meinen Händen. Es sind fast meine Lieblingsbrüste, eher zu klein als zu groß, gerade so, dass sie sich in die gewölbten Hände schmiegen wie Welpen, die ihre Nase schnuppernd zwischen den Fingern herausstrecken. Ich sitze auf dem Boden, sie hockt auf meinem Schoß, und wir tun nichts, als uns zu wärmen, und endlich wieder mit einer Frau zu schweigen tut mir gut.

»Suchst du eine Frau oder suchst du einen Fick?«, fragt Christina schließlich. Sie ist wirklich ein sehr direktes Mädchen und ich denke lange darüber nach, während sie ihre Stirn in Falten legt und mein Schweigen beäugt.

»Für eine Frau ist es wahrscheinlich zu früh«, antworte ich schließlich, denn es gibt Menschen, die einfach keine halben Wahrheiten verdient haben. »Wobei ich nicht absehen kann, wann das zu früh enden wird, denn es dauert jetzt schon ganz schön lange.«

»Morgen Abend«, sagt sie, »aber nur bei dir. Und ich will, dass du dabei die Klappe hältst. Wenn du nur ein einziges Wort sagst, gehe ich sofort nach Hause.«

Unser Sex ist toll.

Sex ist ja öfter mal toll, aber dieser ist wirklich sehr toll. Nicht, weil wir besonders viel herumturnen, sondern weil ich ihre Verletzlichkeit spüre und weil sie mich an Laura erinnert, ohne dass es schmerzt, und dies ist eine ganz neue Erfahrung. Ich halte die Klappe, ich küsse sie still und ich lasse sie holen, was sie braucht, und später halte ich sie im Arm. Dann zieht sie sich an, und während sie die Bändsel ihrer Turnschuhe in komplizierten Schlaufen verknotet, breche ich entgegen unserer Verabredung mein Schweigen und frage: »Darf ich mich eventuell noch umentscheiden?« Sie sieht mich an, als hätte ich ein Verbrechen begangen. Dann geht sie ohne einen weiteren Blick.

Ihre Antwort kommt per Mail. »War geil. Aber nö. Ich hätte zwar große Lust auf Wiederholung. Aber du bist einer, der mir wehtun wird.«

»Klapp-klapp-klapp!«, schreibe ich zurück. »Beifall aus der letzten Reihe.«

Und dann: »Du bist so ein scheißkluges Mädchen, dass es einem glatt das Herz rausreißt.«

Ihre Antwort ist ein schlichtes »!«.

Heute weiß ich, dass Christina von all den vielen One-Night-Stands der wichtigste war.

Es gab den Kleinen noch, den Jungen tief in mir drin, der nicht alle Frauen belügt, und die Erkenntnis war mir willkommen.

## *»Der Turm«*

*Von Christina Müller*

**Erster Akt**
Auftritt Mädchen.
Durchnässt, in Laken gehüllt, schutzlos.

**Monolog**
*»Du birgst meine Brüste,*
*greifst nach der Seele.*
*Warm sind die Worte.*
*Kalt Deine Nähe!*
*Ich spüre Verlangen,*
*Deine Leere betäubt es.*
*Ich suche Gefühl,*
*Dein Gleichmut zerstäubt es.*
*Du bietest nichts,*
*ich nehme dankend.*
*Du bist das Laster,*
*ich bin wankend.*
*Du bist die Prüfung,*
*und ich, ich versage.*
*Mich Dir nicht.*
*Auch Dir nicht.*
*Was bleibt.*
*Meine*
*Frage.*
*Warum nur.*
*Warum nur.*
*Warum ich?*
*Immer wieder ich?«*

Abgang Mädchen, aus dem Off

*»Verfickte Scheiße, warum immer ich?«*

Auftritt Mann.
*Hinten im Publikum.*
*Applaudiert.*

*»Leiser Beifall aus der letzten Reihe.«*

## Hardcore-Bondage

Die Euphorie im Thinktank währt nur einen Sommer. Nach unserem ersten Kunden ist nie wieder einer gekommen. Was vor allem damit zu tun hat, dass wir keine vernünftigen Ergebnisse erzielt haben. Die Welt ist noch nicht so weit, es gibt zwar zuverlässig getrackte und abzurechnende Kontakte, aber die Umsatzerwartungen des Partners haben sich nicht erfüllt. Sobald in meinen Akquisegesprächen der Wunsch eines potenziellen Kunden nach Referenzen geäußert wird, kann ich einpacken. Wir haben nichts in der Hand, was belegt, dass unsere Idee funktionieren könnte.

Meine Aktivitäten in der Firma erlöschen komplett und ich warte bloß noch auf meinen Rauswurf. Ich komme gegen zehn Uhr, trinke Kaffee und frühstücke, singele ein bisschen im Internet herum, danach versammele ich die kärglichen Reste des Thinktanks zum gänzlich sinnlosen Kreativ-Meeting. Wir haben kein Geld mehr, um auch nur die winzigste Idee oder Verbesserung umzusetzen, und aus den anderen Agenturgeschäften halten die großen Jungs mich raus. Nach dem Vormittagsmeeting mache ich eine lange Mittagspause, nach der ich oft noch einen Alsterspaziergang einlege, ehe ich mich zwischen 16 und

17 Uhr vom Acker mache, um meinen Körper in einem Fitnessstudio wieder in Form zu bringen oder in meinem Golfclub noch ein spätes Ründchen zu drehen.

Außerdem habe ich mir in einer spontanen Nacht-und-Nebel-Aktion von Mamas Erbschaft ein kleines Schiff zugelegt, das jetzt in Lübeck an der Ostsee liegt. Nichts Aufregendes, ein gebrauchter kleiner Kabinenkreuzer von 7,50 Meter Länge ein echtes Schnäppchen für 8000 Euro. Ihn Jacht zu nennen wäre die Übertreibung des Jahrhunderts, aber irgendeinen Sinn muss ich diesem Leben ja abringen, und an den kinderfreien Wochenenden einsam durch die Lübecker Bucht zu kreuzen oder nachts auf einer der beiden schmalen Kojen im Schlafsack zu liegen, während die Wellen mich in den Schlaf glucksen, ist definitiv erhebender als alles, was ich in der Frauenwelt so treibe.

Denn mit der Internetbumserei werde ich nicht glücklich. Ich finde den immer gleichen Rhythmus ermüdend: anschreiben, austesten, treffen, vollquatschen, vögeln und sie dann mühsam wieder loswerden, das ödet mich an. Außerdem lohnen viele Frauen den ganzen Aufwand nicht, ich habe inzwischen einfach zu viel erlebt, als dass da noch besonders viele erotische Highlights kommen würden.

Gut, Manuela ist noch einmal eines, definitiv.

Manuela kenne ich schon eine ganze Weile, aber irgendwie ist die Kommunikation mit ihr zu kompliziert. Mal will sie mich treffen, dann wieder nicht, mal meldet sie sich vier Wochen gar nicht, dann überfällt sie mich mit fünf Mails täglich. Ich nehme das relativ leidenschaftslos, auch sie wird ihre Reservebank haben, und auf der rangiere ich ganz offenbar irgendwo zwischen Platz sechs und Platz 20. Doch dann bemerke ich, dass sie ihr Profil verändert hat. Unter »Vorlieben« lese ich nun: Blumenkranzflechten, Dartscheibenweitrollen, Sonnenstrahlenzählen und Matratzenhochwurf, was schlicht keinen Sinn macht, außer wenn man es wirklich aufmerksam liest, dann ergeben die Anfangsbuchstaben BDSM.

»Na, guck mal einer an«, denke ich. »Manuela etwa auch?«

Ich fand die Bondage-Kiste mit Yvonne recht reizvoll, aber dann kam vor einem Jahr Maria dazwischen und seither habe ich keiner nackten Frau mehr den Arsch versohlt, und das, obwohl ich mir für Yvonne ein wirklich nettes Sortiment von Handschellen, Peitschen, Fesseln und Paddeln zugelegt habe, was nichts anderes ist als verschieden breite Ledergurte mit Griff. All das verberge ich sorgfältig vor meiner Putzfrau und bewahre es in einem Pappkarton unter meinem Bett auf.

Mit einer weiteren BDSM-Tante habe ich mich seither noch getroffen, aber bei der gruselte ich mich ein bisschen, sie war eine 24/7 Sub, was bedeutet, dass sie auch vor und nach dem Sex dominiert werden will, und zwar rund um die Uhr, und das jeden Tag in der Woche, was mir ein bisschen strange vorkam, wenngleich man mit so einer Puppe ja die Putzfrau sparen könnte.

Immerhin, wir sind dreimal miteinander ausgegangen, weil mich die theoretischen Aspekte des Themas interessierten, und sie hat mich zur Bondage-Night in einen Swingerclub mitgenommen, wo ich mir die Hardcore-Gemeinde einen Abend lang staunend beguckte, denn es ist tatsächlich nicht zu fassen, was die dort mit den Mädels machen. Für meinen Geschmack hatte das Ganze zu wenig mit Sex und Erotik zu tun, aber die betreffenden Mädels schienen ihren Spaß zu haben, während sie an Kreuze gebunden, gepeitscht, mit Wachs übergossen und mit Klammern in den Brustwarzen malträtiert wurden, ehe sie mit jeder Form von Vibrator und später von allen anwesenden Herren außer mir gevögelt wurden. Ich selbst hatte kurz überlegt, ob ich bei diesem geselligen Treiben vielleicht auch mitmischen sollte, musste dann aber feststellen, dass es zwar nicht an Neugier, dafür aber an einer belastbaren Erektion mangelte.

Die erstaunlichste Erkenntnis dieses Abends: So wie diese Mädels losflogen, ist bei mir im Bett noch selten eine abgegangen, die so arg malträtierten Subbis stöhnten nicht, sie kreischten, sie brüllten, eine von ihnen gab seltsame Trillerlaute von sich, die mich an einen Kanarienvogel auf Brautschau denken ließen. Wahrscheinlich ist es wirklich so:

Eine Frau, die sich von drei Typen ficken lässt, während ihr Meister ihre Brustwarzen mit Klammern auf zehn Zentimeter Länge zieht, die hat auch bei der Verkündung ihrer Orgasmen weniger Hemmungen als der Durchschnitt.

Abstoßend finde ich allerdings die Typen, die in solchen Locations herumlaufen. Das sind tatsächlich ein Haufen Holzfällerhemden tragende Schnauzbärte, die nicht so aussehen, als ob sie im richtigen Leben viel zu sagen hätten. Bei meinen theoretischen Studien im Internet erfahre ich, dass gerade weniger erfolgreiche Männer sexuell dominant veranlagt sind, während die erfolgreicheren sich gern selbst von einer Domina die Eier verschnüren lassen.

Dies bringt mich zu der Vermutung, dass ich selbst doch nicht in dieses Schema zwischen Unterwerfung und Dominanz zu passen scheine. Gut, Bondage mit Yvonne war schon irgendwie nett, aber möglicherweise bin ich auch bloß so eine Art Lottogewinn für alle sexuell frustrierten Mädels, denn ich finde schlicht alles spannend, was Frauen vor Geilheit in den Wahnsinn treibt, und ich gebe zumeist mein Äußerstes, damit dieser Fall möglichst oft eintreten möge.

Wenn eine Alte tierisch in Fahrt kommt, weil ich sie lecke, dann erfüllt mich das mit Freude. Wenn eine Frau den Arsch gevögelt haben möchte, dann mache ich das gern, obwohl es mich nicht wirklich antörnt. Wenn eine Frau auf Öffentlichkeit steht, dann bumse ich sie halt in der Umkleide von Karstadt. Und wenn eine Haue haben will, nun gut, was soll ich machen? Solange sie dabei abgeht wie ein Zäpfchen, mache ich mit und finde ebenfalls mein gerüttelt Maß an Kurzweil dabei. Ich bin mir zwar nicht ganz sicher, ob diese Argumentation wirklich bis ins Detail schlüssig ist, denn wenn ich den Gedanken weiterspinne, würde das ja bedeuten: Falls ich jemals eine Frau treffen sollte, die rasend wird vor Geilheit, wenn ich nackt auf dem Sofa knie und meinen Dödel in eine Tasse heißen Milchkaffee halte, würde der große LeiLa den Rest des Dates mit einer sprichwörtlichen Latte Macchiato verbringen und sich dabei auch noch köstlich amüsieren, was ich mir in letzter Konsequenz dann doch nicht vorstellen kann.

Aber letztlich bin ich in Sachen Bondage kein Frischling mehr, also schreibe ich Manuela an, gratuliere zum neuen Profil und sage: »Willkommen im Club, Süße. Warum sagst du das nicht gleich? Du hättest schon lange vor mir knien dürfen.«

Manuela ist wie verwandelt. Wir chatten nächtelang. Ich halte mich weitgehend bedeckt, letztendlich habe ich zu diesem Thema mangels Erfahrung auch nichts Erhellendes beizutragen, aber sie gibt sich offenherzig, und ihre wirklich ungewöhnlichen Fantasien erschüttern meine zarte Seele. In einer betritt sie einen dunklen Raum, wird von mehreren Männern überwältigt, deren Gesichter sie nicht sehen kann. Die Typen halten sie fest, reißen ihr die Klamotten in Fetzen vom Körper, schließlich halten einige ihre Arme und Beine fest, während die anderen sie nacheinander benutzen, sie dabei beschimpfen, verhöhnen und auch sonst auf jede nur denkbare Art erniedrigen. Ich frage mich, während ich das lese, wie man allen Ernstes von seiner eigenen Vergewaltigung träumen kann. »Schon mal gemacht?«, erkundige ich mich, was sie entrüstet verneint. Die Begründung erscheint mir ebenso plausibel wie paradox: »Das geht natürlich nur, wenn ich die Typen nicht kenne, das kann man einfach nicht bringen sonst, aber es geht eben auch nur dann, wenn ich ihnen genügend vertraue, und wie soll ich Typen vertrauen, die ich nicht kenne?«

Ich finde das alles einerseits bedenklich, überlege mir aber dann, dass diese Frau nach all der 08/15-Vögelei der letzten Monate durchaus neue Nuancen in meine zwischenmenschlichen Beziehungen bringen könnte.

Bei unserem ersten Treffen bin ich komplett von den Socken. Manuela ist eine der wenigen Frauen, die in natura besser aussehen als auf dem verwischten Foto, wenngleich ihr Arsch für meinen Geschmack unter etwas zu viel Hüfte schwingt. Wir verbringen einen extrem flirtigen Abend in einer Bar. Als ich ihr auf der Straße zum Abschied kurz und heftig den Kopf an den Haaren in den Nacken ziehe, kippt sie um und ich muss sie auffangen, und das bleibt später auch noch so: Sobald ich auch nur die leiseste Form von Dominanz ausübe, wird Manuela irgendetwas zwischen bewusstlos und endzeitgeil.

»Das verspricht interessant zu werden«, denke ich mir, küsse sie zärtlich und frage: »Bist du so weit?« Ihre Antwort heißt: »Weiß nicht … Kannst du noch mal an meinen Haaren ziehen?«

Ich tue ihr den Gefallen, erneut sacken ihr die Knie weg, diesmal ziehe ich sie an den Haaren wieder hoch, greife ihr mit rechts an den Hals, lege die Hand um ihre Kehle und halte sie mit festem Griff. Dann nähere ich mich ihrem Mund. Sie versucht verzweifelt, mich zu küssen, aber sobald sie dicht dran ist, drehe ich ihr Hals und Gesicht weg. Manuela verdreht die Augen, stöhnt, ich lasse sie los und nehme sie fest in beide Arme, damit sie nicht auf den Boden knallt. »Boah, Mann«, schnauft sie, »wie geil ist das denn?«

Aber heute Abend vögele ich Manuela noch nicht. Das muss sie sich erst verdienen.

Nach ein paar Dates, in deren Verlauf wir uns an die Sache heranpirschen, gehen wir beide shoppen. Auf der Reeperbahn gibt's einen Laden nur für Leute wie uns, die Spielzeuge sind sündhaft teuer, aber ich fordere Manuela auf: »Freie Auswahl, nimm dir, was du willst!«

Sie entscheidet sich für praktische Fesseln mit Klettverschlüssen, einen Knebel, der aus einem Gummiball mit Lederriemen daran besteht, die hinter dem Kopf zusammengeschnallt werden, dazu eine Augenbinde und ein ganzes Sortiment von Ruten. Dabei erzählt sie mir, dass sie es endzeitgeil findet, mit verbundenen Augen, geknebelt, gefesselt und nackt auf einem Hocker zu sitzen und das pfeifende Geräusch zu hören, das Ruten verursachen, die dicht neben ihr durch die Luft sausen, ewige Zeiten lang, so lange, bis der erste Schlag trifft.

Danach fahren wir zu mir, kuscheln auf dem Sofa und trinken zwei Flaschen Rotwein. Offenbar haben wir beide ein bisschen Schiss anzufangen. Schließlich befehle ich ihr, sich auszuziehen und alle Einkäufe auszupacken. Sie tut es, steht vor mir, nackt, hält mir den Knebel und die Fesseln hin und an der Innenseite ihres linken Oberschenkels zieht ein einsames, kleines Tröpfchen seine Bahn nach unten. Ich stelle fest, dass mich ihre Geilheit weit mehr anmacht als alles andere in den letzten zwölf Monaten.

Dennoch lasse ich mir Zeit. Ich trete hinter Manuela, greife ihre Haare im Nacken, rucke ihren Kopf erst nach links, dann nach rechts, dann nach hinten, wobei ich ihr in den Hals beiße, Manuela fällt schon wieder um und aus Gründen der Arbeitssicherheit binde ich ihre Hände zusammen, führe sie an einer Leine ins Schlafzimmer, nicht dass die noch mit einem Kopf irgendwo aufs Regal knallt. Auf dem Bett fange ich an, Manuela zarte Klapse auf den Po zu geben, auf die Oberschenkel, erst außen, dann innen. Ich greife ihr zur Probe zwischen die Beine, ihre Muschi leckt wie ein Kieslaster in der Kurve und ich sage: »Noch lange nicht, Süße, noch lange nicht! Oder hast du es schon verdient?« Sie fängt an zu betteln: »Ja, bitte, ich hätte es so gerne verdient«, also ziehe ich sie sanft auf die Knie, lege ihr die Augenbinde an und ziehe auch mich aus.

Zuerst ohrfeige ich Manuela mit meinem Schwanz, das habe ich in einem Porno gesehen, erst rechts, dann links, sie schnappt nach ihm, sie will ihn in den Mund bekommen, aber ich halte ihren Kopf weg und sage: »Gib dir Mühe.« Es ist ein unfassbares Bild, wie diese Frau mit verbundenen Augen und offenem Mund nach meinem Schwanz sucht, und wenn ich ihn ihr gäbe, würde ich in 60 Sekunden meinen Spaß schon gehabt haben.

Aber erst mal ist Manuela dran, also lasse ich sie weiterhin vor mir knien, nehme mir eine Rute, stelle mich vor sie und lasse sie knapp an ihrem rechten Ohr vorbeipfeifen. Die Laute, die Manuela ausstößt, sind das Geilste, was ich in dieser Hinsicht jemals gehört habe, nach einer Weile fange ich an, sie mit der Rute zu treffen. Erst sachte, dann immer härter. Ich habe es am Vorabend tatsächlich mit einem Bambusstock, der vorher einem Benjamini als Stütze gedient hat, und einem Sofakissen geübt. Ich zeichne ihr langsam rote Striche auf ihre Titten, auf ihren Arsch, auf ihre Oberschenkel und die Arme.

Manuela scheint weg zu sein von dieser Welt, also verschnüre ich sie zu einem Paket, das schließlich mit Kopf, Knien und Schienbeinen auf meiner Matratze liegt und mir den Arsch entgegenreckt. Jetzt kann ich nicht mehr an mich halten und lege ein kurzes Intermezzo ein, in dem ich sie kurz und heftig vögele, während sie da unten herummaunzt.

Doch das war ein Fehler, das merke ich sofort. Nachdem ich sie gefickt habe, verspüre ich schlicht keine Lust mehr, ihr noch weitere Körperteile zu versemmeln, andererseits ist jetzt definitiv sie dran, also greife ich mir einen brummenden Spaßmacher aus meiner Schatzkiste und gebe mein Bestes. Einen Orgasmus kriegt Manuela allerdings nicht, das finde ich enttäuschend, und so überlege ich hin und her, bis mir die Sache mit ihrer Lieblingsfantasie einfällt.

Ich fahnde in meinen Schränken nach ein wenig Equipment und gebe ihr dezidierte Anweisungen: das Röckchen wieder anziehen, die Stiefel und die Bluse auch, rausgehen aus dem Schlafzimmer, anklopfen, reinkommen.

Sie ist ein bisschen unsicher auf den Beinen, aber sie hält sich an die Vorgaben. Ich habe außer einer einzigen Kerze alle Lichter gelöscht. Als sie die Tür öffnet, stülpe ich ihr einen alten Einkaufsbeutel aus Jute über den Kopf, reiße ihr die Bluse auf, was gar nicht so einfach ist, wer hätte gedacht, dass Baumwolle derart sperriges Zeug sein kann. Zunächst fliegen mir nur die Knöpfe um die Ohren und erst als ich mit einer Schere kleine Einschnitte vornehme, hängt nach einer Weile doch alles in schönen kleinen Fetzen über ihren Titten herunter, was nun tatsächlich ein geiles Bild ist. Dann werfe ich sie aufs Bett, fessele ihre Arme über dem Kopf und stürze mich auf sie. »Wehr dich doch, du kleine Sau«, schnaufe ich, sie zappelt und windet sich heftig, was mich daran zweifeln lässt, ob ich ein guter Vergewaltiger bin, denn ich kriege meinen Schwanz nicht in sie rein. Immer wenn ich gerade kurz davor bin, ruckt sie mit dem Unterleib zur Seite und ich fluche still vor mich hin, man macht sich ja keine Vorstellungen davon, wie schwierig die Umsetzung dieser Geschichte tatsächlich ist. Also mache ich es wie auf dem Basketballfeld, täusche rechts an, drehe schnell nach links, und als sie erwartungsgemäß rüberrutscht, stoße ich zu und bin drin. Ich vögele sie heftig, was Manuela damit quittiert, dass sie ihren Kopf wie wild von links nach rechts wirft.

Manuela kommt, ich nicht. Manuela kommt noch mal, ich immer noch nicht, Manuela kommt ein drittes Mal, ich bin höchst erfreut, denn ganz im Ernst: Multiple Orgasmen werden zwar häufig beschworen und beschrieben, aber im richtigen Leben kommen sie einem eher selten unter. Dann löse ich erschöpft Manuelas Fesseln und kriege einen Monsterschreck, denn sie liegt im Bett und bewegt sich nicht mehr. Ich lausche, ob sie noch atmet, drehe sie in die stabile Seitenlage, klapse ihr ins Gesicht. Ich kriege echt Panik, denn Manuela ist tatsächlich bewusstlos geworden. Ich renne ins Bad und halte ein Handtuch unter kaltes Wasser. Mit dem gelingt es mir schließlich, sie wieder aufzuwecken.

»Sorry«, entschuldigt sie sich, »hätte ich vorher sagen sollen. Wenn ich richtig abgehe, werde ich manchmal ohnmächtig dabei.«

»Himmel«, denke ich, denn so geil, wie ich die Nummer fand, so sehr habe ich mich erschreckt, als ich darüber nachdachte, ob man eine Frau zu Tode vögeln kann.

Doch auch mit Manuela bin ich nur zwei Monate zusammen, denn es ist wirklich anstrengend, ständig neue Fantasien zu realisieren, und man ahnt ja gar nicht, wie oft so etwas in die Hose geht. Einmal fessele ich sie in einem unzugänglichen Waldstück an einen Baum, habe aber nicht bedacht, dass die Mücken uns auffressen werden. Am Ende haue ich, um die Viecher abzuwehren, mehr mir auf den Hintern als ihr, und es wird eine wirklich unerotische Veranstaltung. Ein andermal will ich sie an einem entlegenen Elbstück vögeln, doch als sie gefesselt am Strand liegt, dreht ein Sportboot den Motor hoch, kommt ans Ufer geprescht und die Leute brüllen Manuela zu, ob sie Hilfe bräuchte. Ich binde sie eiligst los, sie winkt ab und wir verkrümeln uns ins Auto. Dafür ist die Session auf der Ostsee ein voller Erfolg. Weit außerhalb der Fahrrinne spielen wir »Pirat raubt Jungfrau«, und als ich sie mit verbundenen Augen nackt am Mast schmachten lasse, hat nicht nur

Manuela ihren Spaß. Ich kann auch noch ein Stündchen in aller Seelenruhe segeln und muss sie bloß ab und zu beschimpfen, während sie da vorn vor sich hintropft.

Am Ende steht für mich jedoch die Gewissheit, dass ich weit normaler bin, als ich dachte, und als sich herausstellt, dass Manuela Abende überaus enttäuschend findet, an denen ich sie lediglich zärtlich liebe, trennen wir uns nach einer Weile, was zwar unausweichlich ist, aber doch sehr bedauerlich, denn sie war mir abseits des Bettes eine nette, kluge und sehr anschmiegsame Gefährtin, mit der ich mir durchaus mehr hätte vorstellen können. Aber irgendwie muss jeder sehen, wie er glücklich wird. Und den Rest meines Lebens eine Frau zu verkloppen, das erscheint mir als Zukunftsperspektive doch eher zweifelhaft, und mag sie es noch so sehr wollen.

Von: **Manu_Mana**
Betreff: **So 'ne Scheiße, sorry!**

Hey, Leif,

das ist mir total unangenehm, aber ich muss Dir das sagen. Ich komme gerade vom Frauenarzt, und er hat Gonokokken bei mir festgestellt.
Ich weiß nicht, wie lange ich die schon habe. Kann sein, dass die neu sind, hab die letzte Zeit ein bisschen wilder gelebt. Kann aber auch sein, dass ich die Dinger schon eine Weile mit mir rumschleppe. Hab Dir das nicht erzählt, und das ist mir auch total peinlich, aber ein paar Tage bevor wir Schluss gemacht haben, hat mir ein Typ an den Haaren gezogen, und Du weißt ja, was dann passiert (sorry, so sorry, echt! Wollte nicht, dass du das erfährst, aber ich weiß nicht, wie ich Dir das nicht sagen soll).
Geh schnell zum Arzt, hörst Du? Muss ja nicht sein, dass du die auch hast, wir haben ja meistens Kondome benutzt. Und die gehen wieder weg, zwei Wochen Penicillin oder so.

Tut mir echt leid.
Echt, geh zum Arzt, am besten heute, kann blöd werden, wenn man das verschleppt.
Ach Scheiße, Mann, warum muss das Leben immer so kompliziert sein?

Manuela

PS: Sonst geht's mir eigentlich ganz gut. Hab ziemlich krasse Dinge gemacht, und ich denke, Du ahnst, was es war. Ich glaub, ich bin einfach härter drauf als Du.

## Undercover-Escort

Meine Seele ist gänzlich leer gevögelt.

Ich sehne mich nach Liebe. Und nach einem Sinn.

Im Internet werde ich beides nicht finden. Und wenn ich es genau betrachte, gibt es nur noch drei Menschen auf der Welt, die ungeteilte Zuneigung zu mir empfinden. Laura, von der ich seit über drei Jahren nichts mehr gehört habe. Lisa. Und Lars.

Elke überlässt mir die beiden für zweieinhalb Wochen, also nehme ich Urlaub. Joachim leiht mir seinen grünen VW-Bus, praktisches Ding das, mit Vorzelt, Campingkocher und Kühlschrank. Nicht, dass Joachim unbedingt ein Samariter wäre, er geht so lange mit meinem Cabrio ein paar Chicas aufreißen, nehme ich an. Ich lösche alle meine Flirtprofile und schnappe mir Lisa und Lars, kaufe etwa zwei Tonnen Ravioli, Fertigspaghetti, Salzstangen, Kekse, Gummibärchen, Cola und Apfelsaft und wir zotteln los an die Ostsee und besetzen einen

Campingplatz in Mecklenburg-Vorpommern. Containerklo und Gemeinschaftsdusche, das fühlt sich zunächst etwas basic an. Aber ich habe mit Papa und Holger in Småland gezeltet und weiß noch, wie glücklich ich damals war. Vielleicht geht es meinen beiden ja auch so.

Eigentlich sollen Lisa und Lars oben schlafen, im Aufstelldach des Busses, doch am Ende sind wir drei so glücklich, uns mal wieder ganz und gar zu haben, dass wir uns unten auf der 145 Zentimeter breiten Liegewiese zu dritt zusammenkuscheln. So bleibt es den Rest der Ferien, und es werden die schönsten Nächte der letzten zwei Jahre, denn wenn ich sie atmen höre und schnaufen und murmeln, und wenn Lars mir seinen Kopf in die Seite rammt und Lisa ihre Hand im Schlaf auf mein Gesicht legt, dann verscheuchen sie die Dämonen, die mich reiten, und den arbeitslosen Cowboy, der das Durcheinander in meiner Seele kritisch beäugt.

Der Strand ist kilometerbreit, die Sonne ein verlässlicher Freund, unser Tage vergehen zwischen Buddeln, Baden und Ballspielen. Nach vier Tagen entdecke ich strandaufwärts einen Bootsverleih, der zwei altersschwache Hobie-16-Katamarane im Angebot hat. Die Kids verbringen Stunden damit, auf dem Trampolin zwischen den Kufen zu liegen und nach Fischen Ausschau zu halten, Flachköpfer vom fahrenden Kat zu machen oder zu lernen, wie man Slalom zwischen den Bojen fährt, ohne dabei vorwitzige Schwimmer zu skalpieren.

»So ähnlich fühlt sich Glück an«, denke ich mir, »na ja, wenigstens Teile davon.«

In Wahrheit sehe ich für meinen Geschmack ein bisschen viel Happy-Family-on-the-Beach, und ich scheine weit und breit der einzige Single mit Kind zu sein. Abends, wenn die Lütten schon im VW-Bus schlafen, sitze ich vorm erloschenen Grill und tue mangels Alternativen das, was ich in den letzten Jahren so beharrlich verweigert habe. Ich sinne über das Leben nach, und die Bilanz ist nicht eben erfreulich.

Zwei unendlich geile Kinder, die ich viel zu selten sehe.

Ein Job, in dem ich gescheitert bin.

Ein Körper, dem Alkohol, Zigaretten und durchvögelte Nächte zusetzen.

Und Sehnsucht, verschissene, brennende Sehnsucht nach einer Frau, einer ganz normalen Frau, die ich lieben kann und die mich liebt, wofür auch immer.

Normalerweise würde ich mir in dieser Stimmung drei Drinks reinschrauben und vögeln gehen, mich betäuben mit dem Anblick einer nackten Frau, mich mit dem Gefühl ihrer Haut vollstopfen und all diese Düsternis aus mir herausficken, für ein paar Stunden wenigstens, ehe sie zurückkehrt, sobald ich alleine bin. Doch ficken ist hier nicht, so viel ist klar, und so lasse ich zur Abwechslung auch den Alkohol und die Zigaretten weg und versuche, das Ganze als eine Art Kasteiung zu betrachten, die notwendig ist, um einen Weg zu finden, egal, wohin.

Tagsüber ruhen meine versonnenen Blicke auf den anwesenden Mamis, doch es ist nicht das Schwingen ihrer bikinibedeckten Ärsche, das mir in die Eier tritt, sondern das Bild, wie sie ihren Kindern die Gesichter eincremen, sich über ihre nassen Männer beugen und ihnen das Salz von den Lippen küssen, wie sie leichtfüßig durch den Sand laufen, um Schwimmflügel an emporgereckte kleine Arme zu basteln, und danach zurückkehren zu Kerlen, die genau da sind, wo ich schon mal war, und die durchweg glücklicher aussehen, als ich mich fühle.

Wir sind gerade dabei, den Kat ins Wasser zu schieben, als hinter uns eine unzweifelhaft weibliche Stimme erklingt: »Wenn du den Mann ganz lieb fragst, darfst du dich bestimmt mal auf das Boot setzen.« Als ich mich umsehe, entdecke ich ein kleines kaffeebraunes Mädchen, das sich hinter zwei langen und ebenfalls braunen Beinen versteckt. Den Rest scannt mein professionelles Auge in wenigen Nanosekunden: Frau, Mitte 30, schlank, groß, farbig, Sonnenbrille, oben ohne, kleine feste Titten, espressofarbene Nippel, Glückstag!

Ich gehe in die Hocke und spähe nach der Tochter. »Ich weiß nicht, wie du heißt, junges Fräulein, aber wenn du Schwimmflügel hast und Mama dich gut festhält, darfst du vielleicht sogar ein bisschen mitsegeln.« Mama sagt: »Larissa heißt sie, und wenn es wirklich nicht stört?«

Fünf Minuten später liegt Larissa zwischen Lars und Lisa auf dem Bauch und späht über den Rand, um eine Qualle zu betrachten, während ich mich mit Mama bekannt mache. Shaila heißt sie, was indisch ist und wohl so viel wie Berg oder Fels bedeutet. Sie hat irgendwie geil aussehende Schlafzimmeraugen, ihr Vater kam aus Indien und ließ Mama einst in London sitzen, wo diese sich als Au-Pair-Mädchen durchschlug.

»Ganz schön kühl auf so einem Segelboot«, sagt sie, woraufhin ich mein T-Shirt ausziehe und es ihr zuwerfe, während ich grinsend anmerke: »Das sehe ich!« Sie blickt lachend an sich herunter, betrachtet ihre zur Gänze aufgerichteten Nippel und belohnt mich mit einem koketten »Na, du bist ja einer!«.

Sie kommt aus Berlin, ist nur für das Wochenende da und darf den Wohnwagen einer Freundin benutzen. Morgen Abend geht's mit dem Zug zurück, sie gibt Yoga-Seminare, doch im Sommer hält man es ja in Kreuzberg vor Hitze nicht aus. Ein seltsamer Zauber geht von ihr aus, und nein, ich bin nicht geil, und nein, ich überlege nicht, wie ich sie dazu bringe, heute noch die Beine breit zu machen. Stattdessen denke ich darüber nach, was ein Mann sich mehr wünschen kann, als bei seinen Kindern zu sein, auf dem Meer, und dabei eine Frau reden zu hören, die attraktiv ist und vielleicht ganz genauso wie diese hier.

Später liegen wir nebeneinander am Strand, während Lars und Lisa Larissa samt Schwimmflügeln durchs flache Wasser ziehen. »So ungefähr muss es sich anfühlen«, denke ich und wundere mich, wie zum Teufel das so einfach sein kann und doch so schwer. Am Abend grillen wir zusammen, und während wir die auf Mamas Schoß eingeschlafene Larissa vorsichtig in den VW-Bus betten und Lars und Lisa sich, mit Zahnbürsten bewaffnet, auf den Weg zu den Waschhäusern machen, fange ich an, Shaila aus meinem Leben zu erzählen, wobei ich alles, was Job, Karriere, Geld oder Haus betrifft, weiträumig umgehe, denn zur Abwechslung würde ich gern mal wieder sehen, dass eine Frau sich in mich verliebt und nicht in den Scheiß-Obermacker.

»Ist das dein Bus?«, fragt sie, aber ich mache eine wegwerfende Handbewegung. »Von einem Kumpel geliehen, ich gehöre zur Unterhalt zahlenden Bevölkerungsgruppe.«

»Immerhin zahlst du welchen«, entgegnet sie, und es schwingt Bitterkeit mit in ihrer Stimme.

Später erzähle ich ihr von meiner großen Liebe Laura und vom Ende meiner Ehe mit Elke. Irgendwo in meinem Kopf ist ein Berg, oben drauf sitzt der Cowboy und lacht mich aus, weil ich dieser Frau lieber mein Herz öffne, als sie zu ficken. Shaila legt ihre Hand auf meinen Arm und sagt: »Nichts geschieht umsonst, es hat alles seinen Sinn. Wenn du ein gutes Herz hast, wird das Universum dafür sorgen, dass du glücklich wirst.«

Sie haut mir die Füße weg mit diesem Satz, und ich sage erst mal gar nichts mehr, denn ich fürchte, wer auch immer im Universum mein Herz einer ernsthaften Prüfung unterzieht, wird nicht entdecken können, dass es in den letzten Jahren besonders liebenswert gewesen wäre.

Später, die Kinder schlafen, dreht sie sich einen Joint. Wir schweigen zusammen, wir betrachten die Sterne, dann sagt sie: »Ach, täte das gut, mal wieder ein bisschen schönen Sex zu haben.«

Vor Überraschung kippe ich fast vom Campingstuhl. Eigentlich würde ich lieber still die Sterne angucken und vielleicht ein bisschen Händchen halten, doch der Cowboy in meinem Kopf hüpft mit einem Satz zu mir herunter und sagt: »Na also, du Spinner, geht doch!«

Und dann schläft Shaila mit mir, einfach so, indem sie mich im Dunkeln auf den Boden drückt, meine Hose öffnet, mir ein Kondom überzieht, woher auch immer sie es haben mag, hier vor dem Bus auf dem stillen Campingplatz. Sie setzt sich auf mich und nimmt mich, ohne ein einziges Wort zu sagen, während ich an ihrem dunklen Gesicht vorbeisehe, in den sternenbedeckten Himmel schaue und mich frage, ob es wirklich ein gütiges Universum gibt.

»Machst du das immer so?«, frage ich danach. Sie lacht. »Was jetzt genau?« Ich kann es nicht formulieren und schweige, sie fährt mit ihrer seltsam dunklen Stimme fort: »Mir einen Mann zu nehmen? Wenn er mir gefällt – ja, natürlich. Sex ist doch das Natürlichste der Welt. Und auch etwas Spirituelles. Warum soll ich keinen Sex haben, wenn es mich glücklich macht?«

Seltsamerweise bin ich ein wenig enttäuscht.

Wir tragen Larissa in Shailas Wohnwagen, verabschieden uns zärtlich, während der Typ in meinem Kopf sich nicht mehr einkriegt. »Jetzt bist du nicht mal mehr beim Ficken zufrieden, wie? Du kleines Ärschlein bist echt entschlossen, dich zu verlieben. Mannomann!«

Am nächsten Abend fahren wir die beiden zum Bahnhof. »Soll ich wiederkommen?«, fragt Shaila zum Abschied und ich nicke. Drei Tage später ist sie wieder da, ohne Larissa, und mein Urlaub wird ein wenig anders. Sobald die Kinder schlafen, gehen wir ficken. Manchmal am Strand, manchmal in ihrem Wohnwagen, immer ist sie es, die einen Joint raucht und mir sagt, dass sie jetzt will. Sie ist eine selbstbewusste Liebhaberin, die stets das Kommando übernimmt, und es ist mir gar nicht recht, das kenne ich sonst anders. Sie will geleckt werden und in den Arsch gevögelt, und sie will es wild und hart, und als ich ihr sage, dass Arschficken nicht meine Lieblingsvariante ist, zumal nicht, wenn kein Badezimmer in der Nähe ist, lacht sie mich aus. »Du bist ja verklemmt!«

Nach dem Urlaub fahre ich jede freie Minute nach Berlin. Immer mit der Bahn, ich will sie ums Verrecken nicht wissen lassen, dass ich Geld habe. Sie ist eine arme Maus, Yoga-Kurse scheinen nicht viel zu bringen, ihre Wohnung ist Altbau, Hinterhof und nicht saniert. Wir fahren mit der U-Bahn in den Grunewald, machen Spaziergänge mit Larissa, und das sind mir die liebsten Momente. Doch abends dreht sie sich eine Tüte und fickt mich, und sie setzt mich mit Variationen in Erstaunen, die mir bis dahin fremd waren.

Bisweilen nimmt Shaila eine Perlenkette in den Mund und bläst mir einen, was ein schlicht unglaubliches Gefühl ist, das eine Ende der Kette windet sie um meine Eier, den Rest knotet sie mit der Zunge um meine Eichel, später knetet sie meinen Schwanz, so als ob sie eine Tonfigur mit eingearbeiteten Perlen modellieren würde. Falls das eine indische Spezialität ist, will ich dort wiedergeboren werden, denn so etwas habe ich wirklich noch nie erlebt.

Erstaunt registriere ich, dass sich auch mit Vibratoren mehr anstellen lässt, als ich bisher dachte. Manchmal steckt sie sich so ein Ding in den Arsch, während sie mich vögelt, und die Vibrationen, die durch ihren Unterleib direkt in meinen Schwanz brummen, verschaffen mir Höhepunkte, wie ich sie bisher nicht kannte.

Dafür verweigere ich entschieden, als Shaila Anstalten macht, auch mir ihr Spielzeug in den Hintern zu schieben. Was zu weit geht, geht zu weit, auch wenn ich gehört habe, dass manche Kerle darauf stehen. Noch mehr törnt mich ab, dass Shaila mich in Sachen Sex für einen blutigen Anfänger zu halten scheint. Auch die Variante, in der sie ihre zweifellos vorhandene Dominanz im Bett ausspielen will und anfängt, mich mit Latexbändern zu fesseln, macht mir Angst. Mit gebundenen Händen einen geblasen zu kriegen ist ja noch ganz in Ordnung, doch als sie mir erklärt, dass Sauerstoffmangel den Höhepunkt in unfassbare Dimensionen schraubt, und mir das Gummizeug um den Hals wickeln will, halte ich ihre Hände fest und sage: »Stopp!«

»Hättest du Lust, mich mal mit einem zweiten Mann zu vögeln?«, will sie nach ein paar Wochen wissen. Die Antwort lautet: Nein, definitiv Nein! Shaila sagt: »Also echt jetzt, für dein Alter bist du total verklemmt, so sind die meisten Typen mit Anfang 20«, was mich außerordentlich kränkt, und Jungs, ihr seid meine Zeugen, ich halte diese Beschuldigung nach meinen zuletzt vervögelten Lebensjahren tatsächlich für unangemessen.

»Ich will tanzen gehen«, sagt sie nachts um drei Uhr nach dem Ende der Leibesübungen, doch ich zeige ihr einen Vogel und bleibe liegen. Als Shaila gegangen ist, liege ich schlaflos in ihrer Bude. Erst um neun Uhr morgens kommt sie wieder. »Wo warst du?«, frage ich, und sie antwortet: »Tanzen. In Berlin tanzt man bis in den Morgen.« Während sie einschläft, setze ich mich in die Küche und koche Kaffee. Als ich ihre Tasche vom Tisch räumen will, fallen drei gefaltete grüne Scheine heraus. »War sie wohl noch am Geldautomaten«, denke ich, wobei sie mir neulich erzählt hat, dass ihre Karte eingezogen worden ist, weil das Konto bis Anschlag im Minus ist, und dass sie mit 100 Euro auskommen muss in der Woche.

Die Zeit mit Shaila ist wie eine Reise durch fremdes Territorium, aber manchmal, meist wenn sie nicht bei mir ist und wir vor dem Einschlafen telefonieren, wogen zärtliche Gefühle durchs Universum.

Inzwischen kennt sie auch meinen Benz, meine Wohnung, es lässt sich einfach nicht durchhalten, diese Ich-bin-ein-abgerissener-Exmann-Nummer. Doch es verändert sich nichts dadurch, und es beruhigt mich, dass alles so bleibt, wie es ist. Wir sehen uns am Wochenende, sie dreht ihre Joints und fickt mich quer durch ihre Bude, wobei sie weiterhin den Ton angibt, aber so richtig schlimm ist das als Schicksal nun auch wieder nicht. Ich leihe ihr ein bisschen Geld, hin und wieder, die Yoga-Geschichte läuft nicht allzu gut, die zahlen ihr nur 15 Euro die Stunde, und sie muss die Kleine durchbringen, die nebenan schläft.

Aber das Leben ist ein Arschloch, jedenfalls wenn man genauer hinsieht. In ihrem Badezimmerschrank, wo jetzt auch mein Deo, mein Rasierer und meine Zahnbürste ihren Platz haben, liegen nur noch drei Kondome, obwohl ich letztes Wochenende welche gekauft und dagelassen hatte.

»Mit wem vögelst du noch so alles?«, frage ich Shaila, sie reagiert recht gelassen und sagt, dass sie die einer Freundin gegeben habe, die auf einem Sprung da war und zu einem Date wollte. Mir ist völlig klar, dass das eine glatte Lüge ist, und ihr ist klar, dass mir das klar ist. Später liegen wir auf dem Bett, und sie fragt mich: »Hast du eigentlich viel Geld?«

Warum sie das fragt, möchte ich wissen, und Shaila erzählt von ihrem Traum, einem eigenen Yoga-Studio, und dass man höchstens 50 000 Euro braucht, um so etwas einzurichten, und dass sie dann alle ihre Sorgen los wäre und noch eine zweite Yoga-Lehrerin anstellen würde und dass ich vielleicht Teilhaber sein könnte. Mit Zinsen bekäme ich das Geld zurück, und sie wisse nicht mehr weiter, und sie habe keine Lust, es so zu machen wie eine Freundin von ihr.

»Und die macht es wie?«, frage ich.

»Sie geht mit Männern aus, als Begleitung zum Essen zum Beispiel«, sagt Shaila und mir fallen die drei grünen Scheine ein, sämtliche rote Warnlampen flashen los und der Cowboy schreit: »Bingo, du kleiner Scheißer, sie ist 'ne Nutte!«

Als sie schläft, finde ich Shaila in der Fotogalerie einer Escortagentur, ich muss gar nicht lange durchs Internet stöbern. Vor den hübschen Schlafzimmeraugen prangt ein großer Balken, aber die Titten kenne ich, nur heißt sie hier Carina. Die Stunde kostet 300, die Nacht ist ab 1200 Euro zu haben und auf Wunsch bietet sie devoten Herren auch gehobenen Zeitvertreib. Wie das aussieht, kann ich in der Fotogalerie betrachten, wo Shaila in Lederstiefeln und mit einer Rute in der Hand posiert.

Am nächsten Morgen gehe ich Brötchen kaufen und rufe von unterwegs beim Escort-Service an. Die nette Dame am Telefon beglückwünscht mich zu meinem guten Geschmack und bietet mir an, sofort bei der entzückenden Carina anzufragen, ich könne in der Leitung bleiben, und wie viel ich denn investieren möchte? Als ich sage, das

Finanzielle wäre mir völlig egal, ich würde mindestens 24 Stunden buchen wollen, wird sie noch einen Tick freundlicher und zwei Minuten später ist die Tante wieder in der Leitung und wir machen eine Verabredung mit Carina im »Hyatt« aus.

Als ich mit den Brötchen zurückkomme, ist Shaila nervös. Sie muss für eine plötzlich erkrankte Freundin bei einem Seminar einspringen. Ich packe meine Tasche und sage: »Das macht doch nichts, Liebling, dann fahre ich eben früher nach Hause.«

Ich fahre ins »Hyatt« und warte in der Bar hinter meiner Zeitung.

Shaila ist pünktlich, erkundigt sich beim Barkeeper, dem ich gesagt habe, dass ich eine hübsche Frau namens Carina erwarte. Als sie vor meinem Tisch steht, lasse ich die Zeitung sinken und sage in ihr verblüfftes Gesicht: »Ich habe mir das überlegt mit den 50 000, ich denke, ich bin nicht interessiert!«

Dann stehe ich auf und gehe. Ich drehe mich nicht einmal um.

Als ich in Hamburg ankomme, wartet eine flehentliche Mail auf mich, in der viel vom Universum zu lesen ist, in dem es keine Schuld gibt, sondern nur Liebe, und das wäre es, was sie für mich empfinde, in ihrer reinsten und spirituellsten Form.

Ich schreibe zurück: »Über den Daumen gepeilt, kriege ich noch um die 2000 Euro von dir, möchtest du in Raten zahlen?«

Ich habe lange darüber nachgedacht, ob dies mein erstes Statement sein sollte, doch ich brauche noch eine Bestätigung, denn Zweifel plagen meine zarte Seele. Ich bin mir auch in drei Stunden Autofahrt nicht darüber klar geworden, ob nun ausgerechnet ich das Recht habe, sie zu verdammen, vielleicht will sie ja bloß raus aus dem Dreck und nun soll gerade ein schwanzgesteuertes Stück Scheiße wie LeiLa Andersson derjenige sein, der mit seinen antiquierten Moralvorstellungen die Kette zu ihrem Rettungsanker kappt?

Doch Shailas Antwort räumt mit meinen letzten Zweifeln auf. »Jammer noch rum«, schreibt sie, »du kennst meine Preise. Du bist verdammt günstig dabei weggekommen!«

Während ich drei neue Flirtprofile eröffne, höre ich den Cowboy in meinem Kopf mitleidig lachen. »Verlieben«, sagt er und haut mir auf die Schulter, »und dann noch mit Hilfe des Universums, wie?«

»Stimmt, Cowboy«, erwidere ich leise.

Verlieben ist was für Jungs und Idioten.

Von: **Carina_Escort**
Betreff: **Verreck doch, Du Arsch!**

Du bist so ein verklemmter Einfaltspinsel! Und jetzt willst Du Geld von mir? Arschloch, ich kriege noch Geld von Dir, ich habe nachgerechnet, da sind mindestens 10000 fällig. Du weißt, dass ich die einklagen kann? Sexuelle Dienstleistungen, und Du hast nicht bezahlt! Ich hab einen Kunden gefragt, der ist Anwalt.
Du bist so ein Spießer! Wirfst mir vor, was ich tue, um meine Kleine durchzubringen. Hast noch nie gehungert, oder? Hast noch nie nicht gewusst, wovon Du dem Kind neue Schuhe kaufen sollst, wenn die alten zu klein sind? Lebst fein in deinem beschissenen Hamburg und spielst den Moralapostel. Hast Du überhaupt 'ne Ahnung, wie das ist, wenn man jeden fetten, alten Sack über sich rübersteigen lassen muss, damit man die Miete bezahlen kann? 'türlich nicht, Du bist ja selber einer. Du hättest doch einsteigen können in mein Yoga-Projekt, dann hätte ich nicht mehr arbeiten müssen. Dann hätte ich vielleicht sogar versucht, nett zu Dir zu sein.
Aber Du leihst mir großmütig hier mal hundert, da mal hundert und hältst Dich noch für spendabel, oder was? Für hundert kriegst Du bei

mir nicht mal einen geschüttelt. Für hundert kriegste einen Tritt in die Eier und sonst nichts. Und du machst mir Vorhaltungen und willst Dein Geld zurück? Du kleinmütiger Korinthenkacker, ich bin so froh, dass ich Dich los bin.

Ach, und noch was, Herr Andersson. Du tust auf dicke Hose, aber dahinter ist pfffffffft – nichts als Luft. Ich habe noch nie einen derartig langweiligen Lover wie Dich gehabt. Und dann dieses verliebte Gesäusel und dieser blauäugige Froschblick, wenn Du kommst. Hab jedes Mal fast lachen müssen, aber ich musste Dir ja Orgasmen vorspielen, weil Du Weichei ohne immer so enttäuscht gewesen bist.

Alter, Du bist echt 'ne Niete, in jeder Beziehung. Du solltest auch nicht versuchen, an Frauen zu lecken, das hast Du nämlich nicht drauf, lutsch lieber an Deinem Daumen. Weißt Du eigentlich, wie Du aussiehst, wenn Du schläfst? Du rollst Dich zusammen wie ein Baby, wenn Mutti abends böse war, und wenn Du was getrunken hast, dann läuft Dir Sabber aus dem Mundwinkel, das ist so eklig!

Du bist echt widerlich, ich könnte kotzen, wenn ich dran denke, wie oft ich Dir meinen Hintern hingehalten habe. Und dann dieses Gejammer, wenn dem feinen Herrn der Schwanz mal braun wurde. Typ, so was nennt man Sex, und es gibt welche, die zahlen das als Extra, aber davon hast Du keine Ahnung.

Und noch was, Du Pussy. Vergiss dieses Universumsgefasel bei Kerzenlichtscheiße. Bei Kerzenlicht siehst Du aus wie 'ne Vogelscheuche, der jemand 'ne halbe Gurke ins Gesicht gedrückt hat. Echt, diese Nase, lass die bloß operieren. Die sieht dermaßen scheiße aus!

Leck mich am Arsch, Leif Lasse Andersson – aber denk dran, das kostet extra.

Pisser.

Wichser.

Verreck in Deinem Scheißbenz und lass mich in Ruhe.

............................................................

# Mädchenzöpfe

Mit meinen Internetprofilen ist das so eine Sache. Denn eines, das weiß ich, reicht nicht, um viele Frauen anzulocken, jedenfalls nicht viele verschiedene.

Ich habe ein nachdenkliches Profil, auf dem ich mich nach ein bisschen Liebe sehne, von meinen Kindern schreibe und von Zuneigung und Geborgenheit. Hier antworten vor allem frisch verlassene Mädels auf der Suche nach Trost und nach wie vor viele alleinerziehende Frauen aller Altersklasse, die – wenngleich sie es von Anfang an bestreiten – nach jemandem suchen, der sich bereiterklärt, ihre Gören großzuziehen. Solche Frauen kriegt man nur relativ langsam, aber dafür mit großer Sicherheit in die Kiste, jedenfalls dann, wenn man so etwas wie Patchworkfamilientauglichkeit andeutet und sich auch beim Ausgehen nicht knickerig zeigt. Am Ende bricht man ihnen leider die einsamen Herzen, so wie es all die anderen Cowboys vor einem auch getan haben, was ich zunehmend als unschön empfinde.

Aus purem Zeitvertreib habe ich ein literarisches Profil eingerichtet, in dem ich bisweilen wertherischen Weltschmerz verkünde, manchmal Kurzgeschichten veröffentliche, zuweilen Tagebücher über einsame Abende führe oder über Zitate von Bukowski sinniere. Als ich dort einmal seine epischen Sätze: »Das ganze Hotel war voll von Leuten wie wir. Sie tranken und fickten und wussten nicht, wie es weitergehen sollte. Ab und zu sprang jemand aus dem Fenster« poste, was meiner Gemütslage recht präzise entspricht, schreiben mich merkwürdigerweise ein Haufen Schwule an, die sich sicher sind, dass so ein sensibles Kerlchen wie ich bisher seine wahren Neigungen verleugnet haben muss. Ansonsten läuft mir dort nur alle Jubeljahre eine Frau zu, die Letzte war am Staatstheater, verkrachte Schauspielerin, jetzt für die Requisite zuständig. Wir schrieben uns durchaus anspruchsvolle Mails, doch als ich beim First Date ihren kilometerbreiten Hintern und ihr Doppelkinn sah und feststellte, dass auch wirklich kluge, sensible und ernst zu nehmende Frauen diesen Mist mit den 20 Jahre alten Fotos aus Jugendtagen veranstalten, stand ich auf, summte »Dicke« von Marius Müller-Westernhagen und ging.

Und dann habe ich mir seit Shaila ein komplettes Arschlochprofil zugelegt. Im Zentrum stehen drei Fotos, die ich lapidar mit: »Mein Benz«, »Mein Golfclub«, »Mein Schiff« beschriftet habe. Dies wird durch die prosaische Botschaft ergänzt: »Wenn es dich stört, dass ich an einem netten Abend mehr Geld fürs Essen ausgebe als andere für die Miete, wenn es dich stört, dass ich meine Wochenenden im Golfclub, im Cabrio oder auf meiner kleinen Jacht verbringe, wenn es dich stört, dass ich beruflich erfolgreich bin und eine klare Vorstellung von der Rolle einer Frau in meinem Leben habe, wenn es dich stört, dass ich meinen Marktwert kenne und nicht die Absicht habe, mich mit hässlichen Frauen abzugeben, dann, liebe Leserin, ziehe hin in Frieden und knalle beim Rausgehen bitte nicht mit der Tür. Wenn du hingegen einen angenehmen Lebensstil zu schätzen weißt, Spaß an Sex hast, nicht älter als 29 bist und ziemlich geil aussiehst, dann lass es mich wissen. Wir könnten eine überaus schöne Zeit haben. Und mal ehrlich: Wer weiß schon, wie lange schöne Zeiten dauern?«

Die Welt ist schlecht, ich bin es auch, doch das ist mir inzwischen echt Latte, und die Statistik spricht eindeutig für mein Arschlochprofil, wenngleich sich die Frauen dort in zwei Gruppen teilen: Die eine Hälfte beschimpft mich wüst, meldet mein Profil dem Seiten-Admin oder fleht den Zorn der großen Göttin auf mein Haupt herab. Die andere Hälfte zeigt sich bereit zur kurzfristigen Verabredung des Geschlechtsverkehrs und es stört mich nicht, dass die meisten einen relativen Vollschaden haben, solange Arsch und Möpse in Ordnung sind, entwickele ich in solchen Dingen einige Nachsicht.

Ich weiß, dass ich mit diesem Profil um den Preis eines schicken Abendessens sowie einer Fahrt im Cabrio in zwei von drei Fällen zum Schuss komme, ohne groß auf die romantische Tube drücken zu müssen. Es ist zwar desillusionierend, wie viele Mädels sich vor einem Aufschneider wie mir auf den Rücken werfen, nur weil sie in kompletter Verkennung der Tatsachen davon träumen, endlich mal einen Typen auf der Sonnenseite des Lebens abzubekommen. Aber Illusionen habe ich in Bezug auf Frauen eh nicht mehr viele, und wenn ich durch meine Excel-Tabellen stöbere, dann weiß ich zwar, dass ich seit dem Tag, als Elke mich rauswarf, mit 116 Frauen geschlafen habe, und ich kann nachlesen, was ihre sexuellen Vorlieben sind, wie groß ihre Titten waren, wie fest ihre Ärsche und wie viele Dates ich gebraucht habe. Doch ich fange an, die Gesichter zu vergessen, und erst recht, ob es schön war.

Melanie meldet sich auf meinem Benz-Golf-Jacht-Profil, sie sieht ausgesprochen jung aus, doch ihre Ansprache ist eher unfreundlich und nur einen Satz lang: »Du scheinst ja ein RICHTIGES Arschloch zu sein!«

Normalerweise antworte ich nicht auf Beschimpfungen, aber ich habe mal wieder nichts Rechtes zu tun, außerdem ist Melanie 27, mithin im allerbesten Alter und mit ihren blonden Zöpfen sieht sie sehr mädchenhaft aus. Ihr Profiltext ist vom ersten bis zum letzten Buchstaben »copy & paste«-frei und wimmelt vor niedlichen Sätzen und einer gehörigen Portion Selbstironie. Also schreibe ich: »Und das hast du ganz alleine rausgekriegt?«

Melanie antwortet relativ fix. »Arrogant bist du also auch, aber ich hatte nichts anderes erwartet!«

Ich frage: »Und was genau möchtest du jetzt von mir?«

Ihre Antwort ist eine Frage, die ich für mich zwar schon beantwortet, aber noch nie mit anderen diskutiert habe.

»Rein weibliche Neugier: Warum stellt ein Mann, der keine Interpunktionsfehler macht, Worte wie ›hingegen‹ und ›überaus‹ benutzt und ganz offenbar etwas in der Birne hat, so einen Scheißtext ins Netz? Und was sind das für Frauen, die darauf antworten?«

»Manche sind bloß neugierig«, schreibe ich. »Manche haben blonde Zöpfe. Manche behaupten, kein Interesse zu haben. Manche sehen zauberhaft aus, vor allem wenn sie ein bisschen entrüstet sind. Und manche dürfen vielleicht sogar herausfinden, was wirklich dahintersteckt, aber ihre Zahl ist begrenzt.«

»Und wie bist du wirklich?«, fragt Melanie hartnäckig weiter.

»Ein Arschloch eben«, antworte ich, denn meine neue Assistentin hat mir soeben signalisiert, dass M&M etwas von mir will. Das hat es seit zwei Monaten nicht mehr gegeben, und ich weiß im gleichen Moment, dass der lange erwartete Tag der Abrechnung gekommen ist. Ich verlasse den Dialog mit Melanie ohne weitere Nachricht. Schaden kann das nicht, denn das habe ich inzwischen wirklich verinnerlicht: Als Mann erhöhst du deinen Marktwert vor allem durch ein wenig Desinteresse, gerade die hübschen Frauen macht so etwas rasend.

Beim überraschend freundlichen Lunch macht mir M&M ein unerhörtes Angebot: Unsere Wege trennen sich, als Entschädigung zahlen sie mir ein Jahresgehalt und meine Beteiligung am Thinktank kaufen sie mir zum vollen Einstandspreis ab, allerdings unverzinst und abzüglich der Bonuszahlungen, die vor zwei Jahren bei Vertragsunterschrift unseres ersten und einzigen Kunden geflossen sind.

Wenn ich annehme, bin ich reich!

Aber ganz blöd bin ich nicht. Dieses Angebot ist derartig verlockend, dass mir in der Sekunde, als es auf dem Tisch liegt, klar ist: Sie haben ihn an der Angel, den dicken Fisch, LeiLas gutes, altes Internetkonzept macht doch noch seinen Weg und Kollege Andersson soll von der bevorstehenden fetten Dividende nichts abbekommen. Also schüttele ich zweifelnd den Kopf.

»Alternativ«, fährt Müller-Mannhagen fort, und ich bewundere ihn für die Sanftheit, mit der er mir das Messer an die Kehle setzt, »kündigen wir Ihnen, weil wir betriebliche Umstrukturierungen vornehmen müssen, die leider allesamt den Thinktank betreffen. Sie können vor dem Arbeitsgericht auf drei Monatsgehälter klagen und unsere Anwälte schauen mal nach, ob alle Ihre Spesenabrechnungen sauber waren. Eine Auszahlung Ihrer Anteile würden wir in diesem Fall auch nicht mehr erwägen und Sie möglicherweise auch in Regress nehmen, falls sich erweisen sollte, dass Sie im Thinktank Mist gemacht haben, und das haben Sie bestimmt, sonst hätte das Konzept ja funktioniert.«

Herr im Himmel, was bin ich manchmal froh, dass ich den Cowboy habe. In solchen Situationen ist er echt eine coole Sau, und ohne dass ich eine Miene verziehe, übernimmt er die Verhandlungen. Denn eines ist wirklich sonnenklar: Wenn sie was in der Hand hätten, nur das kleinste bisschen, würden sie mir kein Zuckerstückchen hinhalten, sondern mich ohne größere Bedenken mit der Peitsche rausjagen.

Ich lehne mich entspannt zurück, lächele M&M an und lasse mein Schweigen wirken, denn ich weiß aus langjähriger Erfahrung, dass jeder, aber wirklich jeder einen Tick verunsichert wird, wenn er statt einer erwarteten Reaktion nur ein freundliches Lächeln und sonst nichts erhält. Als ich merke, dass M&M ein bisschen unruhig wird, sage ich beiläufig: »Müller-Mannhagen, alter Knabe, haben Sie damals eigentlich einen Ehevertrag geschlossen?«

Er kneift die Augen zusammen, ich lasse ihn darüber nachdenken, was seine Scheidung wohl kosten wird. Nach einer weiteren Kunstpause vollende ich meine Attacke mit einem formvollendeten Tritt in seine Eier: »Ach, was ich immer schon mal fragen wollte: Meine kleine Susanna, bläst sie inzwischen eigentlich besser?«

Er sieht mich an, ohne auch nur eine Miene zu verziehen, das Schlachtfeld ist hinreichend abgesteckt. Dann seufzt er, dreht die Handflächen nach oben, hebt die Schultern einen Tick und lehnt sich zurück, was ich als Geste sehr zu schätzen weiß, denn sie signalisiert mir, dass ihm an einem Nichtangriffspakt gelegen ist. »Sorry, Junge«, sagt er, »war nicht meine Idee, ich habe Nottbohm gleich gesagt, dass wir bei Ihnen nicht auf die harte Tour spielen sollten. Lassen Sie uns noch mal über unser Angebot sprechen.«

Ich stehe auf, reiche Müller-Mannhagen die Hand und sage: »Ich habe Sie schon immer bewundert, wirklich. Und ich mag Sie, deshalb nehme ich das auch nicht persönlich. Verdoppeln Sie's, dann denke ich darüber nach.«

In meinem Büro lege ich die Füße auf den Tisch und grübele über diese Perspektive nach. Die Rechnung ist relativ einfach. Meine Beteiligung an den Erlösen aus dem Thinktank beträgt zehn Prozent. Das Angebot der Agentur beläuft sich inklusive Jahresgehalt auf schlanke 850 große Scheine. Das bedeutet: Nottbohm und M&M haben irgendwas an der Angel, was in den nächsten Jahren mindestens 8,5 Millionen wert ist, höchstwahrscheinlich aber viel mehr.

Ich bin ein gemachter Mann! Wenn es einen Grund gibt zu bleiben, dann ist es dieses Angebot, mich rauszukaufen.

Allerdings spüre ich in mir etwas, das raus will aus diesem Laden, weg vom Thinktank und weg von der Erinnerung an Laura. Also erwäge ich, mich am Ende auch mit etwas weniger als dem Doppelten zufriedenzugeben. Vielleicht 1,3 Millionen oder so. Aber ich weiß, dass ich die nur kriegen werde, wenn ich keine Nerven zeige. Dann fällt mir Elke ein und ein heiliger Schreck fährt mir in die Eier. Es wird Zeit für einen Termin bei meinem Anwalt.

Als ich mich wieder an den Computer setze, um ihm eine Mail zu schreiben, erwarten mich drei Nachrichten von Melanie.

»Ha, ha, sehr witzig!«, kam als direkte Replik auf meinen Abschied von vorhin.

»War das jetzt schon alles?«, kam 50 Minuten später.

Vor fünf Minuten schickte sie folgenden Text. »Okay. Ich bin neugierig, ich trage manchmal Zöpfe, aber in einem Punkt liegst du richtig fett daneben: Ich sehe einfach immer zauberhaft aus, nicht nur, wenn ich wütend bin. Und wer bist du???«

Ich muss lächeln. Aber jetzt habe ich eigentlich keine Zeit für sie. Trotzdem studiere ich ihr Profil noch einmal ganz genau, es scheint mir ein wenig öko zu sein. Ich entdecke zwei Mitgliedschaften in Literaturzirkeln, aus ihrer ersten Mail an mich schließe ich, dass sie trotzköpfig und temperamentvoll ist und einen sportlichen Flirtwettkampf wahrscheinlich zu schätzen weiß.

Letztlich feile ich bestimmt fünf Minuten an der Antwort herum, denn die muss sitzen, wenn ich irgendwann an diesen schönen Zöpfen ziehen will, und so schreibe ich: »Größtenteils ersinne ich Pläne, um die Welt zu retten, aber bisher hat noch keiner funktioniert. Ich habe ein ausgesprochenes Faible für Literatur, und wenn ich die Wahl zwischen einer schönen Frau habe und einem guten Buch, dann ist es keineswegs sicher, wie die Sache ausgeht. Ich bin ein ruhiger, nachdenklicher und manchmal trauriger Mann, aber sobald das herauskommt, kriege ich keine Frau mehr ins Bett, was ich sehr verdrießlich finde. Aber ich bin auch ein extrovertierter, angeberischer Karrieretyp, der im Leben mit allem Erfolg gehabt hat außer in der Liebe, und wenn ich die ersten beiden Fehler verschweige, kriege ich jede Menge Mädels an der Start.«

»Und jetzt glaubst du, du kannst mich an den Start kriegen?«, fragt Melanie, eine Minute nachdem ich die Post verschickt habe.

»Ich denke«, antworte ich, »das habe ich schon. Aber jetzt habe ich anderes zu tun. Nimm dir für heute Abend nichts vor. Ab 22 Uhr gehe ich wieder online und dann darfst du mich kennenlernen.«

»Bist du bescheuert?«, lautet ihre Antwort. »Heute Abend gehe ich mit meinen Freundinnen weg.«

»Mach mal«, erwidere ich. »Vielleicht trefft ihr euch ja in der Nähe eines Internetcafés.«

Mein Anwalt nimmt mich um 20 Uhr noch dran, mein schlechtes Gewissen hält sich in Grenzen, ich glaube nicht, dass er irgendwo vermisst wird, wahrscheinlich kommt er einfach nur eine Stunde später in seine Stammkneipe.

Wir rechnen die neue Wendung in meinem Leben durch. Im Moment sind meine Gesellschafteranteile im Thinktank wertlos, die Bilanzen der letzten drei Jahre sind tiefrot, und das ist alles, was bei der Bewertung durchs Gericht zählen wird. Elke gehört die Hälfte davon, die Hälfte von nichts ist immer noch nichts, und wenn wir uns beeilen, wird sie sehen, was sie davon hat, dass sie mich bescheißen wollte. Doch sobald Nottbohm und M&M den dicken Fisch an Land ziehen, ändert sich das und Elke macht richtig Kasse. Wichtig ist also, dass wir die Scheidung einreichen, ehe der Wert meiner Anteile explodiert. Der Anwalt setzt sich unverzüglich an seinen Computer, die Anwaltsgehilfinnen sind alle schon weg, dass er das Fax ans Familiengericht eigenhändig einlegt, rechne ich ihm hoch an. Das Ganze wird morgen per Post hinterhergeschickt, mit etwas Glück bekommt Elke in 14 Tagen vom Gericht meine Scheidungsklage zugestellt, und das wäre dann der Stichtag für meine ungeteilte Thinktank-Million.

Diese zwei Wochen muss ich M&M hinhalten, also rufe ich noch aus dem Auto an, sage ihm, dass ich wirklich an der Firma hänge und an dem Projekt sowieso und dass ich nachdenken muss, dass ich zwei Wochen Urlaub will. Er stimmt sofort zu, und wenn mein Gefühl mich nicht trügt, werden sie sich hüten, den dicken Fisch an Land zu ziehen, solange zehn Prozent davon mir gehören.

Zu Hause lege ich die Füße hoch und denke darüber nach, ob gut eine Million schon reicht, um nicht mehr arbeiten zu müssen, aber ich fürchte, das wird knapp.

Es ist kurz nach zehn, Melanie fällt mir ein. Ich checke mein Postfach und denke: »Da bist du ja!«

»Ich weiß nicht, warum ich das tue«, schreibt sie. »Meine Mädels sitzen nebenan in der Kneipe und haben Spaß und ich sitze in einem vermufften Internetcafé und warte auf ein arrogantes Arschloch. Ich muss komplett bescheuert sein!«

»Single sein ist eben kein Streichelzoo«, schreibe ich zurück. »Was willst du wissen?«

Die nächsten zwei Stunden senden wir uns in rascher Abfolge Nachrichten, und von der Aussicht auf ein neues Leben bin ich wie beflügelt. Ich bin wirklich brillant diesmal, und meine Laune steigt von Mail zu Mail.

Dann geht Melanie ohne ihre Mädels nach Hause und wir skypen. Das gibt mir die Gewissheit, dass Melanie tatsächlich recht hübsch ist, sie darf sich derweil davon überzeugen, dass ich wirklich witzig, wortgewandt und einfallsreich bin, auch unter Echtzeitbedingungen.

Um zwei Uhr morgens möchte Melanie telefonieren, ich habe nichts dagegen, denn meine Telefonstimme funktioniert erfahrungsgemäß recht passabel. Melanie ist Lehramtsstudentin mit den Fächern Sport und Germanistik, offenbar stört es sie nicht, dass ich ein alter Sack bin. Es funkt und es knistert ein wenig, und als ich sie frage, ob wir uns morgen treffen wollen, stimmt sie überraschenderweise zu. Wir verabreden uns an der Raststätte »Dammer Berge«, was ziemlich genau die Hälfte zwischen Hamburg und Dortmund ist und den Vorteil hat, dass das Restaurant sich auf einer Brücke befindet, die die gegenüberliegenden Rastplätze verbindet. Ich weiß, dass es Bullshit ist und dass ich einmal mehr Gefahr laufe, mich zu blamieren, aber bevor ich losfahre, gehe ich noch Blumen kaufen.

Melanie ist vor mir da, sie sieht sehr, sehr süß aus, von der Figur her wirklich nur einen klitzekleinen Tick zu fraulich, aber dafür wirkt sie wie eine 22-Jährige, hat rehbraune Augen, und das entschuldigt nun wirklich eine Menge. Ich lege die Blumen zwischen uns auf den Tisch und sage: »Ach du Scheiße!«

Melanie guckt kritisch und ich lege eine von diesen metrosexuellen LeiLa-Gesprächspausen ein.

Sie verliert. »Und was soll das jetzt?«, fragt sie schließlich und kräuselt die Nase in extrem süßen Fältchen.

»Du bist voll hübsch, genau wie auf den Fotos«, sage ich, »und jetzt hast du den Salat. Hast du keine Vase mit?«

Ich habe sie schon wieder überrascht, sie lacht.

Melanie und ich wälzen meinen Straßenatlas, fahren zum nächsten See, den wir finden können, und schlendern am Ufer entlang. Sie ist klein, nur 1,65 Meter groß, ich frage sie, ob sie von da unten die Wolken sehen kann, und sie boxt mir in die Seite. Sie hat niedliche Grübchen, ihre Figur kann ich nur erahnen, ich gehe davon aus, dass sie eventuell einen kleinen Bauch hat, doch das macht mir nichts, denn sie strahlt im Gegenzug einen großen Zauber aus. Nach einer Weile ziehen wir die Schuhe aus, waten durchs Wasser und liegen danach nebeneinander im Gras der Uferböschung. Ich sehe den Himmel an und frage sie: »Kommst du mich am Wochenende besuchen?«

Melanie sagt: »Warum sollte ich?«

»Weil ich mich dann wahrscheinlich bereiterklären würde, mit dir zu schlafen«, antworte ich, und sie guckt kein bisschen entrüstet, sondern grinst vergnügt in sich hinein.

»Eigentlich«, sage ich, »bin ich kein Typ, den jede haben kann. Ich möchte erst umworben werden, Blumen und Geschenke und Komplimente bekommen.«

Melanie schüttelt sachte den Kopf, und ich weiß, dass sie jetzt über mein Arschlochprofil nachdenkt und wie sie das mit dieser Vorstellung hier zusammenbringen soll.

Am Ende spielen wir Wolkenraten. Es ist schön, und ich genieße es, mal nicht das Arschloch zu sein.

Auf der Heimfahrt, die ich ungeküsst antrete, rekapituliere ich.

Melanie ist jung.

Melanie ist hübsch.

Melanie ist schlau.

Ich habe keine Ahnung, ob Melanie mich geil findet.

Aber der Kleine findet sie umwerfend, und das ist schon eine ganze Menge.

## Brustwarzenpiercings

Ich habe Urlaub.

Ich habe mich bei Melanie mit zwei netten, kleinen, witzigen Mails für den schönen Nachmittag am See bedankt, und ich habe ihr bei eBay eine Vase ersteigert, die lange angekommen sein müsste, jedenfalls hat der Verkäufer sie vor fünf Tagen auf »versendet« gestellt.

Melanie hat jetzt tatsächlich eine Woche lang nicht geantwortet und ich bin, ehrlich gesagt, ziemlich angepisst. Aber ich bin Flirtprofi. Wenn sie keinen Bock auf mich hat, nützt es auch nichts, ihr hinterherzumailen. Und wenn das ein kleines, heiteres Kräftemessen sein sollte, dann werden wir schon sehen, wer den längeren Atem hat. Arschklar: Ich muss warten, bis sie sich rührt, weil ich sonst meine Chancen schmälere.

Aber die Sache macht mich zappelig.

Noch zappeliger macht mich das Warten auf die Nachricht vom Anwalt.

Und regelrecht schlaflos macht mich der Gedanke, dass Nottbohm und M&M ihr Angebot zurückziehen könnten.

Ich sitze zu Hause und hadere mit mir und der Welt.

Aber ich weiß ja, was ich machen kann, wenn mir gar nichts anderes mehr einfällt. Schreibe ich eben Frauen ins Bett. Ich flüchte mich in zwei mittelprächtige Fickabende mit Sophie, einer abgelegten Alleinerziehenden von einer vergessenen Reservebank des letzten Jahres. Aber ich habe keinen Spaß daran, und beim Sex des zweiten Abends denke ich darüber nach, dass ich aufhören sollte, so viel zu trinken, denn mir ist ihr Name entfallen, und erst beim Abschiedskuss ist er wieder da.

In Köln könnte ich wahrscheinlich Verena vögeln. Verena und ich schreiben schon eine ganze Weile, manchmal reizt sie mich, weil sie erst 29 ist, nicht übel aussieht und weil sie eine ziemlich niedliche Prinzessin ist, die im Herzen ein rattenscharfes Luder zu sein scheint. Und vor allem weil sie eine Perle in der Augenbraue trägt und nach einer Weile verrät, dass sie auch an anderen Stellen gepierct ist.

In Sachen Verena habe ich bisher ziemlich herumgetrödelt, weil ich schlicht keinen Bock hatte, für einmal Vögeln ganz bis nach Köln zu fahren, so viel Engagement investiere ich seit Langem nicht mehr in One-Night-Stands.

Aber es ist Elkes Kinderwochenende, ich bin von der Warterei auf Melanie, Scheidung und Stichtag für den Zugewinnausgleich endzeitgenervt. Und mir fällt ums Verrecken nicht ein, was ich sonst machen soll, denn das Wetter ist stürmisch, sodass ich nicht mal segeln kann. Ich schreibe Verena an, texte sie eine halbe Nacht lang voll, und am

Samstag fahre ich in aller Herrgottsfrühe los, damit die Autobahn leer ist. Was soll's, mit dem Benz rutscht man die Strecke nach Köln in unter vier Stunden runter.

Ich komme zum Frühstück, ich bin nicht enttäuscht, aber auch nicht übermäßig erfreut, Verena ist ziemlich genau das, was ich mir nach unserer bisherigen Bekanntschaft vorgestellt hatte: ein kleines bisschen schlicht, deutlich weniger hübsch als auf den Fotos, Tattoos an beiden Oberarmen, eine völlig verwarzte Wohnung und ein mauzender Kater, den sie bisweilen anraunzt, dass er die Klappe halten soll. Ihr Geld verdient sie als Tresenschlampe und alles in allem ist sie genau die Art von Frau, die mich null interessiert.

Wir frühstücken, wir hocken uns aufs Sofa, ich habe nicht wirklich Bock auf den bevorstehenden Sex, aber als sie hoffnungsvoll zu mir rüberrutscht, fange ich halt an, sie zu küssen. Immerhin: Ihre Titten sind 1a und ihre Brustwarzen werden wie angekündigt von zwei Piercings durchbohrt. Sie hat mir geschrieben, dass die Dinger echt geil sind und sie es bis zum Orgasmus schafft, wenn ein Typ sie küsst und dabei an den kleinen Schrauben dreht. Das probiere ich aus, es scheint zu klappen, was ein gewisses akademisches Interesse in mir weckt, und kurzfristig denke ich über die Orgasmusfähigkeit verschiedener Frauen unter verschiedenen Bedingungen nach. Dann sehe ich nach, ob unterhalb des Bauchnabels weitere Kunstwerke auf mich warten, tun sie nicht, ich lecke sie trotzdem, danach bläst Verena mir einen, das macht sie wirklich schön, allerdings hatte ich mir auf der Hinfahrt noch ein Piercing in ihrer Zunge erträumt. Später wandern wir ins Schlafzimmer und ficken. Es ist in Ordnung, aber nichts Besonderes. Wir vögeln in der Missionarsstellung, später von hinten, sie macht es sich auf dem Bauch liegend selbst dabei und schließlich fragt sie mich unvermittelt, ob ich auch in ihren Popo wolle. Ich grunze etwas eher Undefinierbares und sie sagt: »Aber erst nachher, da muss ich erst noch was trinken, sonst krieg ich das nicht locker genug«, was die deplatzierteste Erklärung zum Thema Sex ist, die mir seitens einer Frau jemals untergekommen ist. Gegen 18 Uhr brechen wir auf, bummeln am Rheinufer lang, an dem mich Erinnerungen an Elke und meine jungen, weitaus glücklicheren Jahre überfallen, später ziehen wir in die Altstadt. Verena schraubt sich mächtig was rein, ich natürlich auch, um 23 Uhr kehren wir in ihre Bude zurück und vervögeln noch drei weitere Stunden, auch die Probebohrungen in ihrem Arsch verlaufen dank des Alkohols erfolgreich und ich frage mich, warum ich das schon wieder mache, obwohl ich null darauf stehe, aber ich will nicht, dass sie sich grämt, den ganzen Alkohol umsonst gesoffen zu haben.

Gegen zwei Uhr morgens wird Verena recht kuschelig, sie tritt den Kater, der aufs Bett gesprungen ist, auf den Fußboden und fragt mich, ob das da draußen wirklich mein Benz ist und ob ich das Wochenende bleibe. Es ist also alles wie immer. Ich belüge sie behutsam und sage ihr, dass ich nach Hause will, weil ich morgen die Kinder habe.

Als ich gehe, wissen wir beide, dass ich ihr nie wieder schreiben, geschweige denn sie treffen werde, die Nummer mit Verena ist nicht mal mehr abgefuckt, sie ist einfach nur deprimierend, im Treppenhaus wird mir schlecht, ich schaffe es gerade noch bis ins Auto, fahre 500 Meter, dann halte ich an und kotze aus dem Fenster auf die Straße. Das süßlich riechende Zeug tropft langsam die Tür herunter, ich ekele mich vor mir selbst, und auf der Fahrt zur Autobahn denke ich darüber nach, dass mein Prozentsatz der völlig sinn- und spaßbefreiten Vögeleien inzwischen deutlich über 95 Prozent liegen müsste.

Wer bin ich, was will ich, und wo will ich eigentlich noch hin in diesem Scheißleben? Ich kann ums Verrecken keine dieser Fragen beantworten. Ich werde müde, kaufe mir an der Tankstelle drei Dosen Redbull und ziehe sie mir rein, zur Abwechslung mal ohne Wodka. Ich rauche Kette, meine Laune verfinstert sich von Kilometer zu Kilometer, gleichzeitig überfällt mich die Gewissheit, dass mein Leben immer so weitergehen wird, dass ich mich von Frau zu Frau vögeln werde, dass ich nie mehr einen Sinn in meinem Leben finden und dass ich nie wieder Liebe spüren werde, wie ich es bei Laura tat. Außerdem ahne ich, dass mein Traum von der schnellen Million auch noch platzen wird, und am Ende wird Elke vor Gericht triumphieren. Ich male mir nicht mal mehr aus, wie das passieren wird, es erscheint mir einfach nur folgerichtig, denn im Moment habe ich nicht nur keinen Lauf, im Moment hangele ich mich nur noch von einer Scheiße in die nächste.

Weil die Mucke im Radio beschissen ist, fummele ich am CD-Wechsler herum, aber das ist ein Fehler, plötzlich zieht das Ding Coldplay rein und zu den hämmernden Klavierakkorden von »Clocks« überfällt mich mein ganzes verficktes Unglück, denn das war eine von den Scheiben, die die ganze Nacht lang liefen, wenn ich Laura liebte, und zur Trauer, die mein Denken wie ein schwarzes Tuch verhüllt, fühle ich Wut in mir aufsteigen. Aber diese Wut richtet sich gegen niemanden außer gegen mich selbst und gegen den Cowboy, der mich zu dem gemacht hat, der ich bin. Denn der Cowboy, der ist weit mehr als eine Ausrede für mich selbst, es gibt ihn wirklich, und er hat dafür gesorgt, dass ich ein komplettes Arschloch geworden bin, das völlig zu Recht ohne einen Funken Liebe und Zuneigung durchs Leben marodiert, und eines Tages werde ich auch noch die letzten Reste meines Gewissens verlieren und ganz und gar so sein wie er.

Ich schlage wütend aufs Lenkrad, um ihn aufzuwecken, doch die blöde Sau pennt gerade ihren Testosteronrausch aus. Die Wut steigt immer höher, ich schreie die Frontscheibe an, bis er aufwacht, in meinem Kopf, und sich auf dem Beifahrersitz aufrappelt und mich fragt, ob ich eine Macke habe.

»Du dämliche Sau«, schreie ich. Aber das stört ihn nicht, er sagt: »Mach mal halblang, Alter, war doch gar kein übler Fick.«

## Zahnbürsten und andere Seltsamkeiten

Blogeintrag
VerenaK 03:19 Uhr

Du bist anders gewesen als all die anderen, und doch warst Du ganz genauso, und jetzt bist auch Du gegangen, und noch nie war ich so ratlos.
Hast Du mich getäuscht? Habe ich mich getäuscht? Warst Du nichts als eine Illusion? Und wenn ja, worin bestand die Illusion? War es Deine alles überwältigende Zärtlichkeit? Deine seltsame Fähigkeit, besser in meiner Seele zu lesen als ich selbst? Oder war die Illusion das, was eben in meinem Bett geschah, oder noch schlimmer, das danach?
Du hast leise die Tür zugezogen, ich habe Deine Schritte auf der Treppe gehört, ich bin ans Fenster gegangen und habe gehofft, Du würdest innehalten, weil ich einfach nicht glauben wollte, dass Du wirklich wortlos in Deinen Scheißbenz steigst, ohne noch ein einziges Mal Deinen Kopf zu drehen.
Als Deine Rücklichter aufleuchteten, habe ich gewusst, dass ich Dich niemals wiedersehen werde und dass alles, was Du gesagt, geschrieben und getan hast, nur Treppenstufen aus Lügen auf dem Weg in mein Bett gewesen sind.
Warum? Warum fährt ein vor Geld stinkender Werbefuzzi vier Stunden nach Köln, nur um mich zu ficken und mir mein verdammtes Herz zu brechen? Du kannst doch in Hamburg hundert Frauen haben, warum mich, und warum so?
Ich habe ein bisschen geheult eben, ich hab eine geraucht und dann hab ich Deine Mails noch einmal gelesen.
Weißt Du noch, was Deine erste Nachricht war, hier in dieser öden Singlebörse? Kein »Hallo«, keine kitschige Anrede, kein dummdreistes »Ficken …?«, keine blöden Smileys, überhaupt nichts von dem ganzen Mist, der einer Frau im Internet das Leben verleidet. Du hast mir acht beschissene Worte geschrieben, eine simple Behauptung, eine mich neugierig machende Herausforderung, die ich zugleich als Kompliment empfand: »So, wie Du schreibst, werden wir uns mögen.«

Ich war zu verblüfft, um nicht nachzusehen, ich habe Dein Foto betrachtet, auf dem nichts zu erkennen ist außer Deinem doofen Handy. Und Deinen Augen. Ich hab gedacht: »Ey, der guckt ein kleines bisschen wie Jack Nicholson. Bloß jünger und wahrscheinlich netter.«
Dann hab ich Dein Profil gelesen, zweimal nacheinander, und es war einfach zauberhaft. Ganz anders als alle Männerprofile, und glaub mir, ich hab eine Menge gesehen. Du hast von Sehnsucht geschrieben, und davon, dass Du Deine Kinder vermisst und dass Du jedes verdammte Ding Deines Lebens gegen Liebe tauschen würdest, und ich habe Deine Trauer gespürt, Du hast meine Seele berührt, Du hast mich meines ganzen, verdammten Schutzwalles beraubt, den ich mir in drei Jahren Singledasein mühsam gebaut habe.
Ich hab Dir in der gleichen Nacht eine lange Mail geschrieben. Ich hatte das Gefühl, ich schulde sie Dir, obwohl ich nichts von Dir kannte außer acht beschissenen Worten, von denen ich heute annehme, dass Du sie schon 100 anderen Frauen geschrieben hast.
Ich hab von Einsamkeit geschrieben und von meinen Träumen, von Liebe und einer Zukunft und vielleicht einem kleinen Garten und von Kindern, irgendwann. Ich hab gedacht, ich bin verrückt, dass ich das tue, aber ich dachte plötzlich, Du weißt das eh schon alles, und ich hab gemerkt, dass ich mich beim Schreiben in die Idee verliebe, einen Mann zu finden, der anders ist als die anderen, der so ist, wie Du vielleicht bist.
Du hast mir einen einzigen Satz geantwortet, einen lausigen einzigen Satz auf diese lange Mail, in der ich mir die Seele aus dem Leib getippt habe, und in meinem Kopf hat es »Bääähm!« gemacht – woher wusstest Du, dass ich mich seit Jahren nach einem Menschen sehne, der mir solche Sätze sagt? Du hast geschrieben: »Wo hast du gesteckt die ganze Zeit?«, und mich überkam das Bedürfnis, zu Dir zu laufen und zu rufen: »Hier, hier, hier hab ich gesteckt, aber jetzt bin ich da!«
Was für ein Mist, und ich bin darauf reingefallen.
Dann hast mich wochenlang entführt, in die Welt Deiner Worte, und ich habe die Kontrolle verloren. Ich habe Abend für Abend gewartet,

ob Du Dich meldest, Du hast mich in Dich verliebt, Schritt für Schritt, und es war zu spät, als Du mir ein einziges Mal die Wahrheit gesagt hast: »Wir verlieben uns in die Projektionen unserer eigenen Sehnsüchte«, hast Du geschrieben, »und sei auf der Hut. Hier im Internet sind die Projektionsflächen weißer.«
Jetzt sitze ich hier, lese Deine Scheißmails und heule.
16 Stunden warst Du bei mir. Du bist mit einem riesigen Blumenstrauß, einer Brötchentüte und deiner Zahnbürste gekommen, vor 14 Stunden hast Du mich geküsst, vor 13 Stunden hatten wir den ersten Sex, und der war zärtlich und verdammt noch mal nicht schlecht, dann sind wir in die Altstadt gegangen, am Rheinufer hast Du die Schuhe ausgezogen und bist ins Wasser gewatet und hast wütend in die Ferne gestarrt. Es hat mich verwirrt, denn ich habe Deinen rasenden Zorn gespürt, und ich konnte ihn nicht erklären. Dann haben wir uns betrunken, und dann hast du mich noch mal gefickt. Beim zweiten Mal warst Du kalt, mechanisch und ohne Gefühl, und 18 Minuten später hast du mich verlassen. Du bist wie ein Tornado durch mein Leben gefegt, und jetzt, wo Du weg bist, hast Du eine Schneise der Verwüstung hinterlassen. Aber ich sage Dir was: Ich bin eine Trümmerfrau. Ich stehe wieder auf, und ich werde alles wieder aufbauen, so wie immer. Ich werde weitermachen. Ich werde mich hinter meinen Tresen stellen und der Welt mein Lächeln ins Gesicht schleudern. Und wenn noch einmal einer kommt, der Augen hat wie Jack Nicholson und der meine Seele fickt mit nichts als leeren Worten, dann werde ich davonrennen.
Ich habe jetzt aufgehört zu heulen. Ich habe Deine Blumen und Deine Brötchen in den Müll geschmissen. Ich habe das Bett neu bezogen. Jetzt werde ich dieses hier in meinen Blog posten, und wie bei jedem Eintrag werde ich zum Schluss eine Frage an meine Mädels stellen, die lieber über heitere Themen diskutieren, als darüber nachzudenken, warum auch sie vielleicht für immer einsam bleiben.
Mädels, was denkt Ihr? Warum bringen Männer ihre Zahnbürste mit, wenn sie doch lange vorher wissen, dass sie nicht zum Frühstück bleiben?

# Brückenpfeiler

Ja, Jungs, da sind wir wieder. Am Anfang und am Ende der Geschichte, in der Leif Lasse Andersson im Kampf gegen die Midlifecrisis erst den Glauben an die Liebe und dann an sich selbst verlor.

Nehmt sie euch zur Warnung, wenn ihr beim Rasenmähen vor der Doppelhaushälfte keinen Bock mehr habt, nicht auf euer Leben zwischen Büro, Kinderturnen und Grillwürstchen-anbrennen-Lassen und nicht auf die Frau, die euch nur noch alle vier Wochen ranlässt. Lest meine Worte und glaubt sie einfach, selbst dann, wenn es euch schwerfällt: Ich bin ihn gegangen, den staubigen Weg durch die Wüste, bis zum Ende, und dort hat mich nichts anderes erwartet als ein verdammter Haufen Dreck und Traurigkeit.

Aber die Lösung liegt ja auf der Hand, auch wenn der Cowboy sie nicht zu mögen scheint.

Ich drücke das Gaspedal bis aufs Bodenblech und male mir den Aufprall aus. Die sich nähernde Baustelle sollte einen schönen Schuss auf einen Brückenpfeiler freigeben oder vielleicht auf eine geparkte Baumaschine. In mir wallt Friede auf, zum ersten Mal seit Monaten, aber auch ein bisschen Wehmut, und ich denke an Holger, der vor 33 Jahren in seinem Käfer starb, und ich überlege, ob ich ihn wiedersehen werde. Falls ja, dann werde ich ihm sagen, dass das mit dem Cowboy eine Scheißidee war. Danach spielen wir ein schönes Eins-gegen-Eins unterm Basketballkorb und inzwischen sollte das eine interessante Sache werden.

Und dann werde ich auf Laura warten.

Die Tachonadel zeigt 240, ich bin bereit, ich spüre, dass mich eine große Klarheit erfasst. Ich erinnere mich, einen Roman über Samurai gelesen zu haben und dass diese, wenn sie sich das Schwert vor dem rituellen Seppuku auf den Bauch setzen, die Gegenwart einer großen, erhabenen Ewigkeit erahnen, aber es fällt mir schwer, mich auf erhabene Gefühle zu prüfen, denn mein Auto nervt wegen des gelösten Sicherheitsgurtes mit immer schneller werdenden Warntönen und plötzlich fiept auch noch mein Handy und bringt mich endgültig aus dem Konzept.

Noch 800 Meter bis zur Baustelle.

Ich fische das Handy vom Beifahrersitz und alle Wut ist plötzlich weg.

Die SMS ist von Laura.

Vor Schreck rutscht mir das Teil aus der Hand und in den Fußraum, wo ich nicht drankomme.

Als ich wieder hochblicke, ist ein Vollidiot von Lkw-Fahrer ausgeschert, direkt in der Einfahrt zur Baustelle will dieses Arschloch noch schnell ein Wohnmobil überholen!

Eigentlich egal, ob Brücke oder Lkw, aber nach 25 Jahren Autofahren ist es ein Reflex: Mein Fuß latscht voll auf die Bremse. Während ich Mühe habe, nicht aufs Lenkrad zu fliegen, spüre ich das Bremspedal aufgeregt ruckeln, die Zeit verlangsamt sich auf Super-Slomo, ich komme von 240, der Lkw fährt 100, ich sehe, dass ich es nicht mehr schaffen werde, und plötzlich spüre ich nur noch Bedauern, dass ich nie mehr erfahren werde, warum Laura nach drei Jahren Funkstille mitten in der Nacht Kontakt aufnimmt.

Links Lkw, rechts Wohnmobil, ich habe maximal noch 30 Meter. Ich reiße das Steuer nach rechts, der Benz bricht aus, schleudert mit der linken Seite voran durch die Baustellenbarken. ich kreisele über den aufgehobelten Asphalt, sehe links vor mir eine riesige, düstere Teermaschine auftauchen, alles dreht sich, die Reifen machen irrsinnige heulende Geräusche, die Teermaschine fliegt rechts vorbei, dann dreht sich alles langsamer, immer langsamer, noch langsamer, am Ende macht es zaghaft »bumms«.

Und da wäre ich, an meinem Brückenpfeiler. Allerdings bin ich so sanft dagegengetrudelt, dass nicht mal ein lausiger Airbag aufgegangen ist.

Ich blicke nach rechts und sehe die Rückleuchten von Wohnmobil und Lkw entschwinden. Sonst ist hier niemand, nur ich. Meine Arme tun mir weh, und ich befühle meine Handgelenke, ehe ich den Motor ausstelle. »Na toll«, denke ich, während meine Hände zittern und mein Herz wild klabastert, »nicht mal das kannste.«

Dann fällt mir mein Handy wieder ein. Es ist unter den Fahrersitz geflogen, ich steige aus, die Tür knarzt in protestierenden Geräuschen, ich fische das Handy vom Fußboden und öffne kniend die SMS von Laura.

»Hab geträumt, dass du mich brauchst«, schreibt sie und: »Meld dich mal. Ich liebe dich. Laura.«

»Das gibt's doch nicht«, denke ich und spüre, wie mir die Tränen in die Augen schießen. Es kann alles geben, wirklich alles in diesem Scheißuniversum, aber doch nicht das!

Dann setze ich mich an meinen Brückenpfeiler und fange an zu heulen. Hinter mir rauschen die Autos durch die Baustelle, kein Mensch nimmt von meinen einsamen Rücklichtern auf der stillgelegten Spur Notiz.

Und so sitze ich in der Dunkelheit und weine wie ein verlassenes Kind.

Irgendwann denke ich an meine beiden Kleinen und die Sehnsucht übermannt mich. Ich rufe Elke an. Sie sagt: »Vielen Dank für den Scheidungsantrag.« Und dann fragt sie mich, ob ich weiß, dass es vier Uhr in der Nacht ist. Ich sage ihr, dass ich gerade einen Unfall hatte, und bitte sie um Verzeihung, wobei ich nicht recht weiß, wofür, aber mir ist nach ihrer Absolution. Aber Elke ist Elke, sie zickt herum, so wie immer, ich sage, dass ich über die Kinder reden will, ich will sie öfter haben, jedes Wochenende und gern auch mal unter der Woche für eine Nacht. »In deine Bumsbude auf St. Pauli etwa?«, fragt Elke, sie hat nicht mitgekriegt, dass etwas passiert ist. »Ich hab's mir überlegt«, schlage ich vor, »ich ziehe zu euch in die Nähe. So nah ran, dass die Kinder mit dem Fahrrad zu mir können.« Im Hintergrund höre ich die Stimmen der Kleinen, und Elke sagt anklagend: »Super, du hast sie aufgeweckt!« Aber sie legt nicht auf und ich lasse mir Lisa geben, die »Papi, Papi, wo bist du?« ruft. Und dann Lars, der fragt, wann ich vorbeikomme, er hat einen neuen Fußball.

Dann schicke ich Laura eine SMS.

»Ich liebe dich auch!«, schreibe ich.

Was soll ich ihr vom Brückenpfeiler erzählen, sie würde sich Sorgen machen. Und zum ersten Mal, wirklich zum allerersten Mal steigt von ganz tief in meinem Bauch die Erkenntnis auf, dass Laura zu ihrem Philosophen gehört und zu ihrer kleinen Tochter und nicht zu mir.

Nach einer Weile stehe ich auf und gehe um mein Auto herum. Keine Ahnung, ob Reifen so etwas überleben können, sie sind gerade 300 Meter auf messerscharfen Rillen gekreiselt. Die linke Tür ist von den Barken verbeult, der Außenspiegel abgerissen, irgendwas hat das Verdeck aufgeschlitzt, der rechte Kotflügel ist vom Brückenpfeiler tief eingedellt und stößt mit der Kante gegen den Vorderreifen. Ich hole den Wagenheber, haue und würge im Dunkeln die Delle so weit raus, dass der Reifen sich wieder drehen kann.

Müller-Mannhagen fällt mir ein, plötzlich kommt es mir albern vor, dass ich das Angebot der Agentur noch hochpokern wollte. Ich schicke ihm eine SMS: »Nehme an. Bitte alles vorbereiten. Komme nächste Woche zur Unterschrift.«

Dann denke ich an den Cowboy, aber der ist weg.

Ich glaube nicht, dass er wiederkommt.

Von Melanie hat der Cowboy zuletzt gesprochen, ich lächele beim Gedanken an ihre Zöpfe und ihre braunen Augen. Voll das Reh und voll mein Typ. Er kennt mich eben doch ganz gut, der alte Schweinehund.

Dann setze ich mich ins Auto und suche einen Weg aus der Baustelle.

Ich habe keine Ahnung, was die Zukunft bringt.

Und mein Auto klappert furchtbar, als ich ihr langsam entgegenrolle.

Von: **Elke_Andersson**
Betreff: **Ich mach Dich fertig, glaub es mir!**

Dafür wirst Du zahlen, du charakterloses Schwein, Du wirst in diesem Leben zahlen, und Du wirst im nächsten Leben zahlen. Du hast noch gar keine Ahnung, wie viel Du zahlen musst, aber ich wünsche Dir schon jetzt viel Spaß dabei! Du solltest anfangen, abgelaufene Konserven zum halben Preis zu kaufen, denn wenn ich mit Dir fertig bin, wirst Du Dir selbst die nicht mehr leisten können. Und dass Dich die Kinder jedes Wochenende besuchen, das kannst Du Dir abschminken. Sei froh, wenn Du sie überhaupt wiedersiehst, denn sie haben einen besseren Vater verdient als Dich. Kannst Deinem Anwalt ruhig sagen, dass er sich auf ein Sorgerechtsverfahren einstellen kann. Ich hab so viel gegen Dich in der Hand, das ahnst Du gar nicht, all die Flittchen und die Nutten und der Alkohol, kein Richter der Welt wird einem Typen wie Dir die Kinder lassen. Und zu der angeblichen Kündigung: Meine Anwältin sagt, das ist bloß ein Trick, kein Problem, und sie sagt, jetzt ziehen wir mal die Boxhandschuhe aus und kämpfen auch mit den Fäusten. Mach Dich auf was gefasst.

..............................................

## Laura – 8 Tage später

Der kommt jetzt überraschend, nehme ich an.

Ich weiß auch gar nicht, wie ich anfangen soll. Also fang ich einfach an. Mit Sachen anfangen, von denen ich nicht weiß, wie sie funktionieren, darin bin ich ja groß. Also: Laura erzählt mal!

Das war eine irre Nacht letzte Woche. Ich bin aufgeschreckt und ich habe gehört, wie Du um Hilfe gerufen hast, und ich habe gedacht, mein Herz bleibt stehen, ich war mir sicher, Du bist in Gefahr. Ich war so froh, als Deine SMS ein paar Minuten später gekommen ist, auch wenn ich mir gewünscht hätte, dass etwas mehr darin stehen würde als »Ich liebe Dich auch«, das weiß ich nämlich.

Danach habe ich die ganze Zeit überlegt, ob ich Dir schreibe. Dann habe ich mir gedacht: Warum nicht? Ich liebe Dich, Du liebst mich, ich sehne mich nach Dir, Du sehnst Dich nach mir, wir können nicht zusammen sein, aber warum sollen wir uns nicht schreiben, ab und zu, und uns vergewissern, dass es dem anderen gut geht? Wir müssen ja nicht anfangen, uns wieder das Herz rauszureißen, wir können uns einfach lieben, ohne uns zu sehen.

Ich weiß nicht, ob du weißt, wie Jan und ich unsere Tochter genannt haben. Ich habe Jan nicht gesagt, warum ich mir den Namen gewünscht habe, aber er ist ja nicht auf den Kopf gefallen. Manchmal habe ich deswegen ein schlechtes Gewissen.

Im Moment macht sie gerade Mittagsschlaf, sie sieht so wundervoll aus und so friedlich. Sie ist jetzt drei Jahre alt, sie macht mich glücklich, einmal von den Zehen bis zu den Haarspitzen, und manchmal hält sie beim Spielen inne und späht in den Himmel, als ob sie gerade über den Zusammenhalt der Welt nachdenkt, sie muss all diese komischen Philosophengene von Jan geerbt haben. Und trotzdem erinnert sie mich auch an Dich, und das jeden Tag, denn anders als Jan ist sie blond, und sie hat blaue Augen, und wenn sie lacht, dann hat sie auf der linken Seite ein Grübchen, aber auf der rechten Seite nicht, ganz genauso wie Du. Manchmal macht Jan Witze über ihre blauen Augen, dann sieht er mich forschend an, aber wenigstens weiß ich ganz sicher, dass sie sein Mädchen ist. Und nicht Deines.

Aber andererseits ist sie auch unser Mädchen, und so bescheuert das klingt, manchmal frage ich mich, ob das überhaupt stimmt, Vererbungslehre, all das Zeug, oder ob sie damals, als ich im 7. Monat war und wir uns zum letzten Mal geliebt haben, diese Liebe mit auf den Weg bekommen hat? Wer sagt denn, dass sich Gene vererben, warum soll sich nicht Liebe vererben, irgendwie durchs Universum oder so? Klingt ein bisschen irre, oder? Aber ich glaube das eben, und vielleicht sind wir nicht irre, sondern können einfach nur die große, alles umfassende Liebe besser sehen als andere Leute.

Ich hätte gerne ein Mädchen von Dir gehabt, aber ich habe auch gern ein Mädchen von Jan. Und am liebsten habe ich es, wie es ist: ein Mädchen von Euch beiden. Ich bin angekommen. Das Leben ist so schön ruhig geworden, nach all dieser Liebe und Trauer und Verzweiflung, und ich genieße es jeden Tag. Jan hat einen Job in der Staatsbibliothek bekommen, dort gehört er hin, dort ist er glücklich, zwischen all seinen Büchern, und wenn er nach Hause kommt, sind wir eine kleine, zufriedene Familie.

Wir haben jetzt eine schöne Wohnung im Schanzenviertel, Jan hat sie gefunden (ja, er kann auch sehr tüchtig sein!), auch wenn sie mir ein kleines bisschen zu dicht an St. Pauli liegt.

Ich habe nämlich Angst vor dem Moment, an dem wir uns vielleicht auf der Straße wiedersehen könnten. Weil ich weiß, dass dann alles wieder schwer werden würde, so schwer wie damals. Du bist die schwerste Entscheidung meines Lebens gewesen, weißt du das? Vielleicht habe ich auch die falsche Entscheidung getroffen, ich weiß das nicht, und ich werde es niemals ganz sicher wissen.

Dafür weiß ich, dass wir uns wiedersehen werden, eines Tages. Vielleicht wenn unser aller Mädchen groß ist? Vielleicht wenn ich alt und grau bin. Ich habe einen ganz seltsamen Traum. Ich träume davon, dass ich vor einem Altersheim in der Sonne sitze, ganz friedlich und ganz glücklich, und dass Du dann neben mir sitzt und meine Hand hältst.

Ich liebe Dich.
Und jetzt koche ich Nudeln.
Ist das nicht ein herrliches Leben?
Die Liebe im Herzen und Nudeln kochen?

Oh, ich muss Schluss machen.
Leila ist aufgewacht.

# Über den Autor

**Leif Lasse Andersson** ist ein Pseudonym. Der Berliner Autor arbeitet seit 20 Jahren als Redakteur bei deutschen Tageszeitungen. Er ist geschieden, hat drei Kinder und lebte fünf Jahre als Single in Hamburg. In dieser Zeit war er Mitglied bei diversen Dating-Portalen und sammelte die Erfahrungen, die die Grundlage dieses Buches bilden.